Susanne Korbmacher
Ghettokids

Zu diesem Buch

Nicht nur in München-Hasenbergl, sondern in allen Großstädten Deutschlands verbringen Kinder und Jugendliche ihr Leben auf der Straße. Es sind Ausländerkinder, Aussiedlerkinder, Vernachlässigte und Gepeinigte, oft Kinder von arbeitslosen, alkoholkranken, gesellschaftlich abgestürzten Eltern. Da herrscht Gewalt. Sie schließen sich in herumtreibenden Gruppen zusammen, provozieren, prügeln und treten rücksichtslos zu. Sie schwänzen die Schule und schlagen sich mit Diebstahl, Drogen und Prostitution durch. Das ist ihre Gegengewalt. – Doch es gibt jemanden, der an diese Kids glaubt. Der ihre großen Verletzungen und Sehnsüchte kennt. Eine Frau, viel mehr als eine Lehrerin: Mutter, Schauspielerin, Schutzengel. Zusammen mit den Kindern und Jugendlichen berichtet Susanne Korbmacher über das tatsächliche Leben dieser Kids, erzählt ihre Lebensgeschichten. Kindheiten, so brutal und chaotisch, dass es unmöglich erscheint, sie zu überleben. Manchmal, selten gelingt es wirklich.

Susanne Korbmacher, geboren 1954, ist Mutter eines Sohnes und Sonderschullehrerin im Münchner Hasenbergl. Das von ihr entwickelte Selbsthilfeprojekt »Lichttaler«, wofür sie unter anderem mit dem Bundesverdienstorden ausgezeichnet wurde, unterstützt Hunderte Kinder und Jugendliche, ihr Leben selbst in die Hand zu nehmen. Über ihre Arbeit drehte Claus Strigel den preisgekrönten Dokumentarfilm »Planet Hasenbergl – Lichtblicke in der Münchner Bronx«.
Siehe auch unter: www.ghettokids.org

Susanne Korbmacher
Ghettokids

Immer da sein, wo's weh tut

Mit 26 Abbildungen

Piper München Zürich

Alle Abbildungen mit freundlicher Genehmigung aus dem Archiv von Susanne Korbmacher. Mit Ausnahme von S. 8, 305, 313 – Andreas Krone; S. 9 – Alexander Adler (2002); S. 15, 255 – Agentur Argum; S. 28 – Catherina Hess; S. 40 – Christian Pantel; S. 95 – Heike Ulrich/Bayerischer Rundfunk.

Für meinen Sohn Daniel,
damit er durch die Geschichten seiner Mutter seine Vorgeschichte und somit seine eigene Kindheit besser verstehen kann.

FSC

Dieses Taschenbuch wurde auf FSC-zertifiziertem Papier gedruckt. FSC (Forest Stewardship Council) ist eine nichtstaatliche, gemeinnützige Organisation, die sich für eine ökologische und sozialverantwortliche Nutzung der Wälder unserer Erde einsetzt (vgl. Logo auf der Umschlagrückseite).

Ungekürzte Taschenbuchausgabe
September 2006

Umschlag/Bildredaktion: Büro Hamburg
Heike Dehning, Charlotte Wippermann,
Alke Bücking, Daniel Barthmann
Foto Umschlagvorderseite: Heike Ulrich
Foto Umschlagrückseite: Heike Ulrich
Papier: Munken Print von Arctic Paper Munkedals AB, Schweden
Gesamtherstellung: Clausen & Bosse, Leck
Printed in Germany
ISBN-13: 978-3-492-24802-0
ISBN-10: 3-492-24802-0

www.piper.de

INHALT

HASENBERGL-KIDS: »DIE ARMUT IST IN UNS DRIN«

Weit draußen, dort wo die schicke Stadt München aufhört, liegt der Stadtteil Hasenbergl-Nord. Vom Barackenlager während des Nationalsozialismus wurde das Viertel zum Camp für so genannte *Displaced Persons* der Nachkriegszeit, danach zum *Regierungslager für heimatlose Ausländer*, bis es Anfang der fünfziger Jahre zum *Wohnlager Frauenholz* umfunktioniert wurde. Hier brachte München den sozial schwachen Teil seiner Bevölkerung unter: Arbeitslose, allein stehende Frauen, Kriminelle, Menschen, die in der bürgerlichen Gesellschaft nicht mithalten konnten. Anfang der sechziger Jahre baute man neue, größere Häuser – das Lager wurde zum Stadtteil. Heute ist das Leben im Hasenbergl geprägt vom Zusammentreffen vieler Kulturen: Einheimische und Migranten aus vielen Teilen dieser Welt, vor allem Griechen, Türken, Sinti und Kosovo-Albaner, leben zusammen am Rande der Stadt.

Den Behörden zufolge existieren sie nicht: deutsche Straßenkinder. Aber im rauen Viertel Hasenbergl, in dem Gewalt, Kriminalität und Nationalitätenkonflikte Alltag sind, wollen viele Kinder alles – nur nicht nach Hause zurück. Von den oftmals arbeitslosen und alkoholkranken Eltern vernachlässigt, gepeinigt und missbraucht, leben sie auf der Straße, schlafen in Notunterkünften, Treppenhäusern, U-Bahn-Stationen. Sie prügeln sich, sie schwänzen die Schule und schlagen sich mit Diebstahl, Drogen und Prostitution durch.

In diese endlos erscheinende Spirale von Gewalt und Gegengewalt versucht die Autorin Susanne Korbmacher seit 18 Jahren einzugreifen. Nicht mit Bestrafung, sondern durch Unterstützung der Kinder und Jugendlichen in ihren eigenen Wünschen und Hoffnungen. Ihr Motto: »So oft wie möglich weg von der Straße.«

Alle Geschichten dieses Buches, die sie und die Kinder selbst aufgeschrieben haben, sind wahre, tatsächlich passierte Vorkommnisse.* Das Hasenbergl könnte für jeden anderen sozialen Brennpunkt stehen. Berlin-Marzahn, Hamburg-Steilshoop, Frankfurter Berg oder Köln-Chorweiler. Es geht nicht um die geografische Verortung, sondern um die brutalen und chaotischen Kindheitsbiografien der ungeliebten Kinder vom Rand der Stadt, aus deren Sog es unmöglich erscheint, wieder herauszukommen.

* Namen zum Teil geändert.

Der Name "Ghetto kids" soll ~~mit sam aufklären selbst~~ aufklären.
Denn wer diesen Namen hört denkt an kriminele und Spät pupertäre Jugendliche. Aber wer dann das talent und poten tial der gruppe sieht ist positiv überrascht: Es gibt talente wie viele sie haben, aber auch ~~aus~~ ausergewöhnliche sachen Genau wie im Hasenbergl, natürlich ~~gi~~ gibt es hier "kriminelle", aber auch anständige und talentierte Leute. Der Name soll zeigen das nicht der Name, und damit verbundene vorurteile, ausschlaggebend sein sollt sondern das man erst ein Blick draufwerfen sollte.

~~V~~ Vergleich:

---

1. Ghetto kids —man denkt→ kriminelle und spätpupertär Jugendliche —bei genauerem Blick→ talente und engargment.

2. Hasenbergl —man denkt→ brutale, dumme Schläger/Dreckiges Viertel —bei genauerem Blick→ viertel wie jedes andere nur mit mehr Problemen. ~~[illegible]~~

ANDREJ

Andrej kommt als Aussiedlerkind nach München und erhält einen deutschen Pass. Er kann damals nur Polnisch. Sein Vater erzieht ihn mit brutalsten Mitteln. Mit 14 ist Andrej bereits im Jugendgefängnis, später sitzt er immer wieder in Untersuchungshaft. Nach wiederholten Diebstählen, Körperverletzungen, bewaffneten Raubüberfällen wird er aus Deutschland ausgewiesen und lebt drei Jahre in einem geschlossenen Heim. Zurück in München macht er den Hauptschulabschluss, heiratet und findet eine Arbeit.

ICH BIN DER DEUTSCHE MEHMET

*ich wurde gebeten über mein leben zu schreiben das werde ich auch tun ich hoffe diese geschichte gibt einigen leuten zu denken oder zu mindest zu verstehen wie es in einigen jugendlichen aussieht. ich bin jetzt älter und wenn ich so auf meine vergangenheit zurückblicke merke ich erst wie viele fehler ich gemacht habe.**

Ich wurde in Schlesien geboren und blieb dort, bis ich sechs war. Es war nicht gerade einfach, zu dieser Zeit hatten wir fast kein Geld und wir waren ganz auf uns alleine gestellt. Mein Vater verließ uns damals, um in Deutschland zu arbeiten.

Ich sprach damals nur Polnisch und in der Schule bin ich leider nur viel zu selten erschienen, denn für mich war das Wort Schule schon damals ein Fremdwort.

* Die kursiven Passagen sind im Wortlaut abgedruckt. In den Texten wurden für das Buch die richtige Orthografie und Zeichensetzung verwendet sowie bei Unverständlichkeit geringfügig geändert. Alle Lebensgeschichten liegen dem Verlag im Original vor.

Es kam also der Tag, an dem wir umzogen. Ich war damals sehr traurig, denn ich musste alle meine Freunde zurücklassen und mir war da nicht sehr wohl dabei. Ich würde sagen, dass der Ort, aus dem ich komme, ein Dorf ist: also 20 Häuser und das war's. Und auf einmal war ich in München, in einer für mich riesigen Stadt.

Ich war in Deutschland und konnte kein Wort Deutsch. Ich musste in die Schule, und zwar in die zweite Klasse. Keiner erklärte mir die Sprache, keiner konnte mir übersetzen, was gesagt wurde.

Man kann sich ja vorstellen, wie schwer das ist. In der Schule war's scheiße. Ich konnte ja kein Deutsch und fühlte mich elend. Ich dachte, ich werde verarscht. Ich wurde ziemlich aggressiv, wenn die Mitschüler versuchten, mir etwas mitzuteilen, oder wenn jemand lachte. Ich konnte ja nichts verstehen und ich schlug zu. Ich konnte mich damals nur so wehren. Ich wurde einfach von Klasse zu Klasse geschoben anstatt sitzen zu bleiben (ich weiß bis jetzt nicht, weshalb, denn ich konnte nicht Deutsch lesen, schreiben oder Sonstiges).

In meinen Zeugnissen stand immer, ich hätte meine Mitschüler drangsaliert – na ja, wenn die Lehrer das so ausdrücken wollen.

Ungefähr ab der dritten Klasse konnte ich schon mehr, aber meine Aggressivität ist geblieben.

Meine Lehrer waren auch nicht besser, ich kann mich noch erinnern. Ein Lehrer war schlimm. Ich hatte etwas ausgefressen und mein Lehrer packte mich und zog mich so fest am Ohr, dass es einriss und ich blutete. Aber ich sagte nichts, denn ich dachte mir, das ist schon in Ordnung so. Ich habe das öfters mitbekommen, dass ich so behandelt wurde. Die haben wahrscheinlich nicht mehr gewusst, wie sie sich helfen sollen. Ich traute mich natürlich nix zu sagen, denn damals dachte ich, mir glaubt daheim eh keiner. Damals war es mir egal. Ich schluckte es, hab's einfach ertragen, und das war's. Und um meine Wut auszulassen, bin ich wieder auf die Mitschüler losgegangen. Ob es Schläge waren oder eine Platzwunde am Kopf: Ich hatte mein Ventil.

Und zu Hause war es auch nicht besser. Wir sind zu meinem Vater gezogen und mit ihm musste ich Hausaufgaben machen. Ja, das war schon scheiße, denn wenn ich etwas nicht verstanden hatte, hieß es »du Idiot, du Depp, kannst doch eh nix« und er schrie weiter. Wenn ich dann das Weinen angefangen habe, gab es *Knackwatschen* und so weiter.
So war mein Tagesablauf. Ich sollte auch einen Hauschlüssel haben, wenn ich von der Schule komme und keiner da ist. Tja, unser Schloss ist verdammt schwer zu öffnen gewesen und hat meistens blockiert. Ich stand also vor der Tür mit meinem Vater und versuchte verzweifelt das Schloss zu öffnen, aber es ging nicht. Und da ging wieder das Geschrei los und wieder hier eine und da eine... Jaja, ich habe es dann so lange versuchen müssen, bis meine Finger schon rot waren von der Kante vom Schlüssel.
Als ich ungefähr 11 oder 12 wurde, kümmerte ich mich nicht mehr um die Schule. Mein Vater hatte mich abgeschrieben, er sagte, er habe keinen Sohn und ich solle verschwinden. Und daheim war ich auch, wann es mir passte. Ich konnte schon Deutsch und durch die Klassen bin ich auch so mit Ach und Krach gekommen. Mein Vater trank und führte sich auf und Fotzen gab es deftig dazwischen. Ich traf die falschen Leute. Ich ging in die Läden, wo ich klaute, was nicht angenagelt war, denn Taschengeld gab es nicht. Ich wurde erwischt und meine Eltern mussten mich immer abholen. Das war so ungefähr einmal alle zwei Wochen, aber geklaut habe ich täglich.
Ich konnte mir sicher sein, wenn ich erwischt wurde, gab's

Fotzen und Dresche daheim, aber das war mir mittlerweile egal. Ich schluckte und dann war ich wieder unterwegs.
Ich fing das Kiffen an und trank Alkohol. Oft bin ich über Nacht einfach weggeblieben, aber wenn ich heimgekommen bin, war es, als ob ich nie weg gewesen wäre. Meine Eltern interessierten sich nicht mehr für die Sachen, die ich tat. Ich konnte machen, was ich wollte, und das tat ich auch. Ich klaute wie ein Rabe, soff und kiffte viel mit meinen Freunden und alles, was ich brauchte, klaute ich.
Ich machte immer mehr Scheiße. Ich brach mit meinen Freunden öfters Keller auf.
Dann schlugen wir uns fast jeden Tag mit irgendwelchen Idioten, die uns blöd kamen und randalierten überall, wo es ging. Wir klauten Mofas und Roller, um mit ihnen Wettrennen zu machen.

Eines Tages kam ich im Winter nach Hause und da stand mein Vater. Er schaute mich an und fragte, was ich hier suche. Es war Winter, ich war leicht angezogen und es lag Schnee. Er packte mich und schlug mich das ganze Treppenhaus runter und sagte, ich solle mich nicht mehr hier blicken lassen. Das tat ich erst mal auch nicht.
Ach ja, was ich noch vergessen habe: Ich bin, glaube ich, Weltmeister im Sachen-auf-meinem-Rücken-zerbrechen, zumindest Kochlöffel habe ich gezählt, so bei 25 habe ich dann aufgehört zu zählen.
Es war Winter, ich hatte eine dünne Stoffhose und ein weißes Hemd an. Ich ging frierend draußen rum, ich fror wie ein Schwein und wusste nicht wohin. Ich traf einen Freund, der auch Stress daheim hatte und der weglaufen wollte. Er ließ mich ein paar Tage heimlich bei sich schlafen, bis ich erwischt wurde. Sein Vater, der war Alki und schmiss uns beide raus. Nun gut, da standen wir und wussten nicht, was wir machen sollten. Ich habe mich dann mit ihm zusam-

mengetan und wir waren die ganze Zeit unterwegs. Wir schliefen bei Freunden, aber das ging auf Dauer nicht. Eines Tages knackte ich ein abgestelltes Auto und wir schliefen darin.

Es war Winter und überall lag Schnee. Ich weiß nicht, ob sich jemand vorstellen kann, wie das ist: Man hat kein Geld, friert, schnorrt sich durch und bestiehlt andere Leute. Und jeden verdammten Tag, wenn ich ins Auto ging und da saß, dachte ich, wenn ich jetzt einschlafe, wache ich nie wieder auf. Einige Freunde waren zur Stelle und halfen uns, so gut es ging. Sie besorgten Essen, gaben uns Decken und waren für uns da. Aber trotzdem dachte ich jeden Tag, hoffentlich überlebst du diese Nacht und erfrierst nicht, denn die Decken waren zwar warm, aber ich war trotzdem blau vor Kälte und konnte meine Glieder nicht spüren. Ich war blau gefroren und hungrig und hatte keine Ahnung, was ich machen sollte. Um uns Geld zu besorgen, überfielen wir ein paar Jugendliche und stahlen Schmuck und Geldbeutel.

Mein Freund hat das nicht lange ausgehalten und verschwand nach ein paar Tagen wieder nach Hause. Es vergingen etwa vier Wochen und ich war immer noch im Auto. Alleine.

Ich machte weiter. Ich ging in Läden und stahl Brot. Wenn mich jemand aufhalten wollte, rannte ich um mein Leben.

Einige Zeit ging das gut so, aber ich wurde immer kränker und dünner und konnte mich kaum noch auf den Beinen halten.

Wenn ich zu jener Zeit mal in die Schule gegangen bin, dann nur, um mich aufzuwärmen oder jemanden zu schlagen, der ein großes Maul hatte.

Ich war nur noch Haut und Knochen. In der Zeit dieser vier Wochen habe ich vergeblich versucht, nach Hause zu gehen, aber entweder war keiner da, oder ich wurde von

meinem Vater rausgeworfen. Zum Schluss war ich schon so kaputt und krank, dass meine Freunde sagten, ich solle es noch einmal versuchen heimzukommen. Ich ging hin und es war keiner da. Mittlerweile war ich so erschöpft, dass ich nicht einmal mehr richtig laufen konnte, und ich schlief im Hausgang ein.

Ich wurde dann von meiner Mutter geweckt und reingebracht. Sie meinte, ich wäre weggelaufen. Sie hat mich gesucht, aber mein Vater hat sie angelogen. Ich sagte ihr nicht, dass ich rausgeworfen worden bin. Ich erzählte ihr, dass ich bei Freunden geschlafen habe und abgehauen bin, denn ich wollte nicht, dass sie etwas davon erfährt, was wirklich passiert ist.

Nach einiger Zeit hatte sich die Lage beruhigt und alles war beim Alten.

Ich war wieder jeden Tag unterwegs und diesmal war die Sache viel schlimmer. Ich brauchte Geld und meine Freunde auch. Da kamen wir auf die verrücktesten Ideen: Wir zogen nächtelang um die Häuser und brachen in Keller, in Garagen und sogar in einige Häuser ein. Wir wurden nie

erwischt, aber wir wurden übermütig. Wir raubten Leute mit vorgehaltenem Messer aus und wurden dabei das erste Mal erwischt. Ich wurde verhaftet und ins Revier gebracht. Dort wurde ich verhört und konnte wieder gehen. Ich dachte mir: »Das war's????? Keine Strafe, keine Eltern und einfach gar nix?«
Wir brachen in Wohnungen ein. Dann habe ich auch alleine ein paar Einbrüche und Überfälle gemacht. Oder ich habe mir jemanden ausgesucht, schlug ihn und nahm ihm sein Geld und seinen Schmuck ab und so weiter. Ich traf meine Freunde und wir hatten fast jeden Tag Schlägereien. Wir machten auch Geschäfte mit gestohlenen Sachen und Drogen.
Na gut, ich wurde öfters erwischt, landete immer in U-Haft und blieb dort erst mal. Ich musste eine Aussage machen und ging wieder raus. Seitdem war ich, glaube ich, Stammgast in der U-Haft. Jeden dritten Tag stand die Polizei in der Früh bei meinen Eltern und führte mich ab. Ich hatte immer das Glück, dass meine Eltern nicht da waren. Ich habe schon fast in der U-Haft gewohnt. Die Aufseher kannten mich schon beim Namen und grüßten mich jedes Mal. Und immer nach einiger Zeit kam ich frei. Ich dachte mir, da kommt eh nix mehr auf mich zu, aber ich hatte mich geirrt.
Ich wurde vor Gericht geladen wegen Körperverletzung, schwerer Körperverletzung, wiederholter schwerer Körperverletzung mit Morddrohung, Einbruch in etlichen Fällen sowie Diebstahl, Nötigung, Erpressung, Raub, schwerem Raubüberfall mit Morddrohung, schwerem Raub, Sachbeschädigung, schwerer Sachbeschädigung, Beleidigung und noch ein paar mehr Delikten (leider habe ich die Anklageschrift nicht mehr, sonst wäre die Sache noch detaillierter).
Die Gerichtsverhandlung dauerte Stunden, fast den ganzen

Tag, bis alle Zeugen und Aussagen durch waren. Ich zeigte mich richtig reuig und habe mich auch bei allen entschuldigt, wie es mein Anwalt mir geraten hat. Aber der Richter sagte, jemand wie ich ist unverbesserlich und muss aus dem Verkehr gezogen werden. Ich war zu dem Zeitpunkt noch nicht voll straffähig, und das war mein Glück. Der Richter verknackte mich zu fünf Jahren auf Bewährung und auf Unterbringung in einem Heim in Österreich, bis ich 18 war.

Nun gut, es ging ab nach Österreich, aber in dem Heim war es nicht besser als auf der Straße: Wir bekamen die menschenunwürdigsten Strafen und wurden fertig gemacht, wo es nur ging. Wenn wir uns aufführten, wurden uns die Türen aus den Zimmern genommen und es gab nichts zu essen. Ich erinnere mich noch sehr gut, dass ich etliche Male nichts bekommen habe, denn, wie man sich vorstellen kann, hatte ich mich nicht geändert. Ich schlug mich durch und erpresste die anderen Leute. Das waren schon harte Zeiten. Die Sozialpädagogen – oder wie sie sich schimpften – haben es uns allen da drinnen am schwersten gemacht. Wenn wir Besprechung hatten, sagten sie, wir wären Abschaum und nichts wert, wir seien Müll und die Gesellschaft will solche Leute nicht haben.

Das ging immer so, immer die gleichen Sachen, aber ab und zu ließen sie sich etwas Neues einfallen. Zum Beispiel hatte einer von uns damals seine Mutter verloren und sie redeten so lange auf ihn ein, dass er an ihrem Tod schuld sei, bis er es selbst glaubte. Lange Zeit war er depressiv und hatte Selbstmordgedanken.

Ich musste für sie in einem Projekt arbeiten, den ganzen Tag und meistens bis spät in die Nacht, für fünf Mark am Tag. Sie sagten, das sei dazu da, dass ich Arbeiten lerne. In der Zwischenzeit wurden die Zimmer durchsucht, alles auf den Boden geschmissen und durchwühlt. Wir wurden

öfters gefilzt, sie nahmen alle Sachen, die wir hatten, und leerten sie mitten auf den Boden im Zimmer aus, und das meistens nur, um uns zu schikanieren. Man hatte eigentlich keine andere Wahl, als das schweigend zu ertragen.
Wir haben uns einmal ans Jugendamt gewendet und haben uns beschwert. Als die gekommen sind, waren die Türen alle da und die Zimmer picobello sauber. Tja, man kann sich ja wohl vorstellen, was wir danach ertragen mussten.
Einmal, das war mitten in der Nacht, hatte sich jemand verletzt und blutete sehr stark an der Hand. Wir klopften die Betreuerin raus und sagten es ihr. Sie hat gesagt, das gehe sie nichts an und es sei ihr auch egal und schmiss die Tür zu. Wir gingen runter, brachen ein Fenster auf und fuhren ins Krankenhaus. Der Verletzte wurde genäht und wir sind zurückgefahren. Am nächsten Tag hat keiner von den Betreuern etwas davon gewusst. Außer, dass wir das Fenster bezahlen mussten, ist auch nichts mehr passiert.
Ich hatte mir trotz meines schlechten Zeugnisses eine Lehrstelle besorgt. Ich erzählte es den Betreuern und die riefen dort an. Als ich anfangen wollte, dort zu arbeiten, sagte der Chef, dass die angerufen und erzählt hätten, dass ich nur klaue und so und dass ich die Stelle nicht bekäme – obwohl ich sie doch schon sicher hatte. Tja, das hat denen wohl nicht in den Kram gepasst und sie haben es mir versaut.
Gott sei Dank kam ich irgendwann da mal raus. Nach der Zeit im Heim kam ich wieder nach München. Ich besorgte mir eine Wohnung vom Wohnungsamt und eine Arbeit. Ich glaube, die Selbstständigkeit, die ich damals hatte, hat mich verändert. Ich kümmerte mich um meine Sachen und hielt mich von meinen angeblichen Freunden fern. Ich merkte damals, dass es besser wurde, wenn ich nichts machte, mich nicht schlug und so. Ich hatte mein eigenes Geld und brauchte nicht stehlen.

ich wollte einfach nie wieder in so eine situation kommen wo andere über mich bestimmen ihre position missbrauchen um mich zu schikanieren und ewig diese drohungen wenn du das nicht machst kommst du in den knast. Nein nie wieder möchte ich in so eine situation kommen. ich beging keine straftaten mehr weil ich nicht verlieren wollte was ich geschaft habe und ich glaube das war auch nur der grund warum ich jetzt ruhig bin ich weiß jetzt wie man sich fühlt wenn mann nichts hat und wenn für einen bestimmt wird was angeblich am besten für einen ist.
ich bin jetzt auch kein engel ich mache meine fehler und das auch nicht schlecht aber so weit wie damals lasse ich es auf keinen fall kommen.

RAMADAN

Ramadan ist Kosovo-Albaner. 54 seiner Verwandten werden im jugoslawischen Bürgerkrieg ermordet. Mit fünf flieht er mit seiner Familie nach München. Sie haben alles verloren. Schwer traumatisiert sieht er keinen Sinn mehr in seinem Leben. Diebstahl, Einbruch, Fahren ohne Führerschein, Körperverletzung machen ihn zum Kriminellen. Als der Vater, sein letzter Halt, überraschend stirbt, will Ramadan sich umbringen. Mit 14. Mit 16 wird er Vater eines Sohnes. Heute ist er 17 und ohne Ausbildungsplatz.

VATERTOD UND KINDVATER

Ich Ramadan bin 1987 in Mitrivica in Kosovo geboren. Ich kann mich noch gannz genau Erinnern: als ich 3 Jahre war wie Jugoslaven meiner Vate geschlagen haben. Nach meiner Vater haben sie meine Mutter am Arm gepackt und wollten sie auch schlagen. Aber ich bin zu denne hin gerannt und habe geweint und gebetet vor denen ihre Füsse das sie meine Familie in Ruhe lassen sollen. Dann haben sie uns in Ruhe gelassen und sind weiter gezogen zu unsere Nachbarn. Sie haben Klein und gross geschlagen. Seit denn die Jugoslaven meine Fammilie und meine Nachbarn geschlagen haben, habe ich ein Hass auf dene.

Als ich vier Jahre alt war, spielte ich mit meinem besten Freund draußen, als die Jugoslawen kamen. Wir haben gesehen, wie sie einen Jungen mitgenommen haben. Immer wenn wir draußen gespielt haben, hatten wir Angst, dass Jugoslawen kommen und uns mitnehmen. Aber wir hatten Angst, unseren Eltern davon zu erzählen, denn sonst hätten wir nicht mehr draußen spielen dürfen. Mit

fünf Jahren habe ich immer Küken den Kopf umgedreht. Ich stellte mir vor, dass sie Jugoslawen sind. Je mehr ich gesehen habe, desto aggressiver bin ich geworden. Mein Vater wollte nicht, dass uns etwas passiert, und deswegen holte er uns nach Deutschland. Da haben wir uns sicher gefühlt. Ich lernte langsam Deutsch. Ich habe ein paar Freunde kennen gelernt, aber ich konnte nicht so gut Deutsch sprechen und deshalb haben sie mich nicht gut verstanden. Dann haben sie sich über mich lustig gemacht. Ich fand das nicht lustig und habe mich mit denen gestritten. Dann kam es bis zur Prügelei. Sie haben noch mehr Freunde geholt und haben mich geschlagen. Ich fühlte mich verletzt und habe mir geschworen, dass ich mir nichts mehr gefallen lasse. Aber sie haben immer weitergemacht. Dann bin ich ausgerastet. Ich wollte mich auch wehren und habe einen Stock gesucht. Als ich einen gefunden hatte, habe ich zurückgeschlagen.
Mit sieben Jahren bin ich in die Schule gekommen. Dort habe ich endlich Freunde aus meinen Land kennen gelernt. Mit denen habe ich mich sofort verstanden und ich konnte mit ihnen über alles reden, weil sie das gleiche Schicksal hatten wie ich. Wir haben viel zusammen gemacht und haben immer zusammengehalten. Wenn einer aus meiner Clique ein Problem hatte, haben wir alle versucht zu helfen und es geklärt. Wenn es sein musste, haben wir uns auch geprügelt.

Als ich in der Früh in die Schule gegangen bin, habe ich gemerkt, dass mich immer ein Mann beobachtet hat. Aber ich habe nichts Schlimmes dabei gedacht, ich dachte, das wäre Zufall. Aber am nächsten Tag habe ich schon wieder den Mann gesehen. Es ging so weit, dass er auch genau wusste, wann ich Pause hatte und wann ich Schule hatte. Der Mann war immer da, wo ich war. Ich kannte den Mann nicht. Eines Tages packte er mich am Arm und wollte mich ins Auto ziehen, aber ich konnte mich noch wehren. Am nächsten Tag musste ich Milch einkaufen. Diesmal erwischte mich der Mann und zog mich in einen Hausgang. Ich wusste nicht, was der Mann von mir wollte. Zum Glück ist der Hausmeister gekommen und hat mir geholfen. Wäre der Hausmeister nicht gewesen, wer weiß, was passiert wäre. Ich habe mich sehr beim Hausmeister bedankt.

Mit zehn Jahren hatte ich mit Jugoslawen in der Schule Probleme. Sie haben mich bedroht und wollten mich einschüchtern. Das haben sie aber nicht geschafft, ich habe mir nichts gefallen lassen und habe sowieso einen Hass auf die. Wir haben uns beschimpft und geschlagen. Sie konnten mich nicht fertig machen. Mit meinen Freunden bin ich oft in die Stadt gefahren. Ich wollte mir ein Messer kaufen, aber das habe ich nicht bekommen, weil man das erst ab fünfzehn Jahren kriegt. Also hab ich es geklaut. Mit dem Messer fühlte ich mich sicher. Ich habe gemerkt, wie leicht man klauen kann, also klaute ich alles. Meine Freunde fanden es cool und haben auch geklaut. Es war mir scheißegal, ob sie mich erwischen oder nicht. Mit elf Jahren habe ich im Supermarkt einen Kaugummi geklaut und dann haben mich Detektive erwischt. Sie konnten nichts machen. Trotzdem hab ich weitergemacht. Einmal habe ich im Karstadt in der Stadt eine Basketballkappe geklaut. Dann haben die Alarmanlagen geläutet, aber ich bin weggelaufen und sie haben mich nicht erwischt. Ich habe nur Scheiße gebaut. Ich war mit meinen Freunden am Spielplatz und es war schon spät. Ich wollte nicht zu Fuß nach Hause, also habe ich ein Fahrrad geklaut.
Wir haben viel angestellt: Zum Beispiel bei Fahrrädern die Luft rausgelassen oder ein Loch in den Mantel gestochen, bei Autos die Spiegel abgebrochen oder sie zerkratzt.

Mein Vater hatte eine neue Wohnung gefunden. Dann zogen wir ins Hasenbergl, da war ich dreizehn Jahre.
Ich bin sofort in eine Hauptschule gekommen. Aber da waren viele Zigeuner, mit denen habe ich mich überhaupt nicht verstanden. Es war schlimmer als in meiner alten Schule. Es gab gleich Probleme, weil ich neu war. Aber ich habe mir nichts gefallen lassen und habe gleich zugeschlagen. Außerhalb der Schule habe ich viele Albaner als Freunde gefunden. Mit denen habe ich auch Scheiße gebaut. Wir waren einmal im Einkaufszentrum und dort habe ich eine schöne Jacke gesehen, die ich gleich geklaut habe. Aber ich stellte mich dumm an, denn da waren Kameras, die ich nicht gesehen hatte, und die Detektive haben mich erwischt. Die Polizisten kamen und haben mich angeschrien und gesagt, dass es diesmal Konsequenzen gibt. Dann haben sie mich nach Hause gefahren. Mein Vater war so sauer auf mich und hat mich beschimpft. Er hat gefragt, ob ich das nötig hätte, er gibt mir doch jeden Tag Geld und trotzdem muss ich klauen. Eines Tages kam ein Brief zu mir nach Hause, dass ich ins Gericht muss. Der Richter hat mich

zu zwei Tagen Jugendarrest verurteilt wegen wiederholtem Diebstahl.
In der Schule hatte ich auch Stress mit ein paar Zigeunern. Ich prügelte mich mit denen. Der Schuldirektor hat mich wegen Körperverletzung angezeigt und von der Schule geschmissen. Dann bin ich in das Förderzentrum Paulke gekommen. Dort habe ich viele Freunde gefunden, die so waren wie ich. Dort hab' ich auch Besnik, meinen besten Freund, gefunden. Wir haben viel zusammen gemacht. Mit vierzehn Jahren haben wir ein Auto geklaut und sind rumgefahren. Die Polizei erwischte uns, aber wir haben alles auf einen Freund geschoben, weil er erst zwölf Jahre war und ihm nichts passierten konnte. Er war cool und hat auch alles auf sich genommen. Wir haben uns nie gegenseitig verpetzt. Wir sind oft nach Pasing gefahren, dort wohnten unsere anderen Freunde. Mit ein paar Albanern haben wir Roller geklaut und sind dann damit rumgefahren. Wir hatten Glück und sie haben uns nicht erwischt.
In unserem Land fing der Krieg an. Es war schlimm: Die Jugoslawen haben alles von uns zerstört. Unsere ganzen Häuser waren kaputt. Von meiner Familie wurden 54 Menschen getötet. Ich habe fast meine ganze Familie verloren. Es war sehr schlimm für mich. In der Schule lernte ich die Frau Korbmacher kennen. Ab da begann für mich ein neues Leben. Die Frau Korbmacher hörte immer zu, sie verstand mich. Sie hat uns auch immer geholfen und wir konnten immer zu ihr gehen. Wir lernten, besser mit unserer Wut umzugehen. Sie leitet eine Chorgruppe. Dort bin ich auch. Mit ihr haben wir auch Filme gedreht. Einer davon ist »ghettokids«. Sie wollte damit zeigen, wie es ist, ein Kind im Ghetto zu sein. Wir haben viele Auftritte und müssen auch viele Interviews geben. Es macht sehr viel Spass. Vor allem im Chor sind meine Freunde. Aber ich hatte noch viele falsche Freunde, die mich dazu verleitet haben, wie-

der Scheiße zu bauen. Wir haben eine alte Oma überfallen – das alles für 10 Euro. Wir haben mit einer Gaspistole im Wald und im Park herumgeschossen und haben eine Anzeige bekommen. Aber Frau Korbmacher verzieh mir. Mein Vater wollte nicht, dass ich mit denen rumhänge. Er wollte immer nur das Beste für mich, doch ich habe nicht auf ihn gehört. Ich kiffte auch mit meinen Freunden. Wir machten alles Mögliche. Oft ging ich zu einem Freund und spielte dort Playstation oder Computer. Dorthin habe ich auch immer meine Freundinnen mitgenommen. Dort hab' ich alles machen können. Ich schwänzte die Schule und bin dann zu ihm gegangen. Wir haben oft zusammen geschwänzt, aber zu Frau Korbmacher in den Chor bin ich immer gegangen. Dann lernte ich eine neue Clique kennen. Ich war nur bei denen wegen einer Freundin, die wollte ich unbedingt haben. Die hab' ich auch bekommen. Durch sie hörte ich auch mit den Drogen auf und ich bin auch nicht mehr mit den Albanern rumgehangen. Das habe ich ihr versprochen. Doch ich habe trotzdem einen Fehler gemacht: Ich bin mit einem Freund in ein Büro eingebrochen und wir haben eine Geldkassette geklaut. Mein Freund hat noch einen Geldbeutel geklaut, wovon ich aber nichts wusste. Der Bürobesitzer erstattete Anzeige gegen uns. Doch mein Freund schob alles auf mich, was aber nicht stimmte. Er war ein ganz falscher linker Hund, was ich aber nicht wusste. Aber ich hatte Zeugen und der Richter glaubte mir.

Im Sommer wollten mein Vater und meine Mutter mit meinem großen Bruder in den Kosovo in Urlaub. Sie haben erst das Auto gerichtet und am nächsten Tag wollten sie fahren. Ich habe mit meinem Bruder die Koffer ins Auto gebracht und mein Vater wollte nur noch schnell aufs Klo gehen. Als wir unten waren, hörten wir Schreie und wir sind sofort hochgerannt. Da hat mein Bruder meinen Vater aus dem

Klo geholt und wollte ihn wiederbeleben. Der Notarzt kam und versuchte es eine Stunde lang, aber er hat es auch nicht mehr geschafft. Es brach eine Welt für mich zusammen. Ich wollte vom Balkon springen, aber mein Bruder hat mich heruntergeholt. Dann kam die Polizei und ich war mit meinem Vater zwei Stunden alleine im Zimmer, bis sie ihn holten. Am nächsten Tag sind wir sofort in den Kosovo geflogen und haben ihn dort begraben. Wir waren drei Wochen unten.

Wir sind schon wieder im Deutschland. Mein Freundin hat immer zu mir gehalten so wie die Frau Korptmacher. Sie ist schwanger in 6 Monat wir sind glicklich ich freu mich schon drauf. Ich mach jetzt die Schule fertig. Was die Zukunft bringt? Weis ich noch nicht. Das ist mein Geschichte.

ARJETON

Arjeton, genannt Toni, ist Kosovo-Albaner und mit sechs Jahren nach Deutschland gekommen. Sein Vater ist politisch verfolgt und steht heute noch auf den Todeslisten der Serben. Tonis Vater hat alles verloren. Er ist ein seelisch gebrochener Mann und kann sehr brutal werden. Mit 13 ist Toni in einer Kosovo-Gang und im ganzen Hasenbergl gefürchtet. Er absolviert die typische kriminelle Karriere eines Ghettokids. Inzwischen hat er den Hauptschulabschluss nachgemacht und besucht eine Münchner Schauspielschule.

IN EINER ANDEREN WELT

Ich erzähle euch wie es mir ging als ich in einer anderen Welt gekommen bin und mein Glück kennen gelernt habe.

Ich heisse Arjeton man nennt mich Toni ich bin 1985 in Kosovo geboren in Wuschtri, Wuschtri ist meine Stadt wo ich mal gelebt habe, ich bin dort zu hause.

Ich war sehr jung, als ich in eine andere Welt gekommen bin. Ich meine mit »andere Welt« Deutschland. Deutschland ist ein wundervolles Land, aber auch ein ziemlich anstrengendes Land.

Wenn ihr euch fragt »Warum?«, werde ich euch das beantworten.

Ich bin mit sechs Jahren nach Deutschland gekommen. Ich hatte davor nur meine Stadt gesehen, und die ist nicht gerade groß. Als ich meinen Vater das erste Mal gesehen habe, war ich vielleicht vier Jahre alt. Ich weiß noch, als ich am Fenster gesessen bin und meine Mutter geschrien hat: »Da ist euer Vater!« Ich bin mit Tränen zu ihm gelaufen. Mein Vater war oft im Ausland unterwegs, zum Beispiel in

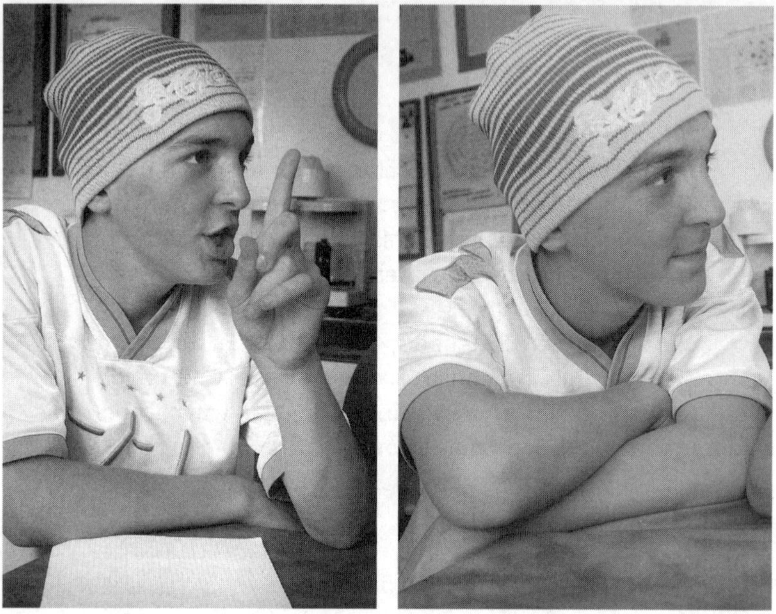

Kroatien, Bosnien, Italien, der Schweiz und so weiter. Meine Mutter war eine fleißige Frau. Sie war für jeden da, aber man hat es ausgenutzt. Irgendwann musste sie die ganze Familie von meinem Vater pflegen. Ich meine mit Pflegen: für sie putzen, kochen, waschen, Tabak anlegen – und sie hatte noch uns. Und sie war noch fertig wegen meiner kleinen Schwester, die ist mit drei Jahren gestorben. Also, meine Mutter hat viel durchgemacht. Wenn ich sie heute sehe, dann bin ich froh, dass wir nach Deutschland gekommen sind.

Jetzt kommen wir zu mir. Als ich in den Bus einstieg, habe ich meine Mutter gefragt: »Wohin fahren wir?«, und sie lachte und sagte: »Ton, wir fahren nach Deutschland.« Ihr kamen Tränen vor Glück, ich wusste damals nicht, dass man vor Glück weinen kann. Ich fragte sie: »Was ist Deutschland?«, und sie lachte mit Tränen. Wir sind über

Kroatien gefahren, 1991 war dort noch Krieg. Serbien gegen Kroatien.
Am 16. Januar 1991 sah ich zum ersten Mal Deutschland. Wir haben in Starnberg gewohnt und nach zwei Tagen kam ich dort in die erste Klasse. Ich konnte kein einziges Wort Deutsch außer Leck-mich-am-Arsch, denn das hatte mir mein Onkel beigebracht, aber ich wusste nicht, was das heißt.
Ich war in der ersten Klasse, aber dann musste ich doch in den Kindergarten, weil ich erst sechs Jahre alt war. Als ich in den Kindergarten gekommen bin, war dort ein Junge, der hatte ein Spielzeugauto. Es war rot und hat mir gefallen. Ich habe den Jungen geschlagen und sein Auto geklaut. Das war für mich nicht schlimm. Als man das Auto in meiner Tasche fand, hatte ich Angst. Ich dachte, die Lehrerin würde mich schlagen, denn bei uns im Kosovo durften die Lehrer uns schlagen. Als die Lehrerin mit mir redete, war ich froh und ich fand, dass Klauen in meinen Alter nicht schlimm sei. Ich dachte dann immer, wenn man mich erwischt, redet man nur mit mir. Aber ich klaute wieder in einem Geschäft eine Kassette und sie haben mich erwischt. Als die Polizisten kamen, haben sie mich nach Hause gefahren. Mein Vater flippte aus und schlug mich wie einen Erwachsenen mit dem Gürtel. Es tat ihm nicht Leid und er sagte zu mir: »Mach es noch mal, dann spürst du dich nicht mehr, weil ich dich dann an der Lampe aufhänge«, und er zeigte immer auf die Lampe.

Wir sind umgezogen nach München, in die schöne Stadt München. Wir wohnten in der Riesenfeldstraße, also am Frankfurter Ring. Ich kam in eine Förderschule, dann musste ich in eine Schule für Schwererziehbare wechseln. Ich war ein Jahr lang drin in dieser Schule.
Wir sind wieder umgezogen, in das berühmte Hasenbergl.

Dort fing es an, dass ich begann, mich zu schlagen, zu klauen und alles zu machen, was ich wollte.
Bei mir gab es keine Regeln. Man musste sich gegen Gruppen schlagen, weil man neu war in dieser Gegend. Als ich nach einiger Zeit eine Person geschlagen hatte, wusste ich noch nicht, dass man so feige sein kann: zehn, fünfzehn oder zwanzig Leute gegen eine einzige Person, und diese einzige Person war ich. Ich kam in eine Förderschule. Mir war es egal, ob ich in einer Förder- oder Realschule war, denn ich wollte eigentlich gar nichts machen. Aber da war mein Vater, der immer auf die Lampe zeigte und das bedeutete für mich, dass ich etwas tun musste. Heute bin ich froh, dass er so streng war. Irgendwann ging ich regelmäßig zur Schule, ich lernte eine andere Art des Unterrichts kennen und ich hatte Spaß am Unterricht.
Meine damalige Lehrerin fragte uns: »Wer möchte zum Chor?« Ich hatte das Wort »Chor« noch nie gehört, also wurde es mir erklärt. Ich habe mir gedacht, warum nicht, weswegen Unterricht, wenn ich etwas anderes machen kann?
Das erste Mal sah ich Frau Korbmacher nicht im Chor, sondern im Schulgebäude. Ich hatte zuvor einen Jungen aus ihrer Klasse geschlagen und sie kam, schwarz angezogen (das vergesse ich nie), mit dem Jungen und dem Direktor. Sie sagte zu mir, ob ich das war. Meine Antwort war klar, ich sagte »nein«, aber der Junge hatte mich wiedererkannt. Sie fragte mich warum, weswegen, so was mache man nicht, so gehe es nicht u.s.w. Ich hörte aber hin, was ich normalerweise nicht mache. Ich fragte mich, warum sie so ruhig blieb, obwohl ich jemanden geschlagen hatte.
An einem Dienstag ging ich zum Chor und ich sah jede Nationalität. Sie sangen miteinander, lachten und hörten einander zu. Das interessierte mich. Ich bekam Texte zum Lernen. Ich lernte zu Hause und meine Familie wunderte

sich. Ich ging jeden Dienstag hin, denn mir machte es Spaß, aber ich zeigte es nicht. Keiner durfte merken, dass es mir Spaß macht.
1998 brach der Krieg im Kosovo aus. Ich war am Ende mit meiner Kraft und ich wollte gar nichts mehr machen. Ich wollte mich nur zu Hause verstecken und nachts rausgehen, um irgendeinen Schmarrn zu machen. In diesem Krieg ist jemand, der mir nahe steht, ums Leben gekommen. Als ich eines Tages bei Susanne im Büro war, hat es mich so bedrückt. Sie war die Einzige, die es merkte, und sie fragte mich, was los sei. Ich wollte es nicht sagen, aber in mir wollte was raus und ich dachte, dieser Person kannst du es sagen. Ich sah diese Frau an und meine Augen fingen an, sich zu leeren. Sie waren voll, voller Hass auf die Leute, die das gemacht hatten. Ich hatte eine Wut in mir, von der ich dachte, ich werde sie nicht mehr los. Wut auf die Leute, die so was tun können: jemandem in die Augen schauen und ihn ermorden, eiskalt ermorden, und dabei zu sagen: »Hattest du mal Sex? Weißt du, wie schön das sein kann? Aber leider wirst du es nicht mehr erleben. Ha Ha Ha! (je bote Skiptaru) Ich ficke dich, du Scheiß-Albaner.« Und sie schossen mehrmals auf sein Geschlecht. Er starb, und die Schweine nahmen seinen Körper, die Leiche meines Cousins, mit.
Sein Bruder musste alles mit ansehen, er hatte sich im Gebüsch versteckt. Er war hilflos, er konnte seinem kleinen Bruder nicht helfen. So erzählte er es mir.
Ohne dass ich was gesagt hatte, bemerkte Susanne Korbmacher etwas – ich schaute sie an und dachte mir, zum ersten Mal in meinem Leben kann ich einer Person trauen.
So fing es an. Ich lernte Vertrauen kennen, Vertrauen zu einer Person, die ich nicht mal richtig kannte. Nachdem ich ihr diese Geschichte erzählt hatte, lernten wir uns besser kennen. Ab da ging ich wieder regelmäßig zur Schule. Ich

bemühte mich, auch auf der Straße ohne Probleme auszukommen. Ohne Probleme heißt, mich nicht mit anderen Personen zu schlagen oder mit Freunden klauen zu gehen, zum Beispiel Fahrräder, Motorräder, Roller und so weiter. Es klappte eine Zeit lang, bis ich dann irgendwann einen Zettel bekam, auf dem stand: »Angeklagter Arjeton: Sie sind angeklagt in zwei Fällen, wegen Fahren ohne Führerschein und Diebstahl.« Bei mir gab es nur den Gedanken, wie erkläre ich das meinen Eltern oder zumindest meinem Vater? Ich hatte und habe einen wahnsinnigen Respekt vor meinem Vater. Meiner Mutter erzählte ich es, aber ich log sie an und sagte: »Ich war es nicht«. Heute tut es mir Leid, dass ich sie angelogen habe.

Ich ging zum Gericht und wurde zu 42 Arbeitsstunden und einer Woche Knast verurteilt. Ich redete lange mit Frau Korbmacher darüber.

Ich hatte eine Nebenrolle in einem Kinofilm (*Eine Hand voll Gras*) und ich sagte Frau Korbmacher, dass ich Schauspieler werden wolle. Sie unterstützte mich und ich bekam zwei Jahre nach diesem ersten Film eine Hauptrolle in dem Film »ghettokids«, in dem ich Maikis spielte.

> *ich bin immer noch und werde DANKBAR bleiben was diese Frau (Korpmacher) geholfen und Helfen wird. Sie brachte mich auf eine Schauspielschule der Name der Schule lautet »ISSA« internationale schule für Schauspiel und Acting. Ich möchte allen Danken, allen die zu mir gehalten haben und an mich glauben vielen Dank an alle.*

FATON

Faton ist Kosovo-Albaner und flieht im Bürgerkrieg als 6-Jähriger mit seiner Familie nach Deutschland. Er wächst im Hasenbergl auf. Mit 13 ist seine kriminelle Energie kaum noch kontrollierbar. Fatons Vater hat die Kriegserlebnisse, den Verlust der Heimat nicht verkraftet und ertränkt seinen Frust in Alkohol.

VATER, WO BIST DU?

Ein Dienstag wie jeder andere, wie es scheint. Ich quetsche mein Auto in einen der raren Parkplätze in der Wintersteinstraße im Hasenbergl. Der Gehsteig des Kinder- und Jugendzentrums ist übersät mit zersplitterten Flaschen, weggeworfenen Dosen, zerknüllten Zigarettenschachteln und Chipstüten, Kaugummipapier und Kippen. Ein völlig demoliertes Fahrrad, dem das Vorderrad fehlt und dessen Sattel total zerfetzt ist, lehnt an einem verwitterten Holzblock. Auf Eingangstür und Fensterscheiben sind Unterschriften und Botschaften hingeschmiert.
Ilona ist eine Hure.... Dimitris fickt gut.... Vladimir liebt Fatma.... Wo warst du gestern?... Ich war hier, aber du warst nicht da.... Alles ist Scheiße.... Geiler Spruch.
Außer mir scheint niemand darauf zu achten. Zumindest nicht die Jugendlichen, die bereits auf mich warten.
Die meisten kommen pünktlich. Manche helfen mir beim Ausladen der tragbaren Stereoanlage aus meinem Auto. Die zwei silbernen Fotokoffer, die mit MCs und CDs gefüllt sind, und ein Stapel Textkopien werden von Schülern zur Bühne getragen.
Es ist Unterrichtszeit und trotzdem sind die achtundvierzig Kids nicht in der Schule. Jeden Dienstag nach der zweiten

Pause kommen die Zwölf- bis Sechzehnjährigen vom Förderzentrum in die in der nördlichsten Straße Münchens gelegene Einrichtung des Kreisjugendrings. Freiwillig. Auf dem Stundenplan steht die Arbeitsgemeinschaft *Thealimuta*. Dieses Projekt versucht mit *Thea*ter, *Li*edern, *Mu*sik und *Ta*nz Jugendliche aus über zwanzig Ländern zu einer Gruppe zu formen.
In der Gruppe entdecke ich ein neues Gesicht, das mir schon mehrmals in der Schule aufgefallen ist. Und zwar nicht gerade positiv.
Der Neue ist ein Kosovo-Albaner, der erst seit einigen Wochen an unserer Schule ist. Vorher war er an einer Schule für »Erziehungsschwierige«. Also eigentlich normal intelligent, aber sehr verhaltensauffällig. Er hat sich durch seine äußerst gewalttätigen Wutausbrüche in kürzester Zeit auch bei uns einen Namen gemacht. Dabei traut man ihm das auf den ersten Blick überhaupt nicht zu.
Er ist mit seinen dreizehn Jahren viel kleiner als seine Altersgenossen. Die blonden, strähnigen Haare und seine leicht rosa wirkende Hautfarbe verleihen ihm etwas Harmloses. Doch sein ernster Gesichtausdruck wirkt hart, verbittert und unerbittlich. Nicht der Anschein eines Lächelns ist sichtbar.
Bei der Begrüßung zeigt er seine deutliche Ablehnung.
Du bist also Faton aus dem Kosovo.
Wenn Sie's schon wissen, warum fragen Sie dann?
Ich schließe die Haupttür ab, obwohl noch einige Nachzügler fehlen. Geschlossene Gesellschaft. Wer zu spät kommt, muss klopfen und warten. Die Ausreden langweilen.
Ich habe meiner Oma nur schnell die Einkaufstasche nach oben getragen. … Ich musste noch ein bisschen nachsitzen. … Ich hatte etwas in der Schule vergessen und musste noch mal zurück.

Pünktlichkeit ist bei den Hasenbergl-Kids keine weit verbreitete Tugend. Außerdem sind sie gewohnt, tun und lassen zu können, was sie wollen. Zumindest, wenn sie nicht zu Hause sind.
Bist du zu feige, die Wahrheit zu sagen? Erst bist du im Bus gesehen worden und dann warst du noch im Supermarkt. Also, erzähl mir keine Märchen.
Pokern gehört zum Lehreralltag im Hasenbergl.
Ich war nicht im Bus. Ehrlich. Die Typen lügen doch. Wollen mir nur eine reinwürgen, die Wichser. Hatte was in der Schule vergessen. Wie soll ich Hausaufgaben machen, wenn das Heft unterm Tisch liegt? Immer gehen Sie auf mich los, Frau Korbmacher. Das kotzt mich langsam an.
Besteht jemand auf seiner Version, kläre ich das telefonisch schnell mit der Schule ab. Hat er gelogen, wird er sofort in die Schule zurückgeschickt. Er muss sich bei der Schulleitung melden und seine Geschichte erzählen. Das zeigt meistens Wirkung. Beim nächsten Mal steht der oder die Betreffende plötzlich überpünktlich vor der Tür. Wiederholungstäter werden eine Zeit lang von den Proben ausgeschlossen. Unterricht statt Disco. Kein beliebter Tausch.

Auf dem heutigen Programm steht ein neuer, deutscher Rap von der Gruppe »3. Generation«, den sich die Kids in der Woche zuvor gewünscht haben. »Vater, wo bist du« ist gerade erst auf dem Musikmarkt erschienen.
Faton setzt sich in die erste Stuhlreihe, die in Hufeisenform die Tanzfläche umschließt. Sein Gesicht wird von einer beigefarbenen Rappermütze eingerahmt. Sein Gesichtsausdruck verrät Misstrauen. Zunächst beobachtet er nur das Geschehen um ihn herum. Seine Augen fixieren die anderen und mich.

Da gibt es die zwölfjährige griechische Schülerin Despina, die mit niemandem spricht. Sie hat Angst vor Kontakt, geht jeglichem Blick und jedem Wortwechsel aus dem Weg.
Nicht nur Erwachsene haben mit dem Machogehabe des Sinto Recardo, der sich manchmal für den Nabel der Welt hält, riesige Probleme. Seine plötzlich auftretenden Wutanfälle sind gefürchtet. Unaufhörliches Brüllen und fliegende Plastikstühle können nur mit größten Schwierigkeiten wieder gestoppt werden.
Francesco, der italienische Junge, kann auf Spannungen nur äußerst aggressiv reagieren, nachdem die Mutter in einer Nacht- und Nebelaktion die zehnköpfige Familie wegen eines anderen Mannes verlassen hat. Aus Enttäuschung und Wut verweigert er sich total. Besonders Frauen gegenüber. Sein Lieblingsplatz bei den Proben ist entweder in irgendeiner Ecke oder unter einem der Tische.
Neben Faton sitzt Burhan aus der Türkei, dessen Vater die geliebte Mutter wegen einer Jüngeren verlassen hat. Seitdem verbietet die Mutter dem Jungen jeglichen Kontakt zu seinem leiblichen Vater und dessen neuer Familie, obwohl sie alle im Hasenbergl leben. Der neue jugoslawische Lebensgefährte prügelt nicht nur den Jungen, sondern auch die Mutter und die Schwester. Burhan ist zu jung, um sich dem Stiefvater in solchen gewalttätigen Situationen entgegenzustellen. Das holt er dann in der Schule, auf der Straße, überall, wo er gerade ist, nach.
Haben Sie meine CD dabei? Und was ist mit dem Text, den Sie rausschreiben wollten?
Habe ich alles erledigt, Burhan. Ich hatte ja schließlich einen Auftrag von euch bekommen. Und der Text und die Musik sind wirklich super. Das Lied geht total unter die Haut. Habe mir auch gleich die CD von der »3. Generation« besorgt.

Der zwölfjährige türkische Junge strahlt mich an.
Darf ich heute auflegen?
Ich nicke. Burhan läuft zur Anlage.

Mein Vater, du bist weg
Weiß nicht, wo du bist, und das ist auch egal
Ich kann nicht mehr länger schweigen
Hab keine Wahl
Du hast mir meine Kindheit versaut, geklaut und genommen
Doch jetzt ist die Zeit gekommen
Dir die Wahrheit zu sagen, Vater, ich kann's nicht ertragen
Warum musst du Mama schlagen?
Mit den Fäusten in den Magen
Sie betrügen und belügen
Warum kannst du sie nicht lieben?
Warum liebst du nur die Nutten?
Die an der Ecke stehen
Hast du Mama schon mal weinen gesehen?
Die Schreie – die Tränen
Davon träum ich jede Nacht
Jede Nacht hab ich Angst, dass es wieder kracht nach acht
Meine Seele ist zerrissen, kaputt und ich frage dich nun,
Mein Vater, wie konntest du mir das antun?

Von Anfang an rappen viele der Kids den Text mit. Nur der neue Kosovo-Albaner bewegt seine Lippen nicht. Er scheint den Text nicht zu kennen. Aber er hört zu.
Ich spreche stückweise den Text vor und die Jugendlichen sprechen ihn nach.
Den Text haben drei Jungs geschrieben, die im Berliner Stadtviertel Kreuzberg aufgewachsen sind. Mit dem Hasenbergl vergleichbar. Weiß jemand von euch, aus welchen Ländern die drei kommen?

Aus der Türkei, aus Jugoslawien und Deutschland. Das weiß doch jeder.
Der türkische DJ kann sehr überheblich wirken.
Wirklich jeder, Burhan? Ich habe das zum Beispiel nicht gewusst.
Kein Wunder. Sie sind ja auch Lehrerin.
Danke.
Bitte.
Und glaubt ihr, dass das, was die da singen, denen genauso passiert ist?
Bestimmt nicht allen Dreien. Aber das hört sich schon echt an. Wie sollten sie sonst darauf kommen?
Und wie sieht's mit euch aus? Kommt euch irgendetwas aus dem Text bekannt vor?
Absolute Stille. Obwohl ich aus vielen Schülerakten die häusliche Chaossituation kenne, wagt niemand, etwas von seinem familiären Mikrokosmos preiszugeben.
Ich habe vieles aus dem Lied selbst erlebt.
Plötzlich sind sechsundneunzig Augen auf mich gerichtet.
Mein Vater hat ständig geprügelt. Ich hatte fürchterliche Angst vor ihm. Und eigentlich ist dieses Gefühl nie mehr weggegangen. Als er dann vor einigen Jahren gestorben ist, war ich überhaupt nicht traurig. Wenn ich ehrlich bin, fühlte ich mich sogar befreit.
Viele meiner Kids kennen mich schon seit einigen Jahren und ich sie auch. Beide Seiten wissen, was sie sich gegenseitig zumuten können. Und plötzlich scheint es in der Gruppe kein Halten mehr zu geben.
Ich kenne das von meinem Stiefvater. Der war aus Jugoslawien. Die und Türken passen einfach nicht zusammen. Außerdem hat er was mit Drogen gemacht. Eines Tages hat den dann die Polizei mitten in der Nacht abgeholt und ausgewiesen. Da war ich auch ganz glücklich.

Bei mir prügelt nicht nur mein Vater, sondern auch meine Mutter. Beide trinken. Wenn die besoffen sind, dann rasten die oft aus. Manchmal gehe ich dann nachts auf die Straße, um meine Ruhe zu haben.
Bei uns dürfen uns auch die Brüder schlagen, wenn ihnen was nicht passt. Und wehe, wir würden uns wehren. Zurückschlagen ist unmöglich.
Plötzlich zerschneidet ein bissiger Kommentar die Runde:
Singen wir hier oder wird hier nur gelabert? Ich will verdammt noch mal jetzt den Rap lernen. Die anderen können sich ein anderes Mal ausheulen.
Es war Faton.
Hast du Probleme damit, wenn andere von sich erzählen?
Ich hab doch keine Probleme. Wie kommen Sie denn auf so 'nen Scheiß? Es langweilt einfach nur.
Ich mache dir einen Vorschlag. Nach der Probe sitzen die Großen immer noch oben im Büro zusammen und wir arbeiten an den Liedern weiter. Kannst ja mal vorbeischauen. Aber jetzt lass bitte jeden das sagen, was er zu sagen hat.
Aber es erzählt niemand mehr etwas. Keiner in der Gruppe wagt mehr, sich zum Text zu äußern. Auch die dominanten Jungs nicht, die sonst keiner Auseinandersetzung aus dem Weg gehen.
Die Probe verläuft weiter wie gewohnt. Zeile für Zeile wird vorgelesen, nachgesprochen, nachgesungen.
Für heute sind wir fertig. Vergesst den Text nicht und übt zu Hause schon mal weiter.
An der Eingangstür verabschiede ich mich persönlich bei jedem mit Handschlag.
Acht Jungs bleiben zurück. Obwohl sie an unserer Schule als ziemliche Kaliber bekannt sind, haben sie sich freiwillig

als Aufräumteam gemeldet. Stühle zusammenstellen, Kassetten in die Koffer verstauen, die Licht- und Musikanlage ausstellen. Und sie fegen sogar den Dreck zusammen, auch wenn es in ihrem Kulturkreis tabu ist, so genannte Frauenarbeit zu erledigen.
Im Büro bekommen sie zunächst etwas zu trinken und zu essen. Eine zusätzliche Motivation, länger zu bleiben. Meist wird sofort die tragbare Stereoanlage aktiviert. Und dann fangen sie an, von allen möglichen CDs ihre Lieblingslieder herauszusuchen. Und zu singen.
Plötzlich klopft es an der Tür. Die Jugendlichen schauen mich erstaunt an.
Haben Sie eine Besprechung? Das wär aber jetzt total scheiße.
Nein, ich erwarte niemanden.
Es klopft wieder.
Herein.
In der Tür steht Faton.
Gilt das Angebot noch? Oder soll ich mich wieder verpissen?

Recardo dreht sich zu ihm um.
Komm rein, Faton. Willst du was trinken? Kostet nichts. Das kriegen hier alle, die länger bleiben und arbeiten.
Wollte nur mal kurz vorbeischauen. Bin gleich wieder weg.
Recardo deutet auf einen freien Stuhl. Und schon machen sie weiter.
Die Jungs singen und rappen auf Deutsch und Englisch.
Nur der Neue zeigt nicht die geringste Reaktion. Aber seine Augen sind hellwach. Misstrauisch beobachtet er, was um ihn herum geschieht. Wie schon in der Disco.
Dann legt jemand das neue Lied ein. Aus den Hosen- und Jackentaschen werden schnell die zusammengefalteten Textblätter hervorgeholt.
Und schon sprechen, singen und bewegen sie sich mit. Alle können ziemlich gut lesen. Ihre Sprache wird von Wiederholung zu Wiederholung lauter, pointierter und aggressiver.

Vater, du bist voller Schmerz, voll Gewalt
Kalt bis zum Erbrechen
Ich hab immer Angst, es knallt
Wütend wirst du zum Verbrecher
Wenn du zu viel gesoffen hast
Kommt dein Hass
Der noch größer ist als dein Gestank
Vater, du machst mich krank
Ich weiß, du hast ein hartes Leben
Ohne Job und ohne Freunde, die dir Liebe geben
Und Vertrauen – deswegen musst du um dich hauen
Deinen Frust abbauen – unser Leben versauen
Du kannst niemandem trauen
Nicht mal Mama und mir – wenn du nicht überlegst
Was nicht tötet, härtet ab

Sagst du mir, wenn du mich schlägst
Auf den Boden legst
Mit dem Gürtel ins Gesicht
Das hältst du für deine Pflicht
Bitte Papa, tu das nicht
Vater, wo bist du?
Warum meldest du dich nie?
Du weißt doch genau, dass es mich gibt
Hast du mich jemals geliebt?
Weißt du, wer ich bin, was ich denke?
Was ich fühle?
Ob ich eine Freundin hab?
Ob ich gut bin in der Schule?
Du warst niemals mein Freund
Du hast Fehler gemacht
Ich hab viel wegen dir geweint
Aber nie mit dir gelacht
Ich vermisse dich, mein Vater
Denk nicht, ich bin ein Schwein
Vater, es ist nicht einfach, dein Sohn zu sein

Da drückt Jassin plötzlich die Stopptaste. Tränen rinnen über sein Gesicht.
Das halt ich nicht aus.
Michael brüllt:
Wieso, Jassin? Ist doch nur ein Lied.
Eben nicht. Das ist mein Vater, von dem da erzählt wird. Genauso ist der. Total brutal. Und wie der mit meiner Mutter umgeht. Und ich bin ihm auch scheißegal. Die ganze Familie geht dem am Arsch vorbei. Mal verschwindet er, dann ist er wieder da. Ich hasse ihn. Eines Tages bringe ich ihn um. Ganz sicher. Irgendwann mache ich ihn kalt.

Die, die jetzt im Büro anfangen zu erzählen, haben in der Disco keinen Ton gesagt. Es kommen immer mehr erlebte Geschichten.
Ich beobachte Faton. Auch er reibt sich über die Augen. Ansonsten kein Kommentar, keine Geschichte, Zustimmung oder Ablehnung. Er beobachtet die anderen mit zusammengebissenen Lippen. Plötzlich steht er auf und dreht sich in Richtung Tür weg.
Ich geh' jetzt. Hab noch was vor.
Hast du dein Textblatt?
Er schlägt auf die Brusttasche seiner Jacke.
Kannst du lesen, Faton?
Kopfnicken.
Dann versuch doch mal, bis zum nächsten Mal die erste Seite zu lernen. Wenn du willst.
Mal sehen.
Er schaut niemanden an, dreht sich nicht noch einmal um. Er zieht die Tür auf und schlägt sie ohne jegliche Verabschiedung geräuschvoll hinter sich zu.

Eine Woche vergeht. Faton ist überpünktlich zur Probe erschienen. Als der neue Rap eingelegt wird, singt er mit. Auswendig. Wort für Wort. Hart und unerbittlich.
Ich lasse das Lied ganz durchlaufen. Ich will sehen, wie weit er den Text gelernt hat.
Du kannst ja beide Seiten schon auswendig, Faton. Wie hast du denn das in so kurzer Zeit geschafft?
Warum nicht? Der Text ist echt stark. Und verdammt wahr.
Was daran ist so stark und wahr?
Faton ignoriert meine Frage.
Können wir »Vater, wo bist du« in der Disco mal mit Mikros singen?
Ja, wenn wir die Aufführung vorbereiten. Machst du mit?

Weiß nicht. Ich denke schon. So 'ne Chance lass' ich mir nicht entgehen.
Wie meinst du das?
Faton schaut mich eindringlich an.
Hat nur was mit dem geilen Rap zu tun. Und mit mir. Ist aber persönlich. Das geht niemanden etwas an.

KRIEG UND TRÄNEN

Das ist schon super, aber muss noch viel professioneller werden. Wer die Texte nicht kann, darf bei der Aufführung nicht mitmachen.
Die Jugendlichen machen im Vorraum der Disco eine Pause. Eine beliebte Unterbrechung der Thealimuta-Probe. Denn Getränke oder Eis werden an der Theke umsonst ausgegeben.
Du bist ja ganz schön kompromisslos, Faton.
Ist doch klar. Wir wollen uns doch nicht blamieren. Sonst halten die uns noch für behindert.
Sind wir doch. Scheiß verkackte, nichtsnutzige Sonderschüler.
Der Einwand kommt von Murat, der seit dem Schulwechsel von der Hauptschule auf unsere Schule sein Selbstwertgefühl völlig verloren hat.
Ach, halt die Klappe. Wenn du von dir selbst so redest, dann kann ich das verstehen. Du bist ja auch 'n Türke.
Mach mich bloß nicht an, Faton. Beleidigungen lasse ich mir von keinem gefallen. Und schon gar nicht von 'nem scheiß Kosovo-Albaner. Wir haben keine Angst vor euch. Ihr seid doch nur Wichtigtuer. Große Klappe, aber nichts dahinter. Meinetwegen können wir das draußen regeln.
Faton springt wütend von seinem Stuhl hoch und stößt ihn mit einem kräftigen Tritt nach hinten.

Soll ich dir deine türkische Fresse polieren? Das kann ich auch gleich hier drinnen erledigen.
Ich baue mich genau zwischen den zwei Streithähnen auf. Mit völlig überdrehter Stimme fange ich an zu parodieren.
Wunderbar macht ihr das. Eine tolle Szene. Die werde ich gleich mitschreiben. Die kann ich für unsere neue Aufführung gut gebrauchen.
Betretene Stille tritt bei den vierzig Anwesenden ein.
Na los. Ich will Action sehen. Wie soll ich sonst unser Programm füllen? Darf ich vielleicht auch ein bisschen mitmischen? Das wird die Sensation. Lehrerin schlägt sich mit ihren türkischen und albanischen Jungs. An so etwas erkennen die Zuschauer nicht nur die wirklich brutalen, sondern auch gestörten Schüler, die sich aufführen, als ob sie durchgeknallte Hasenbergler seien, die nicht fähig sind, ihr Hirn zu gebrauchen.
Wir sind nicht blöd oder behindert. Und wir Hasenbergler wissen sehr wohl, unser Gehirn zu gebrauchen. Und brutal sind wir auch nicht.
Genau das wollte ich mit meiner Szene auch ausdrücken. Für mich seid ihr nämlich Jugendliche, die nicht nur nachdenken, sondern auch ein großes Herz haben. Alle hier im Raum. Ich liebe eure südländische Dynamik. Auch wenn sie manchmal ziemlich anstrengend ist. Und damit meine ich euch zwei.
Sie sind aber auch nicht schlecht.
Danke, Faton. Und so etwas sagst du einer langweiligen Deutschen. Ich fühle mich geehrt.
Sie sind überhaupt nicht langweilig. Und das wissen Sie ganz genau. Sind Sie nicht Griechin?
Nein, Deutsche. Aber ich denke, von jedem von euch ist ein bisschen in mir drin. Warum glaubst du, mache ich diese Gruppe? Damit ich mir von euch eure fantastischen Seiten abschaue. Auf den Rest bin ich nicht so scharf.

He, Kumpel. Können wir jetzt weitermachen?
Faton schaut seinen türkischen Widersacher lächelnd an.
Sonst besorgt die uns nie die Mikros. Und wir wollen doch eine tolle Aufführung hinlegen. Alles klar, Murat?
Geht schon wieder. Aber mach mich nicht wieder so an. Das pack ich nicht, Faton. Und schon gar nicht vor den anderen.
Plötzlich geht der Kosovo-Albaner auf den Türken zu. Er hält ihm seine Hand zum Abklatschen hin.
Alles klar, Alter. So was bringt mich auch immer zum Kochen.
Das gegenseitige Abklatschen beendet das eingeschobene Theaterstück. Der Rest der Anwesenden grölt, pfeift und klatscht Beifall. Dann erheben sich alle und schlendern in die Disco.
Ich beschließe, nicht weiterzuüben. Es kommt nicht oft vor, dass nach einem Streit alle friedlich zusammensitzen.
Und? Was wollt ihr in die Aufführung reinpacken?
Die ganze Gruppe bringt Vorschläge. Schwerpunkte sind Raps, gefühlvolle Lieder, Theaterimprovisationen, afrikanisches Trommeln und Breakdance.
Wie wollt ihr das alles in den zwei Unterrichtsstunden pro Woche schaffen?
Faton steht plötzlich auf und geht auf der Tanzfläche hin und her. Dabei schaut er den Kids ringsherum in die Augen.
Wir können uns hier am Nachmittag oder Abend zusätzlich treffen und üben. Wir haben dazu genug Zeit.
Ich schaue ihn erstaunt an.
Übernimmst du das, Faton?
Was? Die Raps? Warum nicht? Kann ich schon machen. Aber alleine nicht. Wer hilft noch mit?
Ilias und Kostas melden sich.

Abgemacht. Und wir bestimmen, wer in die Gruppe darf. Wer nichts tut, fliegt wieder raus.
Und was für Lieder stellst du dir so vor, Faton?
Na, nicht nur Rap. Das ist klar. Probleme haben doch alle hier im Hasenbergl genug. Auch fürs Herz muss was dabei sein.
Okay. Stellt mir die Lieder zusammen, die ihr singen wollt. Ich besorge dann die CDs und schreibe für alle die Texte heraus.
Wir haben da noch eine Bitte. Können Sie abends eine Theatergruppe leiten?
Wo? Hier? Im Kinder- und Jugendzentrum?
Ganz genau. Wir können zwar singen, aber beim Theater spielen sind Sie besser. Wir brauchen richtigen Unterricht. Und Sie haben doch die Schauspielausbildung.
Ein Versuch wäre es wert. Aber wenn ich extra abends in den Hasenbergl fahre, habe ich keine Lust, dann alleine hier zu stehen und wieder die üblichen Ausreden zu hören: Musste für meine Mutter einkaufen, mein Opa liegt im Krankenhaus, war auf einer Party.
Die Ausreden der Schüler mache ich absichtlich völlig überzogen nach. Alle lachen.
Ne, jetzt mal im Ernst. Geben Sie uns eine Chance? Wir werden da sein.
Ich werde mit meinem Sohn reden, Faton. Und jetzt auch mal im Ernst. Wenn der nicht einwilligt, ist nichts zu machen.
Sollen wir ihn anrufen? Er hat doch alles, aber wir haben hier nichts. Wir können ihm das schon erklären.
Nicht nötig. Ich glaube, es gibt eine Lösung. Daniel, so heißt mein Sohn, geht jeden Donnerstagabend zum Eishockey-Training. In der Zeit könnte ich hierher kommen. Von siebzehn bis neunzehn Uhr könnt ihr –
Was heißt siebzehn Uhr?

Fünf Uhr nachmittags, Burhan.
Von siebzehn bis neunzehn Uhr, also von fünf bis sieben, könnt ihr die Lieder üben, die ihr euch ausgesucht habt. Da mache ich dann aber nur Aufsicht hier im Vorraum. Und von sieben bis neun Uhr steht dann die Theatergruppe auf dem Programm.
Am Vormittag? Fällt dann die Schule aus?
Sehr witzig, Burhan. Ha, ha, ha.
Mensch, halt doch mal deine Klappe, du Gestörter. Die macht uns hier ein total geiles Angebot und du quatscht dämlich dazwischen.
War doch nur ein Witz, Faton. Sie ist nicht so empfindlich. Das wirst du auch noch mitbekommen.
Wir fangen also übermorgen an. Sind Sie damit einverstanden, Frau Korbmacher?
Bleibt mir wohl nichts anderes übrig. Da bin ich ja mal gespannt, wer dann wirklich auftauchen wird.
Sie werden schon sehen. Das klappt. Dafür werde ich schon sorgen.
Das kann ich mir lebhaft vorstellen, Faton. Aber bitte, zwinge niemanden zu seinem Glück.
Faton grinst mich an und nickt kurz.

Die Donnerstagsgruppe ist ein voller Erfolg. Immer mehr Jugendliche erscheinen regelmäßig am Abend. Mädchen und Jungen. Aber nicht nur von unserer Schule, sondern auch Hauptschüler von der Nachbarschule.
Dann ist Faton plötzlich für zwei Wochen wieder verschwunden. Ohne ein Wort zu sagen. Keine Erklärung, Ausrede oder Entschuldigung. Einfach weg.
Der schwänzt wieder. Und treibt sich mit so ’ner Kosovo-Gang herum. Hat riesigen Ärger mit den Bullen, Frau Korbmacher.
Wegen was?

Klauen, Körperverletzung, Motorrad fahren ohne Führerschein. Der muss bestimmt bald einrücken.
Die Jugendlichen sind meine besten Informanten. Sie wissen immer alles, was im Hasenbergl läuft.

In der dritten Woche ohne Faton sitze ich mit meinem Aufräumtrupp wie immer nach der Dienstagsprobe im Büro. Wir machen Brotzeit, nebenher laufen unsere Lieder. Im ersten Stock werden wir dabei wenigstens nicht gestört. Oft befinden sich ganze Trauben von Kindern und Jugendlichen vor dem Kinder- und Jugendzentrum, die nicht zu unserer Gruppe gehören. Durch Treten und Schlagen gegen die Eingangstür und Fenster machen sie ihrem Ärger Luft, vor der geschlossenen Einrichtung zu stehen.
Es klopft an der Bürotür.
Herein.
Keine Reaktion.
Herein.
Wieder keine Reaktion. Keiner der Jugendlichen will das Essen unterbrechen.
Ich gehe an die Tür und mache auf. Vor mir steht Faton. Unsere Blicke treffen sich. Still schauen wir uns an. Die Musik im Hintergrund läuft weiter. Und auch die Gespräche der anderen. Sie haben ihn nicht bemerkt. Keiner von uns beiden sagt ein Wort.
Willst du nicht reinkommen?
Ein tranceähnliches Kopfschütteln zeigt mir, dass er langsam in eine andere Welt abdriftet. Ich schiebe ihn behutsam auf den Flur zurück, gehe auf ihn zu und schließe hinter mir die Tür. Dabei lasse ich ihn nicht aus den Augen. Ich sage kein Wort, weil ich nicht weiß, was ich sagen soll.
Ihnen kann ich's sagen. Sie haben ihn umgebracht. Vor

zwei Wochen. Einfach so. Knarre hingehalten und bumm. Und er war doch erst fünfzehn.
Hier im Hasenbergl? Von wem redest du?
Im Kosovo. Er war mein Cousin. Aber eigentlich mein Bruder. Ich bin mit ihm aufgewachsen. Die Serben haben ihn ermordet. Es hat ihnen Spaß gemacht, ihn umzubringen. Ich hasse die Welt. Alles und jeden. Ich werde mich rächen. Und wenn ich dafür selber draufgehe. Mir ist jetzt alles egal.
Jedes Wort wäre jetzt genau das falsche. Meine Augen füllen sich mit Tränen. Wir sind beide wie erstarrt, schauen uns direkt an. Dann halte ich es nicht mehr aus. Ich nehme Faton in meine Arme. So bleiben wir regungslos für eine Weile stehen. Ich weiß nicht, wie ich ihm ein bisschen von seinem Schmerz abnehmen kann. Ein Gefühl völliger Hilflosigkeit lähmt mich. Dann lösen wir unsere Verbundenheit. Für einen Augenblick lächelt Faton. Dann ist sein Gesicht wieder wie versteinert.
Ich glaube, ich brauche ein Taschentuch, Faton. Wartest du?
Nein, ich gehe wieder. Wollte nur sagen, dass ich am Donnerstag wiederkomme. Ich will mit der Gruppe weitermachen.
Glaubst du, dass du das in deiner Situation packst?
Das ist im Moment das Einzige, was ich packe.
Bist du dir sicher?
Er nickt verhalten mit dem Kopf.
Ich hasse Krieg. Obwohl ich nie einen erlebt habe. Ich weiß gar nicht, wie du das aushalten kannst, Faton.
Ich hasse den Krieg auch. Aber ich weiß, wovon ich spreche. Ich habe ihn im Kosovo und in meiner Familie erlebt. Aber weinen kann ich nicht. Nicht mehr. Weil ich keine Tränen mehr habe.
Die werden wiederkommen, Faton. Und erst dann kannst du deinen Schmerz aus dir herauslassen.

Ich wische ihm eine erste Träne weg. Er ergreift meine Hände und drückt sie. Dann dreht er sich um und geht.

SPIEGLEIN, SPIEGLEIN

Hatte keinen Nerv zum Lernen. Mein Stiefvater spinnt wieder.
Wenn du zu Hause nicht lernen kannst, Murat, dann setz dich doch oben ins Büro. Dort hast du ’ne Anlage, etwas zu trinken und vor allem deine Ruhe.
Darf ich wirklich?
Warum denn nicht? Oder würdest du alles kurz und klein schlagen oder vielleicht was klauen?
Wie können Sie so was sagen? Beim Büro habe ich mitgestrichen und Möbel geschleppt. Würde ich nie machen. Und das wissen Sie.
Sei nicht so empfindlich.
Immer müssen Sie mich provozieren. Das vertrag ich nicht.
Doch, das musst du, Murat. Hier und auf der Straße. Und woanders auch. Nur dann schaffst du es, keinen Ärger mehr zu bekommen.
Auf Sie bin ich auch nie wirklich sauer. Aber wenn mich da draußen jemand anmacht, sehe ich rot. Und wenn die dann noch meine Mutter beleidigen, kann ich mich nicht mehr kontrollieren. Wie Faton.
Ich schaue Murat fragend an.
Ich will ja nicht petzen, aber Faton ist viel schlimmer als ich. Wie Kosovo-Albaner eben sind.
Wie sind die denn?
Na, kriminell und brutal. Klauen, Einbrüche, Schlägereien, Körperverletzung, Überfälle und so weiter. Sie wissen schon, was ich meine.
Gibt es über die Türken auch so ein allgemeines Urteil, das

für alle gilt? Klauen, Einbrüche, Schlägereien – was hattest du noch gesagt? Ach ja, nicht zu vergessen Körperverletzung, Überfälle und so weiter.
Sie dürfen über die Türken nicht so schlecht sprechen. Auch nicht vor mir.
Und du darfst über Kosovo-Albaner auch nicht so schlecht sprechen. Besonders nicht vor mir.
Hab schon verstanden.
Schön, dass du es kapiert hast, aber erzähl mal weiter von Faton. Der erscheint zwar immer bei den Proben, aber selten im Unterricht. Was ist da los?
Weiß nicht. Aber ich glaube, der kommt morgens einfach nicht aus dem Bett. Pennt immer bis mittags. Kein Wunder, treibt sich auch die ganze Nacht herum. Der baut viel Scheiße. Das können Sie mir glauben.
Faton muss wirklich aufpassen, Murat. Er ist jetzt vierzehn und da fackelt die Polizei nicht lange.
Ach, um den müssen Sie sich keine Sorgen machen. Die haben in ihrer Kosovo-Gang immer Minderjährige dabei, die dann bei den Bullen angeben, sie hätten das und das getan.
Das sind ja tolle Freunde.
Bei den Türken läuft das auch so. Sonst wäre schon die Hälfte von unserer Gruppe mal im Jugendarrest gewesen. Da können Sie sicher sein.
Sprichst du auch von den Mädchen?
Na, klar. Das sind doch auch keine Engel.
Ich kann mir das überhaupt nicht vorstellen, Murat.
Wir leben hier im Hasenbergl in einer anderen Welt.
Die ich nicht immer verstehe.
Dafür haben Sie ja uns.

Inzwischen bin ich fast jeden Tag im Kinder- und Jugendzentrum in der Wintersteinstraße. Entweder während der Unterrichtszeit bei Thealimuta, danach im Büro bei den Treffen der Jugendlichen oder in den Abendgruppen.
Ab und zu schaue ich beim Breakdance-Unterricht am Mittwochabend zu. Ein Profi aus Laos leitet die Gruppe. Er ist selbst im Hasenbergl aufgewachsen und schon alleine deshalb wird er von den Jugendlichen respektiert. Aloun versteht ihre Sprache. Und spricht sie auch.
Faton, ich muss dich mal sprechen.
Sie hier? Am Mittwoch?
Ja, wollte mal sehen, wie weit ihr seid. Ich schaue mir heute eine Probe an. Wegen der Aufführung.
Ich schaue Faton abwartend an.
Und was wollen Sie noch von mir?
Kannst du dir das nicht denken?
Weil ich seit letzter Woche nicht in der Schule war.
Ganz genau. Und?
Was und?
Ich sage keinen Ton. Ich schaue Faton nur direkt in die Augen.
Was wollen Sie hören?
Was hast du mir zu sagen?
Sie können ganz schön nervig sein. Also gut. Ich habe tierischen Stress zu Hause mit meinem Alten. Wie immer. Letzten Sonntag hat er mich rausgeworfen. Vorher ist er aber noch mit 'nem Messer auf mich losgegangen.
Um Gottes willen. Bist du zur Polizei gegangen?
Wieso denn das? Spinnen Sie? Was soll ich bei den Bullen?
Na, Hilfe holen.
Sie haben wirklich keine Ahnung. Wir rennen doch nicht zu den Bullen. So was regeln wir unter uns.
Und wie regelst du das mit deinem Vater?

Schlafe im Moment mal hier und mal dort. Mein Alter wird sich schon wieder beruhigen. Der flippt nur immer so aus, wenn er zu viel getrunken oder wenn er Stress mit dem Geld hat. Meistens beides. Also können Sie sich vorstellen, was bei mir zu Hause los ist. Meine Mutter und meine Geschwister müssen ja auch unter ihm leiden. Meine Brüder verkriechen sich dann in ihrem Zimmer, aber meine kleine Schwester fasst er nie an. Das ist sein Engelchen. Und ich haue dann regelmäßig ab. Wenn der nicht aufpasst, dann schlage ich eines Tages zurück. Denn meine Mutter lässt er auch nicht in Ruhe. Bis jetzt habe ich das noch aus Respekt vor ihm nicht gemacht.
Vor dem Gesetz hast du keinen Respekt, was?
Wie meinen Sie das?
Na, man hört eine ganze Menge über dich. Klauen, Schlägereien mit Körperverletzung, Schwarzfahren, Fahren ohne Führerschein. Soll ich dir noch mehr nennen?
Von wem wissen Sie das?
Stand in der Hasenbergl-Zeitung.
Jetzt verarschen Sie mich nicht.
Faton wird immer lauter.
Wer behauptet so etwas? Los, ich will wissen, wer der Verräter ist.
Ich hab da so meine Informanten.
Und wer sind die? Wenn ich die erwische, die so 'ne Scheiße über mich erzählen, dann mache ich die kalt.
Ich weiß, dass der Punkt erreicht ist, wo ich pokern muss.
Machst du die Jugendpolizei auch kalt? Das würde dir sicherlich schlecht bekommen.
Waren die scheiß Wichser bei Ihnen?
Faton, jetzt hör mal gut zu. Anscheinend hältst du uns Lehrer für blöd. Aber wir arbeiten schon seit Jahren mit der Polizei zusammen und die mit uns. Wenn wir das nicht täten, würden wir sicherlich mehr als einmal bei euch auf

die falschen Knöpfe drücken und das wäre dann nicht so lustig. Außerdem kann man euch besser helfen, wenn man gute Kontakte zur Polizei hat. Und das hat wahrlich nichts mit Verrat zu tun.
Das sehe ich anders.
Das ist mir schon klar. Jemand, der ständig mit der Polizei oder den Gerichten zu tun hat und seinen kriminellen Energien freien Lauf lässt, hält jeden, der nicht so ist wie er, für einen Verräter. In deinen Augen bin ich sicherlich auch eine Verräterin.
Nein, Sie nicht. Ich war doch nur sauer, weil die Bullen Ihnen alles erzählt haben. Wegen dem Klauen vom Roller und wegen der Schwarzfahrerei muss ich ja bald auch vor Gericht. Wird wahrscheinlich höllischen Ärger geben, weil ich schon wegen anderer Sachen in den Akten stehe.
Auch Faton lässt sich also von meinem Bluff beeindrucken. Er erzählt freiwillig, was er in letzter Zeit alles angestellt hat.
Und was sagt dein Vater dazu?
Der? Der hat doch keine Ahnung. Wenn er was wüsste, dann würde der mich entweder umbringen oder in den Kosovo schicken. Was aufs selbe raus läuft.
Aber du bist noch minderjährig. Dein Vater wird sicherlich informiert werden.
Wie denn? Durch einen Brief? Den fange ich ab. Da halten meine Geschwister zu mir. Meine Mutter holt nie die Post aus dem Briefkasten. Die verlässt feiwillig nicht die Wohnung. Nur, wenn sie zum Arzt muss.
Und wie kann ich dir helfen, Faton?
Gar nicht. Da muss ich alleine durch. Nein, doch. Sie können mir helfen. Schmeißen Sie mich bitte nicht aus den Projekten raus. Auch, wenn ich nicht immer in die Schule gehe. Wenn ich das hier auch noch verliere, habe ich nichts mehr.

Du kennst unsere Regeln. Die gelten auch für dich. Was glaubst du, was die anderen mir erzählen, wenn du eine Sonderbehandlung kriegst?
Können Sie nicht mal 'ne Ausnahme machen?
Dann hätte ich in den Gruppen nur noch Ausnahmefälle.
Faton grinst mich an.
Scheiße. Wo Sie Recht haben, haben Sie Recht.
Pass auf. Versuch, so oft wie möglich in die Schule zu kommen. Auch, wenn du total müde bist. Besser, du sitzt völlig übermüdet im Klassenzimmer, als dass du auf der Straße rumstreunst.
Vormittags schlafe ich. Da kann ich nichts anstellen.
Also? Wie lautet deine Entscheidung, Faton?
Ich komm wieder in die Schule. Sie lassen ja doch nicht locker.
Wenn nicht, dann bist du hier raus. Im Ernst. Du bist einer der Besten und ich möchte dich sehr ungern verlieren. Aber ich lasse mich von keinem Jugendlichen verarschen. Auch von dir nicht.
Manchmal weiß ich gar nicht, warum ich mir das von Ihnen alles gefallen lasse.
Mir geht es genauso. Dann haben wir ja etwas gemeinsam.

Drei Wochen später.
Ich warte in einer Autoschlange an der Ampelanlage U-Bahn-Station Hasenbergl. Wegen der vielen Fußgänger geht es nur stockend voran. An der gegenüberliegenden Bushaltestelle erkenne ich viele unserer Schüler. Einige winken mir zu. Plötzlich haut jemand energisch auf mein Autodach. Als ich die Fahrertür aufreiße, steht Faton vor mir.
Was soll das? Du hast mich zu Tode erschreckt.
Hatte Angst, dass Sie wegfahren.
Wollte ich auch.

Ich muss Sie dringend sprechen.
Hat das nicht Zeit bis morgen?
Es ist dringend. Hab ich doch schon gesagt.
Wir treffen uns drüben auf dem Parkplatz vor der Post.

Also?
Die wollen mich einbuchten.
Wegen der Geschichten, von denen du mir erzählt hast?
Nein. Das habe ich hinbiegen können. Der Richter hat mich nur zu Sozialstunden verdonnert. Dem hab ich von unserem Projekt erzählt.
Und wahrscheinlich hast du betont, wie sehr du dich gebessert hast, dass du so engagiert bist, dass du ein ganz Braver geworden bist.
So ungefähr. Wenn man bei Gericht den Unterwürfigen mimt, dann klappt das meistens.
Und was hat diesmal nicht geklappt?
Ich hab meine Sozialstunden nicht eingehalten.
Ganz schön dumm von dir.
Ich weiß. Ich wollte die Proben und unsere Treffen danach für so 'nen Scheiß nicht aufgeben. Und jetzt steck ich in der Scheiße.
Und was willst du von mir?
Hier ist der Brief von der Brücke. Die regeln das mit den Sozialstunden. Und kontrollieren die.
Und mit Recht.
Ja, aber die stellen sich immer so an. Mit denen kann man überhaupt nicht reden. Labern dann etwas von Strafe und Einhaltung der gerichtlichen Urteile.
Sozialstunden sind doch wohl tausend Mal besser als Knast. Oder sehe ich das falsch?
Mich kotzt es aber an, dass die über meine Zeit bestimmen wollen.
Das musst du dir wohl oder übel gefallen lassen. Oder

möchtest du lieber in einer Zelle sitzen? Dort haben sie dich dann vierundzwanzig Stunden unter Kontrolle.
Das ist ein scheiß Land hier. Mich kotzt Deutschland an.
Läuft das im Kosovo mit kriminellen Jugendlichen anders?
Da kommt man wegen so Kleinigkeiten nicht gleich vor Gericht. Bei uns fahren Jugendliche oft ohne Führerschein. Das weiß dort sogar die Polizei. Aber hier machen die einem brutal Stress.
Du lebst in Deutschland. Hier gelten andere Regeln und Gesetze. Und wer sie nicht einhält, kriegt Ärger.
Wenn die mich jetzt einbuchten, werde ich mich dafür rächen. Dafür würde ich sogar ’ne Bombe hochgehen lassen. Dann ist mir alles egal.
Bevor du noch weiter so einen absoluten Scheiß von dir gibst, lass uns lieber überlegen, wie wir das mit den Sozialstunden regeln können. Denn machen musst du sie, das ist dir doch wohl klar?
Aber nicht, wenn wir für die Aufführung proben.
Hast du denen bei der Brücke von uns erzählt?
Geht die das was an?
Ich denke schon, wenn du für die Probenzeit von deinen Strafstunden befreit werden und sie verlegen möchtest.
Rufen Sie da an und erklären das?
Nein, das mache ich ganz sicher nicht.
Faton schaut mich entsetzt an.
Wir rufen dort zusammen an. Nur so lernst du, deine Geschichten zu regeln. Wenn du damit nicht einverstanden bist, dann fahre ich Scheißdeutsche aus dem Scheißdeutschland jetzt nach Hause.
Wollte Sie und Ihr Land nicht beleidigen. War nicht so gemeint.
Und das mit der Bombe, die du hochgehen lassen würdest?

Das habe ich doch nicht ernst gemeint. War nur so dahingeredet.
Schon alleine dafür kannst du bei uns im Knast landen. Pass in Zukunft auf.

Faton wartet vor dem Lehrerzimmer auf mich.
Ich habe Ihnen was mitgebracht. Den neuen Plan für die Sozialstunden von der Brücke.
Und, wirst du sie einhalten?
Jetzt schon. Die haben das tatsächlich mit den Proben verstanden.
Ich habe auch etwas für dich. Warte, ich hole es schnell aus meiner Handtasche.
Frau Korbmacher, super. Das ist ja die komplette CD von der 3. Generation. Wo haben Sie die denn her?
Nicht geklaut, sondern für dich gekauft.
Faton grinst mich an.
Warum denn das?
Hör dir zu Hause den Rap »Mein Spiegel« an und sag mir deine Meinung dazu. Würde den gerne in die Aufführung einbauen.

Schon ganz in der Früh fängt mich Faton auf dem Schulhof ab.
Ich weiß jetzt, warum Sie mir den Auftrag gegeben haben. Aber der Spiegel-Rap hat doch nicht nur was mit mir zu tun, sondern mit fast allen aus unserer Gruppe. Den machen wir auf alle Fälle bei der Aufführung. Ich red mit den anderen. Hier, nehmen Sie.
Was ist das?
Der Text. Können Sie meine Schrift lesen? Ich habe leider ein bisschen rumgestrichen und verbessert. Blicken Sie da durch?
Lies es mir einfach vor, Faton. Damit ich keinen Fehler

mache, wenn ich den Text mit dem Computer schreibe. Übrigens: Danke.

Ich gucke in den Spiegel und wen seh ich? – Mich
Ganz äußerlich und durchschnittlich schau ich mir ins
Gesicht
Und ich weiß nicht, ob mir gefällt was ich seh
Manchmal tut es mir weh, wenn ich seh, was ich so dreh
Ich komm nicht aus der Bronx und ich bin nicht rein
Ich suche keinen Streit und ich bin kein fieses Schwein
Doch nein, ich kann mich nicht ständig bescheißen
Es hat keinen Sinn, sich in den Himmel zu preisen
Und was soll ich Gott erzählen?
Hoffen, dass er mich versteht?
Ich habe schon zu viele krumme Dinger gedreht
Und das Gebet, welches mir jetzt bevorsteht, hat mein ganzes
Spiegelbild verdreht.

Mein Spiegel – sag mir die Wahrheit
Mein Spiegel – was ich besser machen kann
Mein Spiegel – sag mir die Wahrheit
Mein Spiegel – sag mir, wer ich wirklich bin

DSCHUNGELPFAD DER STADT

Warum hast du Idiot dich wieder erwischen lassen? Wir haben dich doch gewarnt. Verstehst du kein Albanisch mehr oder was?
Weil ich die blöden Wichser nicht gesehen habe. Faton, ich konnte doch nicht ahnen, dass die so spät noch kontrollieren.
Mann, die Strecke in den Hasenbergl ist doch der ideale Selbstbedienungsladen für die. Kein Mensch hat hier 'ne

Fahrkarte. Und das wissen die genauso gut wie wir. Also, hör gefälligst besser hin, wenn ich dir was sage. Ich hab doch gleich gesagt, dass du zu Hause bleiben sollst. Bist noch zu klein.

Bin ich nicht. Hab ich dich das letzte Mal bei den Bullen nicht rausgehauen und meinen Kopf hingehalten? Drückst mir dein Messer in die Hand und ich hab dich nicht verraten.

Wär ja noch schöner. Dafür durftest du auch mit uns rumziehen.

Es war aber alles andere als lustig, als die Bullen mich mit der Streife nach Hause gefahren haben. Erst habe ich 'ne Tracht Prügel von meinem Bruder bekommen und dann noch von meinem Alten.

Kann dir nicht schaden. Aktiviert die Gehirnzellen.

Nimmst du mich wieder mit? Komm schon. Passiert nicht noch mal.

Das würde ich dir auch raten. Sonst kriegst du wirklich Ärger mit mir. Im Großen und Ganzen hast du ja brauchbare Arbeit geleistet. Mit dreizehn bist du Gold wert. Keine Anzeige, kein Verfahren, kein Arrest, gar nichts. Sehr praktisch. Besonders für uns.

Was machen wir heute?

Erst mal zum Hauptbahnhof. Dann sehen wir weiter.

Hast du was Bestimmtes vor?

Mal sehen. Hab da so 'ne Idee. Hat jemand von euch Kohle dabei?

Willst du 'ne Fahrkarte kaufen?

Hältst du mich für blöd oder was? Diese Wichser bekommen keinen Cent von mir. Hab' nur tierischen Hunger. Also, wer hat was?

Alle kramen in ihren Taschen. Sie legen das zusammengekratzte Geld in Fatons offene Hand.

Reicht für drei Pizzas und 'ne große Cola. Was ist mit Kippen?

Das sind meine letzten.
Sonst noch jemand?
Kopfschütteln.
Egal. Dann besorgen wir uns als Erstes mal welche. Der Zigarettenautomat hinter der Sparkasse sollte mal wieder gut durchgeschüttelt werden.
Alle lachen.
Faton ist mit seiner Gang wieder unterwegs. Die fünf Jugendlichen zwischen dreizehn und sechzehn Jahren kommen alle aus dem Kosovo. Sie verbindet nicht nur ihre Herkunft und Sprache, sondern auch ähnliche Kriegserlebnisse in ihrer Heimat. Sie verstehen sich blind und jeder kann sich auf den anderen verlassen. Nicht alle von ihnen wohnen im Hasenbergl, dort ist immer nur der Treffpunkt, auch, weil im Müchner Norden größere Gruppen nicht auffallen. Polizeistreifen kann man durch die vielen Parkanlagen bestens aus dem Weg gehen.
Schon vor Jahren wurde die Polizeistation im Hasenbergl-Nord aufgelöst. Angeblich zu viel Ärger mit aufgeschnittenen Reifen und eingeworfenen Fensterscheiben.
Und die Passanten hatten nie etwas gesehen oder gehört. Ein Hasenbergler arbeitet nicht für den Feind. Und schon gar nicht mit ihm zusammen.
Hier und da nickt Faton jemandem zu. Als er Ilias und Kostas trifft, begrüßen sie sich mit dem bekannten Ritual: die Hand geben, sie zurückziehen, Finger abwinkeln und ineinander verkanten, mit den Daumen abstoßen, leichte Berührung mit der Faust.
Na, ihr beiden? Alles klar?
Alles bestens. Und bei dir?
Geht schon. Gibt's Neuigkeiten, die ich wissen sollte, Kosta?
Alles im grünen Bereich. Außer, dass die Schule hinter uns

hertelefoniert. Drohen mit Bußgeldbescheid. Waren diese Woche noch nicht da.
Ich auch nicht.
Machen die bei dir auch so viel Stress?
Keine Ahnung. War zwei Tage nicht zu Hause. Hab immer noch Zoff mit meinem Alten. Meine Familie nervt total.
Da bist du nicht der Einzige.
Kommt ihr morgen zum Breakdance?
Ne, wir haben was vor. Aber am Donnerstag sicher.
Die Jungs beugen sich vor und verabschieden sich mit einer angedeuteten beidseitigen Schulterberührung.
Woher kennst du die denn, Faton?
Von meiner neuen Schule. Die sind beide in Ordnung.
Was hast du mit Türken zu tun?
Es sind Griechen.
Verarsch mich nicht. Die haben doch Türkisch miteinander gesprochen.
Sind aber trotzdem Griechen. Das ist ein bisschen kompliziert und würde dein kleines Spatzengehirn sprengen.
Mensch, sei doch nicht gleich so sauer.

Du kennst mich. Wenn das, was ich sage, in Frage gestellt wird, dann macht mich das wütend. Hast du das immer noch nicht kapiert?
Faton schlägt ihn mit der flachen Hand auf den Hinterkopf, dann besorgt er etwas zum Essen. Die Jungs verschlingen die lauwarmen Pizzaecken. Eine große Cola-Flasche kreist herum. Alle rülpsen um die Wette. Vorwurfsvolle Blicke von Passanten stacheln sie nur weiter an.
Ich brauche unbedingt Kapital. Mein Alter gibt mir in letzter Zeit nichts. Dem wäre es wahrscheinlich auch egal, wenn ich verrecken würde.
Bei wem willst du dir was leihen?
Ist im Moment nicht drin. Hab schon bei meinen ganzen Quellen Schulden. Ne, muss mir was besorgen. Und zwar 'ne größere Summe. Die brauche ich für die Spielhalle. Dort stehen neue Apparate, die nach Geldscheißern aussehen.
Und wie willst du dafür das Geld beschaffen?
Mache ich mit Levin. Der kennt sich in der Sache schon aus. Die anderen stehen Schmiere.
Erzähl schon. Was hast du vor?
Kenn da so 'n Geschäft von 'nem Türken. Der handelt mit Messern und anderem Zeug. Macht gute Geschäfte. Der hat bestimmt Bares in seinem Büro.
Willst du dort einbrechen?
Nein, anklopfen und fragen, ob er mich reinlässt. Stell nicht so dämliche Fragen, Kleiner.
Der hat doch bestimmt eine Alarmanlage und Gitter vorm Fenster.
Klar hat er das. Aber das wird ihm nichts helfen.
Jetzt sag schon.
Faton greift vorne in die Jeanstasche und hält einen Schlüssel in der Hand.
Kapiert ihr jetzt?

Ist das der Schlüssel zum Laden?
Nein, für den Hintereingang.
Wo hast du den denn her?
War mal bei so einer süßen jugoslawischen Braut zu Hause. Und wie der Zufall es will, ist ihre Mutter die Putzfrau von dem Türken.
Und deine Süße hat dir den Schlüssel gegeben?
Glaubst du, ich bin mit blöden Weibern zusammen, die ihre Mütter in kriminelle Sachen reinziehen? Der Schlüssel hing an so 'nem Brett. Büro und die Straße mit Hausnummer standen drauf. Das brachte mich erst auf die Idee. Beim zweiten Hausbesuch hab mir schnell 'nen Abdruck gemacht.
Der Türke hat doch bestimmt Sicherheitsschlösser.
Na klar, der ist doch nicht doof. Aber nicht schlau genug.
Jetzt mach's nicht so spannend.
Kennt Ihr den Siggi? Der kann jeden Schlüssel nachmachen. Ich hab ihm von meinem Hausschlüssel und teurer Schließanlage erzählt. Er hatte wohl Mitleid mit mir.
Bist du sicher, dass der passt?
Hab ich noch nicht ausprobiert. Aber jetzt kommt mit.
Faton biegt mit den Jungs in die Bayerstraße ein. Je weiter sie sich vom Hauptbahnhof entfernen, umso ruhiger wird es. Es ist kein Mensch auf der Straße, als sie bei einem Altbau ankommen. Faton und Levin verschwinden in der Toreinfahrt. Vorher haben sie den anderen noch gesagt, wo sie Stellung beziehen sollen.
Faton schaut sich im Innenhof um. Hinter den erleuchteten Fenstern ist niemand zu sehen. Glücklicherweise hängt über der Hintertür keine Lampe. Er steht mit seinem Freund völlig im Dunkeln. Faton tastet das Schloss ab und steckt den Schlüssel hinein. Er passt. Nach zwei Umdrehungen kann er die Tür öffnen.

Nach zehn Minuten kommen beide wieder heraus. Sie schließen wieder ab und beeilen sich, auf die Straße zu kommen. Dort laufen ihnen die anderen schon entgegen.
Die Luft ist rein. Und bei euch? Alles geklappt?
Grinsend ziehen Faton und Levin Scheine und Geldrollen aus ihren Jackentaschen.
Los jetzt. Der Spielsalon wartet.

Es ist Sonntag und ich sitze mit Freunden beim Abendessen, als das Telefon klingelt.
Hallo? Sind Sie's, Frau Korbmacher?
Bist du's Levin?
Genau. Ich brauch Ihre Hilfe. Ich hab Scheiße gebaut. Können Sie mir was leihen?
Was soll ich?
Ich brauche sofort dreihundert Euro. Sonst macht der eine Anzeige.
Wer ist der? Erzähl schon. Was hast du angestellt?
Nur dreihundert brauche ich. Dann ist alles wieder in Ordnung.
Ich habe weder das Geld, noch würde ich es dir leihen. Das würde nämlich nichts in Ordnung bringen.
Doch, ganz sicher. Dann hält der dicht und geht nicht zur Polizei.
Kannst du mir jetzt mal erklären, wovon du sprichst?
Ich bin wo eingebrochen und der Typ weiß, dass ich es war. Wir wurden gesehen.
Wer ist wir?
Die kennen Sie nicht.
Erzähl mir keine Märchen. Ich weiß doch, dass du ständig mit Faton und den anderen rumziehst.
Er darf aber nicht erfahren, dass ich angerufen habe.
Hängt Faton mit drin? Dann könnt ihr euch ja gleich zusammen ein Zimmer in Neudeck mieten.

Sagen Sie nicht so was. Ich will nicht in den Jugendknast. Es geht doch nur um läppische dreihundert Euro.
Nur? Für mich ist das ein Haufen Geld. Für dich erst recht. Und bei Gericht ist denen egal, wie viel ihr geklaut habt.
Nur Sie können mich noch retten. Wenn das mein Vater erfährt, kann ich mich begraben lassen.
Levin, jetzt hör mal gut zu. Was machst du, wenn der Typ das Geld nimmt und dich dann trotzdem anzeigt? Vielleicht gibt er fünftausend Euro an, die ihm geklaut wurden. Wem würden die wohl glauben?
Aber es war nicht so viel.
Das ist manchen doch wirklich egal.
Der Türke hat aber gesagt, dass er die Kohle noch heute Abend haben will. Wenn er die Scheine nicht sofort kriegt, geht er zur Polizei.
Vielleicht war er schon dort.
Bestimmt nicht. Warum macht er sonst so ein Angebot?
Findest du es nicht ein bisschen merkwürdig, dass bei jemandem eingebrochen wird und er dann nicht gleich eine Anzeige macht?
Der Typ sagt, er will nicht, dass wir Ärger bekommen. Wir Ausländer sollten zusammenhalten.
Weißt du, was ich glaube? Dieser Typ will zweimal abkassieren. Und wenn du das Geld auftreibst und ihm gibst, hat er dich doch in der Hand. Dann kann er dich immer wieder erpressen.
Das macht der nicht.
Ich soll dir doch helfen. Oder nicht?
Machen Sie's? Ich wusste, Sie lassen mich nicht im Stich.
Ja, ich werde dir helfen. Aber nicht so, wie du es dir vorstellst. Ich gebe dir jetzt einen Tipp. Ganz umsonst. Mach eine Selbstanzeige bei der Polizei. Dann kann der andere ruhig Märchen erzählen. Und du bist in der besseren Position.

Ich soll zu den Bullen gehen? Sind Sie verrückt?
Ganz sicher nicht. Ich glaube wirklich, dass das deine einzige Rettung ist. Du kannst morgen von der Schule aus die Jugendbeamten anrufen. Überleg es dir.

Einige Tage später wartet Levin bei meinem Auto auf dem Lehrerparkplatz.
Und? Hast du dein Problem lösen können?
Sie hatten Recht. Der miese Typ hatte schon 'ne Anzeige gemacht. Aber durch meine Selbstanzeige kann der jetzt nichts mehr machen.
Du bist wahrscheinlich der erste Jugendliche hier im Hasenbergl, der sich selbst angezeigt hat.
Das haben die Jugendbeamten auch gesagt. Ich brauche vorerst nicht einrücken. Ich habe jetzt einen Betreuer, der mir bei Gericht hilft.
Und Faton?
Die Bullen haben von uns beiden Fingerabdrücke gefunden. Aber der ist raus. Hab alles auf mich genommen.
Und warum? Du hast das Ding doch nicht alleine gedreht.
Ist egal. Diesmal erledige ich das. Es reicht doch, wenn einer Ärger hat. So regeln wir das immer unter uns.
Du und deine Freunde, ihr lebt hier in München wie im Dschungel und setzt euch ständig irgendwelchen Gefahren aus.
Hauptsache, wir halten zusammen. Dann kann keinem von uns was passieren.
Bist du dir da so sicher?
Um uns müssen Sie sich keine Sorgen machen, Frau Korbmacher. Wir finden immer wieder aus dem Dschungel heraus.

Die Schule ist aus. Kinder und Jugendliche strömen in Horden aus dem Schulgebäude.
Gehst du heute Nachmittag zum Sport?
Weiß noch nicht. Wahrscheinlich muss ich mit meiner Mutter wieder zum Einkaufen. Flaschen schleppen. Du weißt schon. Im Moment säuft die sich ständig voll. Letztens ist sie mit ihrem Bier und Schnaps vorm Supermarkt hingeknallt. Die Prügel dafür habe ich gekriegt.
Deine Mutter lässt dich nicht zum Sport? Wenn du nicht gehst, kriegst du bestimmt wieder Ärger.
Kann ich nicht ändern. Ein Bußgeldbescheid ist sowieso schon unterwegs. Habe ich heute erfahren. Dann wird meine Mutter vor Wut wieder total ausrasten.
Zahlt deine Alte die Strafe?
Träumst du? Dafür reicht das Geld vom Sozialamt nicht. Ne, dafür gibt die keinen Cent her. Da muss ich dann wieder Sozialstunden machen. Egal. So habe ich wenigstens meine Ruhe vor ihr.
Und wo arbeitest du dann?
Auf dem Sportplatz. Vier Stunden lang ohne Pause den Müll von anderen Scheißleuten einsammeln. Und zwischendurch muss ich mir das Gelaber vom Sportwart anhören. Aber immer noch besser, als bei meiner Alten auf der Bude zu sitzen.

Endlich ist es im und um das Förderzentrum herum still. Ich genieße diese Ruhe nach Schulschluss. Plötzlich klopft es hektisch an der Lehrerzimmertür. Wahrscheinlich hat jemand wieder ein Schulheft, eine Schultasche oder sonst etwas vergessen.
Bitte helfen Sie uns. Wir können nicht nach Hause. Die lassen uns nicht vorbei.

Vor der Tür stehen zwei völlig verstörte, heulende Mädchen der siebten Klasse. Sabrina und Aysegül sind Freundinnen, die in der Schule ständig zusammenhängen.
Können Sie uns nach Hause fahren? Wir trauen uns nicht alleine.
Warum denn das? Was ist passiert?
Die Schwester von Miro ist mit ihrer Schlägertruppe aufgetaucht.
Die Schwester von unserem Miro? Der aus Serbien?
Kopfnicken.
Wie alt ist sie denn?
Dreizehn, aber alle haben Angst vor der. Wenn Marianna ausrastet oder wütend ist, kann die keiner mehr halten.
Ach, was. Die will sich doch nur ein bisschen wichtig machen.
Nein, ganz bestimmt nicht. Sie hat hier viele zusammengeschlagen. Die war deshalb auch schon in der Zeitung. Kennen Sie die nicht?
Nein, ich habe noch nichts von ihr gehört. Und weshalb ist sie so sauer auf euch?
Nicht auf Aysegül. Nur auf mich. Marianna behauptet, ich hätte über sie gelästert und Lügen verbreitet. Jetzt hat ihr Freund mit ihr Schluss gemacht und das schiebt sie mir in die Schuhe. Und Aysegül soll mitverprügelt werden, weil sie meine Freundin ist.
Und wo warten die auf euch?
Gleich um die Ecke. Beim türkischen Supermarkt.
Auf welche Schule geht denn diese Marianna?
Auf die Hauptschule. Ihre Leute kommen auch von da.
Wie viele warten unten auf euch?
Weiß nicht. Von unserer Schule sind noch viele da, weil sie uns helfen wollen.
Wartet einen Augenblick. Ich packe mein Zeug zusammen und komme gleich mit. Wollte sowieso gerade aufhören.

Beim Runtergehen weichen beide Mädchen nicht von meiner Seite. Als ich meine Sachen ins Auto lege, steigt Sabrina auf der Beifahrerseite ein.
Steig wieder aus. Wir müssen erst noch etwas regeln.
Fahren Sie uns nicht nach Hause?
Später vielleicht, Aysegül. Erst schauen wir mal, was los ist.
Mich kriegen Sie da nicht hin. Dann geht die nicht nur auf Sabrina, sondern auch auf mich los.
Aysegül, es hat keinen Zweck, dieser Marianna aus dem Weg zu gehen. Dann wird sie woanders auf euch warten. Eines Tages wird sie dich abfangen. Nein, ihr müsst das jetzt in Ordnung bringen. Und ich werde euch dabei helfen. Jetzt schaut mich nicht so entsetzt an.
Als wir den Lehrerparkplatz verlassen und um die Ecke biegen, kommt uns schon eine Gruppe von ungefähr dreißig Jugendlichen entgegen. Alle sind sehr aufgebracht. Etliche schreien sich lautstark an.
Halt du bloß deine Klappe. Du weißt doch gar nicht, um was es hier überhaupt geht.
Hältst du mich für blöd? Ihr wollt euch auf eine von unserer Schule stürzen. Das reicht. Fasst unsere Mädchen nur einmal an, dann schlag ich euch grün und blau.
Ach, tatsächlich? Schau dich mal um, wen ich alles mitgebracht habe, du Großkotz. Und diese feige Sabrina ist mit ihrer Lesbenfreundin wieder in die Schule gerannt. Das wird ihr aber auch nichts nützen. Die kriegt heute ihre Abreibung.
Schlagartig verlangsamt die Gruppe ihr Lauftempo. Alle haben mich gesehen.
Wer ist denn die Alte da bei Sabrina? Ist das ihre Mutter? Die kann auch gleich eine in die Fresse kriegen. Vor der habe ich keine Angst.
Spinnst du, Marianna? Das ist eine Lehrerin von unserer Schule.

Mir doch egal. Lehrerin hin oder her. Wenn die sich einmischt, ist sie dran.
Inzwischen gehen Sabrina und ihre Freundin hinter mir. Ich flüstere ihnen zu, dass sie keine Angst zeigen sollen.
Gut die Hälfte der Gruppe bleibt plötzlich stehen, der Rest postiert sich um uns herum. Es sind Mädchen und Jungen von meiner Schule, die ich seit Jahren kenne. Und sie mich.
Langsam gehe ich auf die fremde Gruppe zu.
Ich habe gehört, dass es hier ein Problem geben soll. Zwei Mädchen von meiner Schule trauen sich nicht nach Hause.
Und das mit Recht. Die Fotze von Sabrina hat mich bei meinem Freund angeschwärzt. Und jetzt hat der deswegen Schluss gemacht. Das wird die mir büßen. Gehen Sie mir aus dem Weg. Sonst kriegen Sie auch noch eine ab. Mich hat noch nie ein Lehrer und schon gar nicht eine Lehrerin daran hindern können, einem eine Fotze zu geben. Und diese feige Schlampe da hinter ihnen hat sie mehr als verdient.
Beide Gruppen gehen Stück für Stück aufeinander zu. Wieder fängt die Brüllerei an. Beleidigungen und Drohungen werden ausgesprochen.
Los, rückt die Hure endlich raus, sonst holen wir sie uns.
Versucht es doch, ihr Arschficker. Wenn ihr näher kommt, fließt Blut.
Verfickte Sonderschüler können uns nicht beeindrucken. Dazu seid ihr doch viel zu behindert.
Und ihr seid ein Haufen von Hurensöhnen. Eure Mütter treiben es doch mit jedem.
Für diese Beleidigung werdet ihr mit euren Knochen bezahlen.
Marianna geht einige Schritte vor.
Bevor wir euch Respekt beibringen, übergebt ihr mir erst einmal das Wichserweib.

Auch ich löse mich von der Gruppe und gehe auf Marianna zu.
Du kommst mir irgendwie bekannt vor. Zumindest siehst du jemandem sehr ähnlich, den ich gut kenne.
Versuchen Sie ja nicht, jetzt abzulenken. Ist doch egal, wer ich bin und wem ich ähnlich schaue. Am besten, Sie verpissen sich ganz schnell.
Alle Augen sind auf mich gerichtet.
Ich glaube, das ist keine gute Idee, weil du im Moment so wütend bist, dass du dich wahrscheinlich auf jeden stürzen würdest. Egal, ob er dir was getan hat oder nicht.
Marianna brüllt mich hysterisch an.
Labern Sie hier nicht rum. Verpiss dich. Und zwar schnell. Los, mach 'ne Fliege.
Je lauter sie brüllt, umso ruhiger und leiser spreche ich.
Und wenn ich mich nicht verpisse, wie du es ausdrückst?
Dann kann ich für nichts garantieren.
Aber ich kann das. Du wirst Sabrina und Aysegül nämlich nicht anfassen, solange ich hier bin.
Das werden wir ja sehen. Du kennst mich nicht, sonst würdest du nicht so reden.
Oh, ich habe schon beeindruckende Sachen über dich gehört. Scheinst hier im Hasenbergl ziemlich bekannt zu sein.
Und weißt du auch warum? Weil ich mir nichts gefallen lasse.
Ein so hübsches, dreizehnjähriges Mädchen kennt kein anderes Mittel als Schläge, um sich Respekt zu verschaffen? Glaubst du wirklich, dass Sabrina schuld ist, dass dein Freund mit dir Schluss gemacht hat? Gibt der so viel auf das Gequatsche von anderen?
Normalerweise nicht. Aber diese Hurenfotze hat ihm erzählt, dass ich mit seinem Freund gefickt habe. Und das lasse ich mir nicht gefallen.

Sabrina taucht hinter mir auf, weicht aber nicht von meiner Seite.
Hab ich nicht. Ich war das nicht. Wieso sollte ich so was erzählen, Marianna?
Erzähl mir keine Scheiße. Weil du vom Erol was willst, Süße. Aber du bist nicht sein Typ und wirst es auch nie werden. Jetzt geh endlich aus dem Weg, du verdammte Lehrerfotze. Sonst …
Ein großer, dunkelhaariger Junge schiebt sich durch die Gruppe. Es ist Miro.
Marianna, Frau Korbmacher fasst du nicht an. Und red nicht so mit ihr.
Du stellst dich gegen deine eigene Schwester? Ein schöner Bruder bist du.
Was du mit den anderen Weibern machst, ist mir egal. Aber die Lehrerin lässt du in Ruhe. Hast du mich verstanden?
Miro, vielleicht können wir mit deiner Schwester ein anderes Mal in Ruhe die Sache bereden. Ich kann verstehen, dass Marianna sauer ist, weil sie jemand bei ihrem Freund hingehängt hat. Aber anscheinend war es nicht Sabrina. Red doch mal mit diesem Erol. Vielleicht kann der die Sache aufklären?
Mit dem soll ich reden? Der hat doch ständig eine andere und blickt doch selbst nicht mehr durch. Jede Tussi hängt sich an den ran. Und meine Schwester leider auch. Sie muss immer die Gewinnerin sein. Sie kann nicht verlieren. Das erträgt sie nicht. Da kenn ich sie.
Halt endlich deine Klappe. Das geht doch deine Lehrerin nichts an.
Das entscheide ich. Hast du verstanden? Ich erzähle, was ich will. Da frage ich dich nicht um Erlaubnis.
Du kannst mich mal.
Du mich auch. Ich hör mich mal um und klär das mit Erol. Und bis dahin lässt du jeden hier in Ruhe. Jetzt hau ab.

Danke für deine Vermittlung, Miro. Du warst wirklich eine große Hilfe. Dann kann ich ja jetzt beruhigt nach Hause fahren.
Aber Sie nehmen uns doch mit?
Sabrina, hast du immer noch Angst? Du wohnst doch gleich um die Ecke. Und Aysegül auch.
Ich trau der Marianna nicht. Vor ihrem Bruder hat sie Respekt. Aber wenn der weg ist, dann kommt die hinter uns her. Die meint doch immer noch, dass ich das mit Erol war.
Eines würde mich wirklich brennend interessieren. Warst du es?
Nein, ehrlich nicht. Wenn ich's gewesen wäre, dann hätte ich es Ihnen erzählt. Sie wissen doch, dass ich als Sinti nichts von einem Türken will, doch gar nicht darf. Glauben Sie, ich will verstoßen werden?
Ich glaube Sabrina nicht immer alles, weil ich sie schon öfter beim Lügen ertappt habe. Aber in diesem Fall bin ich mir ganz sicher, dass sie die Wahrheit sagt.
Also lasse ich die beiden immer noch verängstigten Mädchen bei mir einsteigen. Sabrina hinten und Aysegül vorne, sie wird zuerst aussteigen. Als ich den großen Busparkplatz erreiche, auf dem sich immer noch etliche Jugendliche anschreien, lasse ich das Fenster zur Beifahrerseite herunter.
Marianna? Vielleicht können wir ein anderes Mal miteinander reden. Komm doch zu unserer nächsten Aufführung. Ich würde mich freuen.
Ich überleg mir's.
Gerade als ich losfahren will, beugt sich Marianna vor und schlägt Aysegül wütend ins Gesicht.
Da hast du's. Stellvertretend für Sabrina.
Miro ist weit und breit nicht mehr zu sehen.
Aysegül deckt mit der rechten Hand ihre gerötete Wange ab. Tränen rinnen ihr übers Gesicht.

Hätte ich euch bloß gleich nach Hause gefahren.
Ich fahre los.
Es tut mir Leid, dass ich euch nicht schützen konnte. Ich werde morgen sofort mit Miro reden. Das wird für Marianna ein Nachspiel haben.
Dafür sorgt schon mein Vater. Da brauchen Sie nichts mehr machen. Türken lassen sich genauso wenig gefallen wie Serben. Und schon gar nicht, wenn es um ihre Töchter geht.

Marianna taucht mit ihrem Trupp auch in den nächsten Tagen nicht mehr auf. Es scheint doch etwas bewirkt zu haben, dass ich mit Miro gleich am nächsten Morgen gesprochen habe.
Was hat Marianna getan? Sagen Sie das noch mal. Die hat es gewagt, mein Verbot zu brechen? Das wird sie büßen. Meine Anweisungen sind für sie Gesetz.
Aber bitte keine Brutalitäten, Miro. Dann werde ich meine Schuldgefühle nie mehr los.
Miro grinst mich an.
Keine Sorge. Es gibt auch andere Mittel. Ich red mit meinem Vater. Wissen Sie, was die schlimmste Strafe für Marianna ist? Wenn sie nicht raus darf. Kein Spaziergang, keine Disco, kein Telefonat. Nichts. Eingesperrt in der engen Wohnung. Für Wochen. Das hat mein Alter mit der schon öfter durchgezogen. Das hilft dann immer für eine Weile.
Diese Form von Strafe ist ja auch nicht ohne. Vielleicht könnten deine Eltern mal mit Marianna reden?
Mit der reden? Das ist sinnlos. Die ist schon total verkorkst. Nur vor unserem Vater hat sie Respekt. Sie weiß sehr genau, wann sie seine Verbote nicht brechen darf.
Faton stößt zu uns und bittet mich um den Schlüssel für die Disco.
Kann ich ein bisschen Musik hören, solange Sie im Büro arbeiten?

Warum nicht? Musik fördert die Intelligenz, die Kreativität und die Sozialkompetenz.
Was ist denn das alles?
Erklär ich dir ein anderes Mal in Ruhe. Jetzt muss ich oben noch etwas mit Miro besprechen. Wegen seiner Schwester.
Faton und Miro schauen sich misstrauisch an.
Obwohl er ein scheiß Serbe ist, hat er Ihnen bei der Schlägerei geholfen.
Das war nur eine Beinaheschlägerei. Aber es stimmt. Miro war echt super. Und er ist sicher kein »scheiß Serbe«.
Nach einer Stunde will ich Faton Bescheid sagen, dass ich nach Hause fahren werde. Miro begleitet mich nach unten. Ich mache die Discotür auf. Faton hat die Musik bis zum Anschlag aufgedreht. Er merkt nicht, dass wir da sind und ihn beobachten. Ich gebe Miro ein Zeichen, dass er stehen bleiben und nichts sagen soll. Fasziniert schaue ich Faton zu.
Er tanzt völlig selbstvergessen auf der Tanzfläche herum. Seine Verrenkungen können einem Angst machen. Seine Haare sind pitschnass und sein Kopf leuchtet rot vor Anstrengung. Sein T-Shirt ist schweißgetränkt. Für fünf Minuten rühre ich mich nicht von der Stelle. Und auch Miro starrt unbeweglich auf den Rivalen.
Plötzlich macht Faton einen Salto rückwärts und unsere Blicke treffen sich. Sofort hört er auf, läuft zur Anlage und stellt sie ab.
Stehen Sie schon lange da? Und was ist mit Miro? Was will der hier?
Entschuldige, Faton. Wir wollten dich nicht überfallen. Wollte dir eigentlich nur Bescheid sagen, dass ich jetzt fertig bin. Aber ich war sprachlos. Dein Tanz hat mich sehr fasziniert.
Miro nickt zustimmend.
Bisher dachte ich immer, du kannst nur toll singen und rap-

pen. Jetzt weiß ich, dass du auch ein beeindruckender Tänzer bist.
Geht schon.
Geht schon? Du bist einfach Superspitzenklasse. Was hältst du davon, der Breakdance-Gruppe am Mittwoch ein bisschen einzuheizen?
Das ist der Job von Aloun.
Miro geht lässig auf Faton zu.
Will dich mal was fragen. Kannst aber ruhig Nein sagen, wenn es dir nicht passt.
Das mache ich immer. Also, red schon. Was willst du von mir?
Kannst du mir das beibringen?
Ich soll einem Serben was beibringen?
Blöde Frage, ist mir klar. Können wir den scheiß Krieg nicht wenigstens hier vergessen?
Den Krieg im Kosovo kann und werde ich nie vergessen.
Fatons Gesichtzüge bekommen für einen Moment den gewohnten Ernst. Aber dann lächelt er Miro an.
Du hast Frau Korbmacher vor ein paar Tagen geholfen. Du weißt schon. Die Geschichte mit deiner durchgeknallten Schwester.
Miro nickt.
Wir können es ja mal zusammen probieren.
Echt cool, Faton.
Sie schlagen sich mit beiden Händen ab.
Ich habe gerade beschlossen, dass ich oben noch ein bisschen weiterarbeite. Wenn ihr wollt, könnt ihr gleich anfangen.
Miro, mach die CD an. Ist echt geile Tanzmusik drauf.

Maria darf nicht kommen, Frau Korbmacher. Ihr Vater hat es verboten.
Das darf doch nicht wahr sein. Sie war doch gestern bei der Generalprobe noch dabei?
Maria kommt ganz sicher nicht. Sie hat mich vorhin angerufen. Die hat ganz schön geheult.
Das ist wirklich gemein. Sie tut mir Leid.
Jetzt mache ich auch nicht mehr mit. Ohne Maria stell ich mich nicht auf die Bühne. Da mach ich mich doch nur lächerlich.
Aysegül, wir haben in einer Stunde die Aufführung. Bitte, lass uns nicht im Stich. Uns wird schon was einfallen.

Aufführung. Die Disco, die zu einem Theater umfunktioniert wurde, ist völlig überfüllt. Sogar auf der Empore drängen sich die Zuschauer. Vor der Eingangstür des Kinder- und Jugendzentrums versuchen Nichtkartenbesitzer, persönliche Beziehungen oder Drohungen ins Spiel zu bringen.
Meine Tante ist auch drin. Die hat eine Karte für mich bestellt. Können Sie mir wirklich glauben, Frau Korbmacher.
Was ist das bloß für 'n Scheiß? Warum kommen wir Hasenbergler nicht rein? Was wollen die Fremden hier? Die haben gar kein Recht dazu. Das Kinder- und Jugendzentrum gehört uns. Uns ganz allein. Die sollen sich sofort verpissen.
Schon die Generalprobe am Vortag lief chaotisch ab. Die Anlage wurde durch einen Kurzschluss lahmgelegt, einige Kids mit tragenden Rollen fehlten, ein Schüler fiel von der Bühne und verstauchte sich den Knöchel…
Inzwischen konnten alle Kartenbesitzer irgendwo einen Platz ergattern. Das Programm besteht aus Liedern, Raps,

Hip-Hop, Breakdance, Trommeln, Gedichten, Sketchen und Improvisationen.
Der Gong ertönt. Vor der Discotür ziehe ich Faton zu mir heran.
Alles klar?
Ja, die Anlage haben wir wieder hinbekommen. Ob sie hält, kann ich nicht garantieren.
Das mit Maria ärgert mich fürchterlich.
Was soll's? Marias Vater ist doch ein Wichser.
Kommt deine Familie?
Keine Ahnung. Ich glaube, mein Vater hat keine Karten bestellt. Ist mir egal. Da scheiß ich doch drauf.
Ist dir klar, dass ihr heute das erste Mal Improvisationen aufführt?
Davor hab ich keine Angst. Das haben wir doch oft genug durchgespielt.
Ich meine ja nicht dich, sondern die anderen.
Wenn die Mist bauen, scheiß ich die vor den Leuten zusammen.
Bloß nicht. Hilf den anderen. Ich glaube, die machen sich vor Angst sowieso schon in die Hose.

Bisher sind alle Gesangs- und Tanznummern wunderbar gelaufen. Klatschen, Pfeifen, Grölen und lautstarke Kommentare feuern die Kids schon während ihrer Auftritte an.
Jetzt kommt Fatons Theatergruppe mit den sechs Szenen. Kein fester Text, jeder improvisiert, so gut er kann. Die Wortwahl bleibt jedem selbst überlassen. Alle waren sich von Anfang an einig, dass eines nicht passieren darf: wirkliche Schlägereien auf der Bühne.
Das Licht bleibt länger aus als vorgesehen. Kichern, Lachen, Gespräche, Husten. Endlich setzt die Musik ein, die im Hintergrund das Stück einleitet.
Licht an.

Bist du krank? Was soll das? Hast du nichts gekocht?
Dann mach dir doch was.
Du hast doch wohl den Arsch offen. Ich bin der Herr im Haus und habe ein Recht darauf, Essen auf dem Tisch vorzufinden.
Einen Scheiß hast du. Gehst nicht arbeiten, säufst und hurst herum und lebst von dem Geld deiner Frau. Du hast nur noch das Recht, deine Sachen zu packen und zu verschwinden. Die Sozialwohnung läuft auf meinen Namen.
Ach, so willst du mir kommen. Auch recht. Aber eines sage ich dir: Den Jungen nehme ich mit.
Gar nichts wirst du. Du hast keine Chance, ihn zu kriegen. Nachdem du ihn so oft geschlagen hast, ist das Amt nicht gut auf dich zu sprechen. Du hast deinen Sohn und mich für immer verloren. Und jetzt verpiss dich endlich.
Der Mann versucht, seiner Frau ins Gesicht zu schlagen. Sie weicht aus und zieht blitzschnell ein Messer aus der Schublade.
Geh mir aus den Augen. Sonst stech ich dich ab.
Ja, ich gehe. Und zwar für immer. Das wirst du eines Tages noch bereuen.

Die Metalltür der Disco wird schwungvoll zugeknallt und die Zuschauer zucken zusammen.
Als das Licht ausgeht, herrscht Stille im Saal. Keiner wagt zu klatschen.
Ich ziehe Murat zur Seite und flüstere ihm ins Ohr.
Du warst großartig. Ich habe richtig Angst vor dir bekommen. Ein Ekelpaket von Ehemann und Vater.
Die klatschen gar nicht, Frau Korbmacher.
Weil sie so geschockt sind. Achtung, es geht weiter. Drück Faton die Daumen.
Licht an.

Ich bin da, Mama.
Der Junge erhält keine Antwort.
Mama? Hast du was? Warum antwortest du nicht?
Ohne sich vom Herd umzudrehen, spricht ihn seine Mutter in einem bissigen Ton an.
Wie war's in der Schule?
Geht schon. Bin vor Langeweile fast eingepennt.
Die Mutter hält ihm einen Briefumschlag vors Gesicht.
Was geht schon? Von welcher Langeweile sprichst du? Seit einer Ewigkeit warst du nicht in der Schule. Weißt du, was das ist? Ein verdammter Bußgeldbescheid. Hab gleich in der Schule angerufen. Du bist seit Wochen nicht mehr dort erschienen. Wo hast du dich die ganze Zeit herumgetrieben? Von was für Geld soll ich den Scheiß hier bezahlen? Wenn du so weitermachst, landest du noch mal im Heim. Und so wie du dich im Moment aufführst, würde ich ohne mit der Wimper zu zucken mein Einverständnis geben. Nur, damit du es weißt. Ich will meinen Sohn nämlich nicht eines Tages im Gefängnis besuchen.
Red keine Scheiße. Gib mir lieber zehn Euro. Ich kann nicht ewig warten. Hab noch was vor. Wahrscheinlich komme ich heute Nacht nicht nach Hause.
Licht aus.

Licht an. Der Stiefvater tritt auf und weigert sich, den Jungen bei sich wohnen zu lassen.
Ich hole mir keinen Kriminellen ins Haus. Denk doch an meinen guten Namen. Ein Junge, der nicht in die Schule geht, herumstreunt und ständig Ärger mit der Polizei hat, braucht eine harte Hand, die du nicht hast. Du kannst dich bei dem Jungen nicht durchsetzten. Und von mir wird er sich nichts sagen lassen. Und mit Recht. Ich bin nicht sein Vater. Gott sei Dank.
Ich soll meinen Sohn weggeben?

Jetzt tu doch nicht so, als ob es sich um ein Kleinkind handelt. Der ist doch schon vierzehn und selbst für den Scheiß verantwortlich, den er tagtäglich baut. Dich hat er doch auch nur unglücklich gemacht. Wie oft hast du seinetwegen geweint? Wie oft hast du seine Bußgeldbescheide bezahlt? Und was ist mit dem Wochenendarrest in Neudeck? Du musst dir mal eingestehen, dass er inzwischen kriminell ist.
Weißt du, was du da von mir verlangst?
Ja, ich weiß. Entweder er oder ich. Du musst dich entscheiden.
Licht aus.

Licht an. Die Mutter räumt in der Wohnung auf. Sie räumt die verdreckten Turnschuhe ihres Sohnes weg, stopft die von ihm hingeworfene dreckige Wäsche in den Wäschekorb, leert hier und da einen überfüllten Aschenbecher aus und stellt die in der Küche verstreuten, ausgetrunkenen Bierflaschen in den Träger.
Plötzlich klopft jemand energisch gegen die Wohnungstür.
Jugendpolizei. Wir suchen Ihren Sohn.
Los, steh auf. Du hast Besuch von der Polizei. Du darfst mit Eskorte in die Schule fahren, du Idiot.
Verdammt noch mal, lass mich schlafen, Mama. War die ganze Nacht unterwegs.
Los, Bürschchen. Zieh dich an. Wir haben nicht ewig Zeit.
Wieso hast du die Bullen in die Wohnung gelassen?
Als die Jugendbeamten den Jungen aus der Wohnung führen, dreht er sich noch einmal zu seiner Mutter um.
Das nächste Mal komme ich erst gar nicht nach Hause. Das schwör ich dir.
Die Mutter geht direkt zum Telefon.
Ist dort das Jugendamt?
Licht aus.

Licht an.
Die Mutter hebt den Hörer ab.
Ich bin's.
Bist du's wirklich, mein Junge? Ich hab so lange nichts von dir gehört.
Warum hast du mir den Brief geschrieben, Mama?
Du kannst zu mir ziehen. Ich bin wieder geschieden. Ich hab eine kleine, schöne Wohnung im Hasenbergl gefunden.
Ich habe jetzt selber eine Wohnung.
Wie geht's dir denn so, mein Junge?
Bestens. Ich mache eine Ausbildung zum Schreiner.
Komm mich doch besuchen, wenn du mal wieder im Hasenbergl bist. Dann kann ich dir was Schönes kochen. Deine Dreckwäsche kannst du mir auch ruhig mitbringen.
Ich werde dich nicht besuchen und auch nie mehr anrufen. Schreib mir bitte keine Briefe mehr. Es ist zu spät, Mama.

Licht aus. Beklemmung. Dann wird das Saallicht angemacht. Es folgt tosender Applaus. Die Jugendlichen verbeugen sich erleichtert und stolz.
Ich entdecke Fatons Familie. Sein Vater hat sich auf einen Stuhl gestellt, brüllt und klatscht vor Begeisterung.
Ich gebe Burhan das Zeichen, die nächste CD zu starten. Wieder »3. Generation«. Das ist das Signal für die Jugendlichen, auf die Tanzfläche zu strömen. Die Mädchen und Jungen nehmen vor den Zuschauern ringsherum Aufstellung.

Mama, warum hast du das getan?
Und ich frage mich: Warum hast du mir das angetan?
Warum hast du mir das angetan?
Meine Mutter ist die beste Frau der Welt
Sie hatte bisher weder Glück noch Geld
Sie zog mich groß nach bestem Wissen und Gewissen
Ohne Vater – allein – mit vielen feuchten Küssen

Meine Kindheit war nicht o. k. – vieles tat weh
Auch wenn ich jetzt viele Dinge anders seh
Und versteh, warum sie mir mal eine gelangt hat
Und warum sie immer um mein Leben gebangt hat
Doch dann kam ein neuer Mann in ihr Leben
Er versprach ihr den Himmel auf Erden zu geben
Unter einer Bedingung – er konnte mich nicht ausstehen –
Ich heirate dich, doch dein Sohn muss gehen
Das neue Haus war da – er stellte sie vor die Wahl:
Bin ich dir was wert oder bin ich dir scheißegal?
Wenn ich dir was wert bin, schmeiß ihn raus
Dein Sohn gehört nicht zu uns ins Haus
Er hat Stress mit den Bullen und hängt nur 'rum
Er lebt von unserem Geld und verkauft uns für dumm
Und er laberte und laberte immer weiter auf sie ein
Das Schwein – Wie gemein
Meine Ma fing an zu weinen – und sie weinte bitterlich
Das war fürchterlich für mich – Du musst gehen
Zu sehen, wie die Tränen ihr Gesicht verdrehen
Und deswegen kann ich es noch immer nicht verstehen
Dass sie zu mir sagte: Sohn, du musst gehen
Mama, du hast es so gewollt – ich bin gegangen
Ich bin gegangen mit Tränen auf den Wangen
Viel Zeit ist vergangen – ihr habt euch geschieden
Jetzt fehle ich dir auch – hast du mir gestern geschrieben
Doch es ist zu spät – ich will nicht mehr zurück

Das war das Beste, was mir in meinem Leben passiert ist.
Was meinst du, Faton?
Na, das alles hier. Die Aufführung heute, die Freunde, die Musik, die Texte, die Zuschauer, der Applaus. Haben Sie meinen Vater gesehen? Der ist total ausgeflippt. Ich glaube, ich war noch nie so glücklich. Haben Sie bemerkt, dass einige Leute sogar geheult haben?

Natürlich.
Scheiße, dass Murat den Text beim Rap durcheinander gebracht hat. Der kann noch was erleben.
Wieso denn? Sind Fehler nicht erlaubt? Was sollte ich dann mit dir machen?
Ich habe heute Abend keine Fehler gemacht.
Das stimmt. Ich spreche auch nicht von der Aufführung...
Soll ich Ihnen was sagen? Ich weiß jetzt, was ich werden will.
Ich glaube, ich weiß, was du sagen willst. Das wird aber ein steiniger und harter Weg.
Jetzt sagen Sie's schon. Was glauben Sie? Ich will wissen, ob Sie's wissen.
Schauspieler, Sänger und Tänzer. Aber vor allem Schauspieler. Hab ich Recht?

FÜHR MICH INS LICHT

Hallo, Faton. Störe ich?
Kein Problem. Sie dürfen immer anrufen. Was liegt an?
Was machst du gerade? Dummheiten?
Wie kommen Sie denn darauf? Ich bleibe neuerdings einfach den ganzen Tag im Bett liegen. Da bin ich wenigstens sicher.
Seine Bemerkung bringt mich zum Lachen.
Habe ich dich geweckt? Immerhin ist es schon drei.
Nein, nein. Wollte sowieso gerade aufstehen.
Ich habe eine Neuigkeit für dich. Und ich nehme mal an, dass du vor Freude ausrasten wirst. Kann ich bei dir zu Hause vorbeikommen?
Ich bin nicht zu Hause. Habe bei meiner Freundin geschlafen. Hatte gestern wieder Totalstress mit meinem Vater. Er will mir den Kontakt zu Natascha verbieten.

Wieso denn das?
Weil meine Eltern glauben, dass sie Serbin ist. Dabei ist Natascha aus Kroatien. Aber das glauben die mir nicht. Sie wissen doch, dass die Serben im Krieg so viele Menschen aus meiner Familie umgebracht haben. Deshalb.
Aber das kann man doch mit dem Ausweis leicht beweisen. Außerdem hat Natascha so oder so nichts damit zu tun.
Das interessiert meinen Vater nicht. Wenn der sich was einbildet, dann ist das so. Sie kennen ihn nicht.
Als du ihn mir bei der Aufführung vorgestellt hast, hat er einen ganz vernünftigen Eindruck gemacht.
Bei Fremden immer. Den müssen Sie mal erleben, wenn wir unter uns sind.
Musstest du deshalb gleich von zu Hause abgehauen? War das nötig?
Würden Sie sich freiwillig fotzen und vor Fremden anbrüllen lassen?
Wer hat dich geschlagen?
Mein Vater, weil gestern Nacht die Polizei hier war. Die haben Natascha bei uns gesucht.
Deine Freundin?
Ja, weil Nataschas Eltern gesagt haben, dass die bei mir ist. Dabei habe ich sie persönlich vor ihrem Haus in Pasing abgeliefert. Ich bin dann brav zurück ins Hasenbergl gefahren. Aber diese Schlampe ist nicht nach oben, sondern noch mal weggegangen. Als ich das erfahren habe, dachte ich erst, ich bringe sie um.
Wie alt ist Natascha?
Fünfzehn.
Ein bisschen jung, um sich nachts in Discos herumzutreiben.
Das ist nicht der Punkt. Die geht ohne mich nirgends hin.
Aber jetzt habt ihr euch wieder vertragen?
Wie Sie sehen.

Na, sehen tue ich es nicht. Aber wenn du mit ihr im Bett liegst, nehme ich mal an, dass es so ist.
Faton lacht am anderen Ende.
Und was haben Sie da vorhin gesagt? Was für Neuigkeiten haben Sie für mich? Gute?
Eine Filmfirma aus Köln hat bei mir angerufen. Die suchen einen jugendlichen Darsteller, der ein verhaltensgestörtes Heimkind so um die dreizehn Jahre in einem Spielfilm spielen kann. Und da bist du mir gleich eingefallen. Für die Rolle bräuchtest du nicht einmal zu proben.
Sie meinen, ich soll in einem Film mitmachen? Sie haben mich wirklich vorgeschlagen? Ehrlich?
Nicht nur dich, sondern Murat auch.
Murat auch?
Warum nicht? Er hat es genauso verdient. Und ich wäre sehr stolz, wenn einer von euch beiden die Rolle bekommen würde. Es ist zwar nur eine Nebenrolle, aber in einem sehr guten Film mit einem erstklassigen Regisseur.
Wie heißt der Film?
»Eine Hand voll Gras«
Ein Film mit Natur und so?
Ich muss grinsen.
Nein. Mit Gras meinen die Haschisch.
Sie haben denen doch hoffentlich nicht gesagt, dass ich damit Erfahrung habe.
Hast du denn?
Kein Kommentar.
Jetzt mal im Ernst. Kannst du dir vorstellen, morgen nach der Schule gleich zu den Probeaufnahmen zu gehen?
Und wenn die mich tatsächlich nehmen? Wird dann Murat nicht sauer?
Es gibt noch andere Möglichkeiten, Faton. Sie nehmen Murat und nicht dich. Oder keinen von beiden.
Alles klar. Wann treffen wir uns?

Morgen nach der Schule im Kinder- und Jugendzentrum.
Ich werde dort sein. Aber vorher sehen wir uns ja noch.
Das würde mich sehr freuen. Denn eines muss dir klar sein: keine Schule, kein Casting, kein Film.
Sonnenklar.
Gut, dann rufe ich jetzt deinen Vater an. Er muss sein Einverständnis geben.
Muss das sein?
Es muss. Du bist fünfzehn und deine Eltern müssen den Vertrag unterschreiben. Wenn es dazu kommt.

Eine Woche ist vergangen.
Während des Breakdance-Unterrichtes bitte ich Faton und Murat ins Büro zu kommen.
Ich habe gerade einen Anruf von der Filmproduktion bekommen. Faton, du wirst das Heimkind spielen. Gratuliere. Du wirst das erste Mal dein eigenes Geld verdienen.
Mein Vater wird das sicher abkassieren. Ist mir egal.
Aber mit dem Geld könntest du endlich deine Schulden bezahlen.
Der gibt mir ja nicht einmal Fahrgeld. Er sagt immer, dafür hat er kein Geld und ich soll mich bloß nicht erwischen lassen. Aber von meinen Schulden hat er keine Ahnung. Wie von vielen Dingen nicht, die mich betreffen. Das war schon immer so.
Murat klopft Faton anerkennend auf die Schulter.

Nach drei Wochen erhalte ich einen Anruf, dass Fatons Vater den unterschriebenen Vertrag immer noch nicht zurückgeschickt hat. Als ich mich bei ihm zum Hausbesuch anmelde, lädt er mich zum Essen ein. Er betont, dass seine Frau die besten albanischen Spezialitäten vorbereiten wird.
Schräg gegenüber vom Kinder- und Jugendzentrum wohnt

Fatons Familie in einer der neu gebauten Sozialwohnungen. Durch die Glaseingangstür fällt mein Blick in den Vorraum. Er ist mit Kinderwagen voll gestellt. Am Boden liegen Zeitungen, Werbematerial und sogar gefüllte Mülltüten. Als ich die Treppe hochgehe, wundere ich mich über die Lichtschalter ohne Abdeckungen. Die kleinen Kippschalter liegen frei und auch die dahinter befindlichen Kabel.
Vor der Wohnungstür werde ich von Fatons ältestem Bruder erwartet. Er flüstert mir zu:
Faton ist bis jetzt nicht aufgetaucht. Wahrscheinlich ist der Idiot wieder bei seiner Freundin. Aber das weiß mein Vater nicht.
Ich betrete eine helle, aufgeräumte und geputzte Wohnung. Nichts erinnert mehr an den Hausgang oder die finanziellen Probleme, die die Familie hat. Ich werde von der Mutter ins Wohnzimmer gebeten. Außer vom Präsidenten des Kosovo hängen keine Fotos oder Bilder an den Wänden. Auf dem Balkon entdecke ich eine große Satellitenschüssel. Fatons Vater sitzt im Wohnzimmer und streckt die Hand aus.
Entschuldigung. Kann schlecht aufstehen. Hab ein verletztes Knie. Soll operiert werden. Aber nicht jetzt. Komm im Moment schlecht von der Baufirma weg.
Bekommen Sie nicht für die Dreharbeiten frei? Jemand muss Faton nach Köln begleiten.
Das mach ich schon. Mein Chef war sofort begeistert. Der Sohn eines seiner Arbeiter wird Filmstar.
Vielleicht nicht gleich ein Filmstar, aber Sie können sehr stolz auf Faton sein.
Bin ich immer. Er ist mein Sohn.
Faton sagte mir gestern, dass das mit dem Film noch nicht sicher sei.
Ich wollte ihm nur ein bisschen Angst machen. Der ist immer so empfindlich.

Darf ich Sie was fragen?
Ein Nicken von Fatons Vater gibt mir Mut, die entscheidende Frage zu stellen.
Wenn Faton die Gage ausbezahlt bekommt, kann er davon dann etwas für sich behalten? Ich glaube, er müsste noch einige Schulden abbezahlen.
Die Mutter scheint kein Deutsch zu verstehen und lässt sich das Gespräch von ihrem Sohn übersetzen.
Er kann alles für sich behalten. Was man verdient, gehört einem. Das ist so bei uns.
Ich muss an das Gespräch mit Faton denken.
Ich werde für Faton ein Konto bei der Sparkasse eröffnen. Damit Sie sehen, dass ich Sie nicht anlüge.
Ich finde, Sie sind ein sehr großzügiger Vater.

Nun Faton? Wie war es in Köln?
Super. Ein tolles Hotel. Ich hatte ein Zimmer für mich ganz allein mit einem riesigen Bad. Und mein Vater auch. Ich konnte essen, so viel ich wollte.
Und wie hat das mit den Drehaufnahmen geklappt?
Bestens. Hatte nur zwei Drehtage. Aber nicht hintereinander. Deshalb musste ich vier Tage bleiben. Da haben die uns Ausflüge durch die Stadt bezahlt.
Jetzt bist du mal richtig im Scheinwerferlicht gestanden. Nicht nur hier bei unseren Aufführungen. Das war schon was anderes. Nicht wahr?
Ja, das war ein großer Traum von mir.
Ein Filmstar zu werden?
Quatsch. Ich hatte mal einen Traum, da hat mich jemand ins Licht geführt. Erst war ich im Dreck und alles war dunkel und schwarz um mich herum. Und dann hat jemand meine Hand gepackt und mich in Richtung Licht gezogen. Die Sonne habe ich nicht gesehen, aber es war sehr, sehr hell. Und das gab mir so ein glückliches Gefühl. Und dann

war plötzlich alles wieder weg und dunkel. Das machte mir Angst. Und ich rief nach der Person, die mich wieder ins Licht führen sollte. Führ mich ins Licht. Bitte, führ mich wieder ins Licht. Ich weiß nicht, nach wem ich gerufen habe. Dann bin ich schweißgebadet aufgewacht, weil meine Mutter in der Tür stand. Sie sagte, dass ich im Schlaf geschrien habe.
Manchmal muss man gar nicht laut rufen, um eine Antwort zu bekommen.
Damals habe ich Sie noch nicht gekannt. Aber ich glaube, dass Sie die Person aus meinem Traum waren. Es war Schicksal, dass wir uns getroffen haben. Und dafür danke ich Allah.

EINTRITTSKARTE INS LEBEN

Der letzte Tag vor den Sommerferien. Für sechs Wochen werden weder die Arbeitsgemeinschaft »Thealimuta« noch Breakdance und auch keine Theatergruppe stattfinden. In meinem Büro im Kinder- und Jugendzentrum räume ich die CD-Koffer und die Requisitenkiste auf, als plötzlich Faton vor mir steht.
Jetzt ist es so weit. Du hast das Förderzentrum hinter dich gebracht. Und? Zufrieden mit deinem Abgangszeugnis?
Er hält mir sein Zeugnis hin, das ich schnell überfliege.
Was soll ich mit einem Abschlusszeugnis von der Sonderschule? Das ist doch nur ein Stück Scheiße wert.
Ich schaue ihn an.
Es stimmt, alle von unserer Schule haben es bei der Jobsuche schwer. Du könntest mit deinen Fähigkeiten aber noch weitermachen. Einige vom Förderzentrum haben an der Berufsschule den Hauptschulabschluss nachgemacht. Die hatten in ihrem Abgangszeugnis aber fast nur Einser. Sogar

in Hauswirtschaft. Anscheinend hatten die kapiert, worauf es ankommt.
Jetzt werden Sie ja richtig fies. Sie spielen wohl auf meine Fünf in Hauswirtschaft an.
War das nötig?
Daran bin ich nicht schuld. Sauber machen und so liegt uns Albanern nicht. Das ist Frauensache. Und das wusste die Lehrerin. Und dann noch am Nachmittag. Deshalb bin ich nicht hingegangen.
Ach, so. Der Herr war sich zu fein zum Kochen und Aufräumen. Es wundert mich, dass du für dein Schwänzen keine Sechs bekommen hast. Und deine anderen Noten spiegeln deine Intelligenz auch nicht wider. Oder habe ich dich vielleicht die ganze Zeit falsch eingeschätzt?
Hab zu oft gefehlt und so viele Schulaufgaben verpasst.
Du meinst, du hast zu oft geschwänzt und zu wenig gelernt.
Ist jetzt auch egal.
Tatsächlich? Du wolltest doch Schauspieler werden, oder nicht? Hast du deinen Traum schon wieder aufgegeben? Ohne Hauptschulabschluss kannst du keine Schauspielschule besuchen. Den solltest du wenigstens in der Tasche haben. Soll ich dir was sagen? Der Zug ist wahrscheinlich abgefahren für dich. So hart das klingt. Aber ich will ehrlich mit dir sein.
Daran sind die scheiß Typen von der anderen Schule schuld. Hätten die mich bloß nicht auf die Sonderschule geschickt. Die haben mir mein Leben versaut.
Komisch, Faton. Wenn's gut läuft, ist es dein Verdienst. Wenn's nicht läuft, haben immer die anderen Schuld. Eine sehr bequeme Einstellung. Du bist bei uns gelandet, weil du es brauchtest. Und das weißt du ganz genau.
Wollen Sie mich heute fertig machen?
Du musst endlich begreifen, dass du selbst für deinen Weg

verantwortlich bist. Du hast dir eindeutig viel zu oft den falschen Weg ausgesucht. Das in Ordnung zu bringen, kostet Zeit und Anstrengung. Und beides warst du noch nie bereit zu investieren. Jetzt zahlst du die Rechnung. Die Vergangenheit holt einen immer wieder ein. Dich auch.

Faton bleibt mit seinem mittelmäßigen Zeugnis nichts anderes übrig, als sich an der ganztägigen Berufsschule für Lernbehinderte einzuschreiben, um in einem Schuljahr die vorgeschriebene Berufsschulpflicht abzuleisten. Der Kontakt zwischen uns reißt trotzdem nicht ab. Er nimmt abends weiterhin an der Breakdance- und Theatergruppe teil.

Im Januar lade ich die Teilnehmer sämtlicher Gruppen zu einer Besprechung ins Kinder- und Jugendzentrum ein.
Was ist denn los, Frau Korbmacher? Warum tun Sie so geheimnisvoll?
Ich muss mit euch etwas Wichtiges besprechen.
Wenn Sie so ein Gesicht machen, dann ist es was Ernstes. Gehen Sie vom Hasenbergl weg? Das können Sie uns nicht antun.
Mensch, Michael. Die würde uns nie im Stich lassen.
Bist du dir da so sicher, Murat?
Als ich die beiden Jungs angrinse, lachen alle.
Sie können einem wirklich einen Schrecken einjagen.
Jetzt beruhigt euch wieder und hört gut zu. Ihr habt vielleicht die Chance, bei einem Fernsehfilm mitzumachen.
Wer alles?
Sie suchen Mädchen und Jungen, die Jugendliche spielen, die in einem Stadtviertel wie dem Hasenbergl aufwachsen.
Mädchen dürfen auch mitmachen?
Hat doch Frau Korbmacher gerade gesagt, Maria. Hör doch zu.

Wie heißt der Film?
Der Titel steht noch nicht fest. Das soll uns aber egal sein. Um eine Rolle im Film zu bekommen, muss jeder erst einmal das Casting überstehen.
Was ist das?
Probeaufnahmen. Haben Murat und ich auch für den Film »Eine Hand voll Gras« machen müssen. Wenn man ausgewählt und der Vertrag unterschrieben wird, ist man fest dabei.
Ich nicke Faton zu.
Bekommen wir dafür auch Geld?
Stefan, du bist wie immer total geldgeil. Mensch, überleg doch mal. Die bieten uns die Chance, ins Fernsehen zu kommen. Da scheiß ich doch auf die Kohle.
Musst mich nicht gleich so anmachen, Murat. War doch nur eine Frage.
Die ich auch gleich beantworte. Natürlich bekommen alle Schauspielerinnen und Schaupieler für ihre Arbeit eine Bezahlung. Die nennt man beim Film –
Gage.

Danke, Faton. Leistung wird bezahlt. Auch bei Jugendlichen. Aber bevor ihr von einer Rolle träumt, nehmt erst einmal einen Anmeldebogen für das Casting und holt euch zu Hause die Erlaubnis dafür. Ohne Unterschrift der Erziehungsberechtigten gibt es keine Probeaufnahmen.

Müde und geschafft sitzen die Jugendlichen und ich am Samstagabend im Thekenraum vom Kinder- und Jugendzentrum zusammen. Die Leute vom Film sind längst wieder abgefahren.
Glauben Sie wirklich, dass wir eine Chance haben? Die nehmen doch nur Profis.
Wartet mal ab. Ihr wart richtig gut.
Die nehmen keine Sonderschüler. Wovon träumen Sie?
Vergesst nicht, dass ihr hier seit vier Jahren in der Theatergruppe seid. Das war für euch eine harte Schule. Ihr habt aber den anderen Kandidaten gegenüber noch einen anderen Vorteil.
Und der wäre?
Heute waren auch ziemlich viele Kinder von Agenturen dabei. Einige haben zwar schon Filmerfahrung, die den meisten von euch fehlt. Aber ihr seid aus dem Hasenbergl. Euch nimmt man die Rollen ab. Das kann man nicht spielen lernen. Das muss man erlebt haben, um es echt rüberbringen zu können.
Glauben Sie wirklich?
Ich habe mir eure Probeaufnahmen zusammen mit dem Regisseur angeschaut. Ihr wart mehr als überzeugend. Manchmal fast zu echt.
Die Jugendlichen klatschen, pfeifen und schlagen sich mit den Händen ab.
Sie waren aber auch nicht schlecht, Frau Korbmacher. Und wie Sie uns ständig beleidigt haben. Dafür würde normalerweise jeder sofort eine in die Fresse bekommen.

Ich habe es richtig genossen, euch in eurer Sprache mal so richtig fertig machen zu dürfen. Bin ich froh, dass wir vorher ausgemacht hatten, dass alles erlaubt ist, außer Schlagen natürlich.
Alle grinsen mich an.
Darf ich euch was fragen? Es ist in den Improvisationen immer wieder der Satz gefallen, dass ihr aus dem Hasenbergl wegwollt. Wollt ihr das wirklich?
Eigentlich nicht. Hier sind wir aufgewachsen, hier sind unsere Familien.
Aber da draußen geben sie dir keine Chance, wenn du sagst, dass du aus dem Hasenbergl kommst.
Ich habe etwas für euch geschrieben. Und ich möchte, dass ihr euch das mal anhört.
Ein Gedicht, Frau Korbmacher?
Nein, einen Rap-Text. Er heißt: »Ghetto gibt's hier nicht.«
Sind Sie sicher?
Jetzt lasst sie doch erst einmal vorlesen und labert nicht gleich schon wieder rum.

Ghetto? – Ghetto gibt's hier nicht?
Weil es doch kaum sichtbar ist

Häuser stehen in Blöcken da
Was noch niemals anders war
Grüne Straßen kreuz und quer
Braucht der Mensch zum Leben mehr?
Kannst dem Bühnenbild nicht trauen?
Hinter die Kulissen schauen

Ghetto? – Ghetto gibt's hier nicht?
Weil es doch klar sichtbar ist

Hier herrscht Kraft, noch mehr die Wut
Zum Ertragen brauchst viel Mut
Klauen, Schlagen und auch Trinken
In dem Armutssog versinken
Kannst die Rolle nicht abgeben
Heißt das Stück »Mein Ghettoleben«

Ghetto? – Ghetto gibt's hier nicht?
Weil es doch klar spürbar ist

Sorgen, Angst und auch Bedrängnis
Freiheitswunsch wie im Gefängnis
Schwache Looser – toughe Winner
Bühnenaction – wie auch immer
Enge Wohnung, Krach und Dreck
Will man wirklich hier nur weg?

Ghetto? – Ghetto gibt's hier nicht?
Weil es nicht erklärbar ist

Hinter die Kulissen schauen
Keiner kann dem anderen trauen
Wird von vielen hier gelebt
wie im Spinnennetz verklebt
Versuch doch, dich herauszuwinden
Wirst ein besseres Leben finden?

Das war's. Und?

Keiner der Jugendlichen antwortet. Sie nicken nur bestätigend mit dem Kopf. Plötzlich fängt Murat mit Beatboxen an. Und andere übernehmen seinen Rhythmus.

Geben Sie mal den Text her. Will was ausprobieren.

Hier, Faton.

Er fängt an zu rappen. Einige übernehmen die Textpausen und wiederholen ständig die gleichen Fragen.
Ghetto? Ghetto gibt's hier nicht?
Andere spielen nur mit dem Wort Ghetto.
Ghetto. Ghetto. Ghetto? Ghetto. Ghetto? Ghetto?
Der Raum bebt von Geräuschen, Stampfen der Füße, Schlagen mit der flachen Hand auf die Tische und der hart artikulierten Rap-Sprache.
So plötzlich wie die spontane Interpretation des Textes angefangen hat, so abrupt endet sie.
Und ihr habt Angst, dass ihr für den Film nicht genommen werdet?! Lächerlich.
Keiner geht auf meine Bemerkung ein.
Der Text ist geil. Echt supergeil. Eigentlich müsste man davon eine CD machen.
Das schaffen wir auch noch. Aber erst machen wir mal den Film. Da bin ich mir fast sicher. Auch wenn ein Restrisiko bleibt, dass ich mich geirrt habe. Übrigens: Danke für dein Kompliment, Faton.
Ich habe für alle hier gesprochen. Hab ich Recht?
Klar, Mann. Ganz genau.

Alexis und Faton bekommen große Rollen in dem Spielfilm »ghettokids«. Auch Murat, Ilias und viele andere aus der Theater- und Breakdance-Gruppe übernehmen wichtige Nebenrollen. Insgesamt machen fast sechzig Förderschüler beim Spielfilmprojekt mit.
Hab ich es euch nicht gesagt? Ihr seid unschlagbar. Ich bin so stolz auf euch. Nun dürfen mal andere auf euch neidisch sein. Jetzt ist es plötzlich von Vorteil, dass ihr aus dem Hasenbergl seid. Wer hätte das jemals gedacht?
Ich müsste Sie noch kurz unter vier Augen sprechen, Frau Korbmacher.
Was ist los, Faton? Wieder Probleme mit deinem Vater?

Ausnahmsweise nicht. Ich brauche Ihren Rat.
Lass uns nach oben ins Büro gehen.
Jetzt habe ich die Rolle im Film, kann aber wahrscheinlich nicht mitmachen.
Ich schaue Faton entsetzt an.
Die Berufsschule gibt mir nicht die Befreiung für die Drehtage. Der Direktor hat gesagt, dass wir lieber etwas Nützliches und nicht so einen Filmquatsch machen sollen.
Ich setze mich völlig überrascht hin.
Aber man kann doch auch bei der Entstehung eines Films vieles lernen. Lesen, wenn man den Drehbuchtext auswendig lernt. Geduld, wenn man auf die nächste Szeneneinstellung warten muss. Pünktlichkeit, Konzentration, Durchhaltevermögen, Teamgeist, das alles sind doch ganz wichtige Dinge, die man dabei lernen kann.
Sagen Sie das dem mal, Frau Korbmacher. Aber ich weiß, warum der die Unterschrift verweigert hat. Der hasst Kosovo-Albaner.
Das kann ich mir nicht vorstellen, Faton. Nein, das ist bestimmt nicht der Grund. Der hält einfach nichts von der Filmerei.
Ich weiß, was ich weiß. Aber das wird er mir büßen.
Vielleicht kann der Regisseur den Schulleiter überzeugen. Er soll in deiner Berufsschule noch einmal anrufen.
Und wenn das nicht klappt?
Ich schaue Faton lange an.
Warum sagen Sie nichts?
Weil ich dir jetzt einen Rat geben werde, der nicht ganz ungefährlich ist.
Meinen Sie, ich soll einfach die Schule schwänzen und zum Dreh gehen?
Spinnst du? Nein, natürlich nicht.
Was dann?

Ich weiß, wie wichtig der Film für dich ist. Bist du bereit, für deinen Traum etwas zu investieren?
Dafür würde ich alles tun.
Auch ein Schuljahr aufgeben? Du bist in der Berufsschule sowieso nicht besonders gut. Außerdem hast du wieder mit dem Schwänzen angefangen, wie ich gehört habe.
Weil die mich da nicht mögen.
Nein, weil du nicht bereit bist, alles zu geben. Dein altes Problem. Vielleicht würde sich diese Einstellung ändern, wenn du den Film gemacht hast. Denn dort wirst du hundertprozentig sein müssen, um das durchzuhalten. Das würde aber bedeuten, dass du das verlorene Schuljahr wiederholen müsstest. Hältst du das mit dem Film nicht durch, dann hättest du ein Jahr umsonst verloren.
Was soll ich nun machen?
Das kann ich nicht für dich entscheiden. Besprich es mit deinen Eltern. Außerdem brauchst du sowieso ihre Unterschrift für diesen Schritt, wenn du ihn machen solltest.
Abgemacht. Wenn der Regisseur nichts erreicht, spreche ich mit meinem Vater. Danke, Frau Korbmacher.

Kurz vor Beginn der Dreharbeiten hat Faton wegen einer alten Geschichte eine Gerichtsverhandlung. Er wird zur Ableistung von Sozialstunden verurteilt. Eigentlich hat er mit Jugendarrest gerechnet. Zum ersten Mal zeigt er bei Gericht echte Reue und bittet darum, ihm nicht die Zukunft zu verbauen.
Der Film »ghettokids« wurde abgedreht.
Faton wiederholt das verlorene Schuljahr an einer anderen Berufsschule, an der er seinen Hauptschulabschluss nachmachen kann. Er hat Glück. Er hat eine Klassenlehrerin, die sein kreatives Potenzial anerkennt. Faton lohnt es ihr mit regelmäßigem Schulbesuch und guten Schulleistungen.

Faton ist stolz, als er seine neue Lehrerin zur Filmpremiere ins Arri-Kino einladen darf.

Einige Tage vor den Osterferien treffe ich Faton unverhofft auf der Straße im Hasenbergl.
Warum bist du nicht in der Schule? Schwänzt du wieder?
Nein, ich habe Sie gesucht. Muss Sie dringend sprechen. Meine Lehrerin weiß Bescheid.
Was ist los?
Ich habe durch den Film die Chance, im nächsten Schuljahr ein Stipendium an einer privaten Schauspielschule zu bekommen. Wenn ich die Aufnahmeprüfung bestehe.
Und was willst du von mir?
Dass Sie mich auf diese Prüfung vorbereiten. So mit Texten und Rollen einüben.

In den Osterferien kommt Faton zu mir in die Wohnung. Bei ihm zu Hause herrscht das reinste Chaos. Verwandte, die aus Frankreich zu Besuch gekommen sind, nachdem sie aus Deutschland ausgewiesen wurden, nehmen die ganze Wohnung in Beschlag. Einschließlich seinem Bett.
Ich helfe Faton, sich auf die sechs Fächer der Aufnahmeprüfung an der Schauspielschule vorzubereiten.

Dann ist es so weit. Faton muss sich der ersten richtigen Prüfung seines Lebens stellen. Er steht unter enormem Druck.
Komm, Faton. Du hast es gleich geschafft. Du musst nur noch einmal da hineingehen.
Das pack ich nicht mehr. Wirklich nicht. Ich gehe jetzt weg. Sagen Sie denen Bescheid, dass mir schlecht geworden ist.
Nein, das machst du dann schon selber, du Feigling.
Ich bin nicht feige. Aber ich halte das nicht mehr aus.

Musst du aber. Das bist du dir selbst schuldig. Und mir auch. Immerhin habe ich fünf Tage meiner Osterferien in die Vorbereitung investiert.
Ich weiß. Es tut mir ja auch Leid. Aber ich habe so rasende Kopfschmerzen. Und mein Bauch krampft.
In einer halben Stunde bringe ich dich zum Arzt, wenn du willst. Aber vorher gehst du da noch rein. Und wenn ich dich persönlich da drinnen abliefern muss. Sonst wirst du dir nie mehr beweisen können, dass du etwas von Anfang bis Ende durchstehen kannst.
Faton besteht trotz seines albanischen Akzents die Aufnahmeprüfung an der Schauspielschule mit Bravour. Als Faton die Nachricht erhält, dass er bestanden hat, schaut er mich völlig fassungslos an. Dann nimmt er mich in die Arme und fängt hemmungslos an zu weinen.
Hab ich dir damals an der Tür nicht gesagt, dass du eines Tages weinen kannst? Jetzt ist es so weit. Und du weinst nicht aus Verzweiflung, sondern vor Glück. Du bist deinem Traum ein großes Stück näher gekommen.

Faton besucht ohne weitere Zwischenfälle seine Berufsschule, an der er im Juli seinen Hauptschulabschluss nachmachen wird.
Nach dem ersten Prüfungstag ruft er mich auf Handy an.
Und? Wie ist es gelaufen?
Ich habe ein gutes Gefühl. Aber morgen kommt Mathe. Was mache ich, wenn ich es nicht schaffe?
Dann wird sich eine andere Lösung finden. Dann machst du eben etwas anderes.
Niemals. Das Theater ist mein Leben. Und der Hauptschulabschluss ist meine Eintrittskarte in dieses Leben.
Dann halte die Eintrittskarte gut fest. Lass sie dir nicht aus den Händen reißen.

Als nachts um eins mein Telefon klingelt und ich Fatons verzweifelte Stimme höre, ist mir gleich klar, dass etwas Schreckliches passiert sein muss.
Entschuldigen Sie, dass ich Sie nach Mitternacht anrufe. Aber ich wusste nicht mehr, was ich tun sollte.
Wo bist du, Faton? Was sind das für Geräusche im Hintergrund?
Ich sitze neben meinem Bruder im Auto. Wir sind auf dem Mittleren Ring und wissen nicht, wo wir hinfahren sollen.
Was machst du um diese Zeit auf der Straße? Du hast morgen die Prüfung.
Das weiß ich doch auch. Aber mein Alter ist durchgedreht und hat mich rausgeschmissen. Ich habe weder eine Jacke an noch Geld dabei. Und meine Monatskarte liegt auch zu Hause.
Das kannst du mir alles später erzählen. Komm sofort zu mir. Dein Bruder kann dich bei mir absetzen.

Während ich für Faton im Wohnzimmer eine Matratze mit Bettzeug herrichte, denke ich voller Wut an seinen Vater. Am Vortag war ich nach der Schule noch einmal bei Fatons Eltern und habe mit Engelszungen auf sie eingeredet, damit sie ihn in Ruhe lassen, um seine wichtigste Prüfung nicht zu gefährden. Sie hatten es mir hoch und heilig versprochen.
Als Faton vor der Wohnungstür steht, sehe ich sofort, dass er krank ist. Er bibbert vor Kälte und scheint Fieber zu haben.
Jetzt ist wohl alles gelaufen. Die Prüfung kann ich vergessen.
Red nicht so einen Blödsinn. Das kriegen wir schon hin. Du duschst dich jetzt und dann legst du dich hier im Wohnzimmer ins Bett. Ich mache dir inzwischen einen Tee. Später

reibe ich dich ein und zur Krönung bekommst du ein Aspirin. Diese Mammuttherapie hilft garantiert.
Hallo, Faton. Brauchst Du noch was?
Mein Sohn und Faton kennen sich schon eine Weile.
Ja, dein Mathehirn.
Das hast du bestimmt nicht nötig. Kannst du alles, was morgen drankommt?
Gelernt habe ich.
Gehst du zur Prüfung?
Und wenn ich hinkriechen muss. Das ist meine einzige und letzte Chance, was aus meinem Leben zu machen.
Du packst das. Rufst du mich morgen gleich an?
Mach ich. Sobald ich mir die Eintrittskarte ins Leben abgeholt habe.

SUSANNE

Susanne ist 50 und arbeitet als Sonderschullehrerin im Hasenbergl. Sie wächst mit fünf Geschwistern zunächst in Nordrhein-Westfalen auf, später zieht die Familie nach Berlin. Ihr Vater, ein Textilkaufmann, ist alkohol- und spielsüchtig. Die Mutter kann weder sich noch die Kinder vor ihm schützen. Hinter bürgerlicher Fassade leben sechs Kinder in einer Welt von Missbrauch und Gewalt.

MITTAGSSCHLAF

Dunkelheit macht mir Angst. Schon immer und bis heute. Es würgt mich, über meinen Körper kriecht ein Schauer. Dabei gehen meine Angstgedanken nicht in einen düsteren Keller oder eine mondlose Nacht. Nein. Ich finde mich in einem Zimmer mit vier Stockbetten und einem heruntergelassenen, dunkelgrünen Gummirollo wieder. Kindergartenalter. Volksschulalter. Und mein Etagenbett genau auf Augenhöhe meines Vaters. Keine Chance des Entkommens.

Wir wohnten damals in einer Wohnung direkt neben einer Klinik. Unsere Wohnung bestand aus einem endlos langen Flur, einem Wohnzimmer und einem Kinderzimmer, einer Wohnküche und einer lang gestreckten Kammer mit einem Klo. Ein Bad gab es nicht. An ein Elternschlafzimmer erinnere ich mich nicht, auch an keine Zimmertür.

Als kleines Mädchen dachte ich immer, dass man nur ins Krankenhaus kommt, wenn man als Frau ein Baby bekommt. Unsere Wohnung war durch eine Zwischentür direkt mit der Klinik verbunden. Hinter dieser verschwand meine Mutter des Öfteren und kam nicht immer gleich wie-

der. Jedes Jahr ein Baby. Die ersten drei Kinder waren Mädchen, das zweite davon war ich. Beim dritten Mädchen besuchte mein Vater seine Frau schon gar nicht mehr. Meine Mutter hatte versagt, da sie keinen Stammhalter geboren hatte. Und dafür wurde sie mit Ignoranz bestraft.
Bereits drei Monate später war sie wieder schwanger. Endlich ein Junge und gute Laune bei meinem Alten. Zwei Tage nach der Geburt meines Bruders enterbte mein Vater seine drei Töchter.
Die Ärzte rieten dringend von einer fünften Schwangerschaft ab. Aber sie kam doch. Und diese Zeit war schrecklich. Mutter musste immer öfter durch die Verbindungstür gehen und eines Tages kam sie nicht mehr wieder. Manchmal dachte ich, sie sei gestorben.
In dieser Zeit zwang uns der Vater jeden Nachmittag zum Mittagsschlaf. Meine Schwestern und ich wollten viel lieber spielen. Aber der Stammhalter musste schlafen, also steckte das jeweils aktuelle Kindermädchen auf Anweisung meines Vaters die ganze Viererbande ins Bett. Und das Zimmer wurde abgesperrt.

Warum schloss uns unser Vater ein? Ich verstand es nicht. Dabei bildete ich mir immer gerade dann ein, besonders dringend aufs Klo zu müssen. Aber die Tür wurde nicht geöffnet. Für niemanden und aus keinem Grund. Es durfte während der Mittagsruhe nicht gesprochen, nicht gekichert werden. Taten wir es doch, dann hörten wir plötzlich Elefantenschritte, wütendes Aufschließen und schon ging es los. Mein Vater brüllte uns an, manchmal schlug er auf uns ein. Vor Angst pisste ich mir regelmäßig in die Hose, schon bevor er reinkam. Ich sagte nichts. Nur nicht bewegen. Nur nicht atmen. Gar nicht da sein.
In dieser Zeit fing ich an, meine Nase mit geschlossenen Augen an meinem Schlafanzugärmel zu reiben. Das beruhigte mich. Und meine jüngere Schwester fing das »Rackern« an. So nannten wir es. Auf den Knien, in gebückter Stellung, den Kopf nach unten, wippte sie ständig vor und zurück. Dabei machte sie diese Töne, die wie ein ständiges Wehklagen klangen. Schlafen war unmöglich. Und so wurde der Mittagsschlaf zu einer zweistündigen Wartezeit, bis die Zellentür wieder aufgesperrt wurde.
Meine große Schwester hatte nie Angst vor unserem Alten. Und das machte ihn rasend.
Schlag mich doch. Schlag ruhig zu.
Sie war nur fünfzehn Monate älter als ich, trotzdem so anders. Aber gerade das bewunderte er auch an ihr. Er liebte sie. Er hasste Opfertypen. Nur der Starke, die Starke, das Starke hatte eine Existenzberechtigung. Ich war das geborene Opfer. Mit der Zeit bestand ich nur noch aus Angst. Ich fing an zu flüstern. Traute mich kaum zu sprechen. Verwechselte ständig die Wörter. Irgendwann konnte ich kaum noch einen richtigen Satz formulieren. Ich entwickelte einen lautlosen Gang, machte mich klein. Vielleicht werde ich nicht bemerkt …
Fehlanzeige. Raubtiere spüren unter ihren Opfern immer

erst die Schwachen, die Kranken auf und schlagen dann zu. Ich war ständig krank. Und nahm immer mehr ab. Gehetztes Wild mit dunklen Rehaugen.
Auch das fünfte Kind wurde ein Junge. Aber mein kleiner Bruder kam zu spät. Er war nicht mehr wichtig für meinen Vater. Er hatte keine Funktion.

Erst nach dem Tod meines Vaters löste sich für mich das Rätsel, warum er uns jeden Nachmittag in Dunkelhaft genommen hatte. Wir fanden in seinem Schreibtisch eine sehr merkwürdige Liste. In aller Ausführlichkeit und entsprechender Erfolgsbewertung war aufgeführt, mit welchen Frauen er wann und wie oft geschlafen hatte. Es kamen auch Namen unserer Kindermädchen vor. Für mich gesichtslose junge Frauen, die immer ganz schnell aus unserem Kinderleben verschwanden.
Und meine Mutter? Sie muss es gewusst haben. Sie hat immer alles gewusst. Und nie etwas dagegen getan. Sie hatte keine Wahl. Sie konnte nichts gegen irgendetwas tun. Sie war das geborene Opfer.

TREPPENSTURZ

Wir zogen aus der Stadt in ein Dorf. An den Umzug in unseren Bungalow auf dem Land kann ich mich nicht mehr erinnern, weder an den Abbau der Stockbetten im Kinderzimmer noch an die Möbelpacker, die unsere sämtlichen Möbel aus der Wohnung geholt und im Haus wieder aufgestellt haben. Die Wohnung, in der ich bis zum Ende der ersten Klasse gelebt hatte, war von einem Tag zum anderen plötzlich verschwunden.
Die Weite der Landschaft gab mir ein beglückendes Gefühl von Freiheit. Das Leben auf dem Land war für mich wie das

Kosten vom Paradies. Die Luft war erfüllt mit Gerüchen von Pflanzen und Tieren. Meine Mutter hatte den Garten mit Rasen rund ums Haus anlegen lassen. Sie pflanzte Blumen, Sträucher und Bäumchen. Der Holzzaun roch nach Wald und Harz. Seine spitzen Latten waren für uns nicht ganz ungefährlich, stellten aber nie ein Hindernis dar. Es gab für uns keinen Grund, das Gartentor zu benutzen.
Von Montag bis Freitag tauchte mein Vater immer erst am Abend auf. Tagsüber der Himmel, am Abend die Hölle. In der Mittagspause saß er lieber in seiner Stammkneipe neben seinem Geschäft in der nahe liegenden Stadt. Die Leute dort mochten ihn. Kein Wunder, er war ein sehr regelmäßiger Gast und legte nicht nur viel Geld in Alkohol und Schnittchenplatten an, sondern auch in die verschiedenen Spielautomaten. Mein Vater stellte für viele den Prototypen eines jungen, gut aussehenden, äußerst erfolgreichen Geschäftsmannes dar.
Oft hielten wir Kinder uns auch bei den benachbarten Bauern auf. Weil wir uns sehr gut benahmen und liebevoll mit den Tieren umgingen, war die »süße Kinderbande« aus der Neubausiedlung überall gern gesehen. Eine dieser Familien hatte uns besonders innig ins Herz geschlossen. Die Bauersleute, die drei Söhne und der Knecht waren immer so freundlich zu uns. Keiner schrie uns jemals an. Wir bekamen frisch gebackenes Brot, dick mit Käse oder Wurst belegt. Obst durften wir uns von den Sträuchern oder Bäumen pflücken. Wir konnten uns frei im Haus, in den Ställen, in der Scheune und in den Gärten bewegen. Wir spielten auf den Traktoren und den dazugehörigen Anhängern. Keinen störte es, dass wir tollten und tobten, lachten und schrien. Zum Mittagessen gab es Rühreier mit Bratkartoffeln oder auch mal ein frisch geschlachtetes Hühnchen. Jeder Tag dort bedeutete ein unfassbares Kinderglück. Wir Kinder dankten es mit unserer Hilfsbereitschaft. Wir sam-

melten im Gemüsegarten Schnecken ein, striegelten die Pferde, fütterten die Schweine, misteten die Ställe aus. Wir gingen mit aufs Feld zum Unkrautjäten oder zur Ernte. Wir sahen zu, wie ein Huhn geschlachtet wurde und dann trotz fehlendem Kopf noch ewig über den Hof fliegen konnte. Ich selbst hätte nie ein Tier töten können.

Beim Ernten durften wir hinten auf dem Anhänger sitzen und immer durfte einer von uns abwechselnd den Traktor fahren. Den Kartoffelacker hoch und wieder runter. Immer schön in geraden Linien. Als ich einmal an der Reihe war, fuhr ich direkt an unserem Haus vorbei. Meine Mutter traute ihren Augen nicht.

Pass bloß auf, dass dem Traktor von Bauer Wiemer nichts passiert.

Um wen hatte sie eigentlich Angst?

Da sie aber selbst in einem Dorf aufgewachsen war, verstand sie unsere Abenteuerlust gut. Und meine Mutter war sichtlich stolz auf ihre geschickten Kinder. Außerdem half ihr unser dörfliches Engagement, schneller und besser als ehemalige Städterin im Dorf anerkannt zu werden.

Wenn ein Kälbchen oder Ferkel auf die Welt kommen sollte, stellte dieses Ereignis für uns einen Höhepunkt dar. Unsere Mutter hatte uns nie aufgeklärt und ich glaubte fest an die Geschichte mit dem Storch. Bei Menschen. Aber bei den Kühen und Schweinen war das anders. Das wusste ich sicher. Die Tiere waren ja auch trächtig und nicht schwanger. Wir lernten schnell, dass ein Bulle eine Kuh bespringt, um ein Kälbchen zu zeugen. Und das Gleiche tat ein Eber, wenn er zur Sau gelassen wurde.

Am Ende ihrer sechsten Schwangerschaft war meine Mutter wieder sehr lange in der Klinik. Mein Vater trank, brüllte und heulte in dieser Zeit mehr denn je. Aber irgendwann kamen Mutter und Kind doch bei uns an. An einem verregneten Nachmittag stand ich an der Wiege und schaute mei-

ner neuen kleinen Schwester ins Gesicht. Sie schlief tief und fest und sah wie ein Engelchen aus. Da sah ich plötzlich in Gedanken meinen schlagenden Vater vor mir.
Nein, er darf Püppi nie anfassen. Niemals.
Als Neunjährige legte ich flüsternd einen Schwur ab.
Ich werde dich nie allein lassen. Ich werde dich immer beschützen. Ich werde nicht zulassen, dass dir jemals etwas Schreckliches passiert. Ich schwöre, bei meinem Leben.
Am Abend rief mich meine Mutter zu sich in die Küche. Sie war immer noch sehr schwach.
Bring mir doch bitte Püppi in die Küche herunter. Sie ist aufgewacht. Du kannst ihr das Fläschchen dann hier unten geben.
Überglücklich lief ich die Treppe hinauf. Ich sprach beruhigend auf die Kleine ein, nahm sie vorsichtig aus dem Bettchen und legte sie seitwärts in meine Arme. Ich fing an, ganz langsam die Stufen hinunterzugehen. Sie waren mit einem dicken Läufer geschützt, der durch Stangen an den Knickstellen befestigt war. Ich wusste, dass die dritte Stange von oben locker war. Mein Vater wollte sie schon lange reparieren. Vor lauter Vorsicht rutschte ich dann doch aus. Ich wusste, dass ich auf meine kleine Schwester fallen würde.
Nein. Püppi darf nichts passieren.
Es gelang mir, mich auf den Rücken fallen zu lassen, während ich das Baby fest an mich drückte. Ich rutschte die Stufenkanten hinunter. Meine eigenen Schmerzen spürte ich nicht. Ich schrie nur. Und das Baby weinte laut. Meine Mutter kam ebenfalls schreiend aus der Küche gelaufen.
Oh, mein Gott. Was hast du getan? Du bringst sie ja um.
Sie riss mir das Baby aus den Armen. Ich konnte nicht antworten. Tränen rannen mir übers Gesicht. Ich hatte sie retten können. Ich hatte Püppi gerettet. Ich hatte meinen Schwur gehalten. Jetzt erst spürte ich meinen kaputten

Rücken. Jeder Knochen tat mir weh. Der grobe Teppich hatte sicherlich die ganze Haut aufgeschürft. Aber das war mir in diesem Augenblick egal. Plötzlich stand mein Vater vor mir.
Was ist hier los? Warum wird hier so geschrien? Was ist mit Püppi?
Sie ist mit der Kleinen die Treppe runtergefallen.
Mein Vater ließ mich nicht aus den Augen. Sein Gesicht veränderte sich zu einer fürchterlichen Fratze.
Was hast du getan? Was hast du getan?
Er ging in Zeitlupe auf mich zu. Ich lag immer noch auf der untersten Stufe der Treppe. Rückwärts zog ich mich Stufe für Stufe hoch. In meinen Gedanken sprach ich mit ihm.
Ich wollte es nicht. Ich konnte nichts dafür. Die kaputte Stange. Du weißt doch. Ich bin ausgerutscht. Ich habe es nicht mit Absicht getan.
Aber all diese Worte kamen nicht über meine Lippen. Ich war von seinem Gesichtsausdruck wie gelähmt. Er kam mir immer näher, während ich rückwärts die Treppe hinaufkroch. Tränen schossen aus meinen Augen. Ich hörte mich selbst flehen:
Bitte, schlag mich nicht tot. Schlag mich bitte nicht tot.
Auf der letzten Stufe oben angekommen, zitterte und weinte ich vor mich hin. Ich hielt meine Arme und Hände schützend vor mein Gesicht.
Bitte, schlag mich nicht tot. Bitte nicht.
Ich schloss die Augen, um seine Todesschläge nicht sehen zu müssen. Ich machte wieder in die Hose. Es ging alles so langsam. So quälend langsam. Plötzlich sagte mein Vater mit ungewöhnlich hoher Stimme:
Wie kommst du denn darauf, dass ich dich totschlage? Meine eigene Tochter? Ich würde doch keinem meiner Kinder ein Haar krümmen. Das weißt du doch. Oder nicht? Weißt du das nicht?

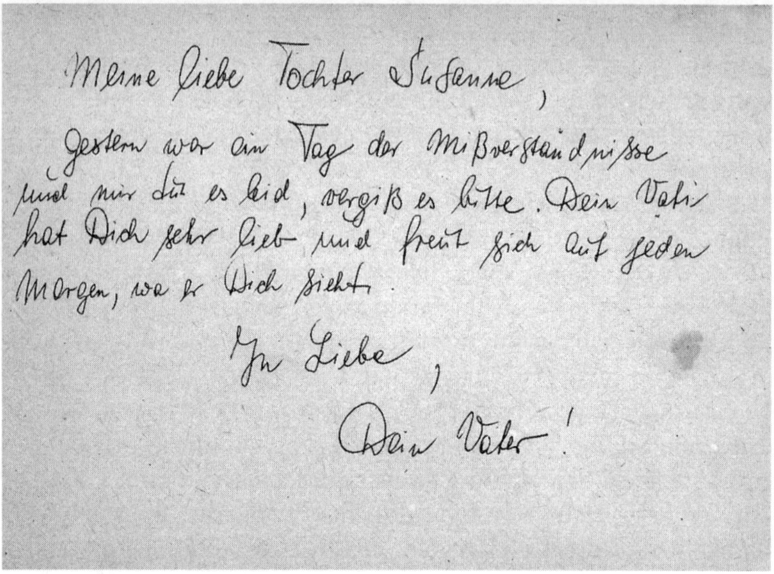
Meine liebe Tochter Susanne,

Gestern war ein Tag der Mißverständnisse und mir tut es leid, vergiß es bitte. Dein Vati hat Dich sehr lieb und freut sich auf jeden Morgen, wo er Dich sieht.

In Liebe,

Dein Vater!

Ich nickte stumm. Ich log. Ich konnte damals nicht verstehen, warum er mich nicht schlug. Heute weiß ich, dass seine »Zeitlupen-Psycho-Schläge« viel effektiver waren. Eingeschüchtert, zitternd und weinend in meiner Pisse liegend, flehte ich um mein Leben. Das genoss er.
Auf dem obersten Treppenabsatz hatte er mein Selbstvertrauen, meine Lebensfreude vernichtet. Von diesem Tag an hatte ich wahnsinnige Angst davor, Fehler zu machen. Und der Treppensturz war die schmerzhafte Geburt meiner Todesängste.

Unser neues Haus hatte einen Eingangsbereich mit einem kleinen Vorraum. Dort befand sich der Hundekorb des kleinen Boxers, den sich mein Vater kurz nach unserem Umzug zur Freude aller Kinder angeschafft hatte. Leider prügelte er den jungen Hund oft. Er nannte das »dressieren« und »sich Respekt verschaffen«. Und je mehr mein Vater trank, umso mehr bekam Quex seine Prügel. Sein Jaulen kann ich heute noch hören. War mein Vater nicht im Haus, dann verwöhnten wir den Hund mit Streicheleinheiten und Leckereien. Er dankte es uns mit seinem Schutz und seiner Treue für gut dreizehn Jahre.

Manchmal war das Verprügeln des Hundes nur das Vorspiel, ein Donnergrollen vor dem mächtigen Gewitter. Hörten wir kurz darauf die schweren Schritte meines Vaters auf der Treppe, dann wussten wir, jetzt waren wir dran. Beim Betreten des Kinderzimmers hatte Vater oft noch die Hundeleine in der Hand. Zuerst verprügelte er damit unten seinen Hund und dann oben seine Kinder. In seinem betrunkenen Zustand brüllte er unverständliches Zeug, wankte hin und her, riss bei seinen Beschimpfungen die Augen weit auf und schlug wie ein Besessener auf uns ein. Meine Mutter konnte ihn in einer solchen Situation von nichts abhalten. Das wusste sie. Außerdem war sie ja auch noch dran. Sie stand dann mit einem Berg Bettwäsche in der Tür, um anschließend die Pissspuren zu beseitigen.

Müsst ihr Vati denn immer so aufregen? Ihr wisst doch, dass er so schwer für uns arbeitet. Warum habt ihr wieder euer Spielzeug im Garten nicht aufgeräumt? Ihr wisst doch, dass er das nicht mag.

Sie konnte nur noch zitternd flüstern. Das machte die ganze Situation noch unheimlicher. Plötzlich stellte mein Vater seine Attacken ein, drehte sich um, ging in das Zimmer meines kleinen Bruders, dem er nie etwas tat und meine Mutter begann mit dem Wechseln der Bettwäsche.

Noch schrecklicher als selbst geschlagen zu werden war, wenn wir hörten, wie er im Erdgeschoss auf unsere Mutter einprügelte. Sie winselte leise, wir sollten sie wohl nicht hören. Manchmal krachten Dinge gegen die Wände. Dass man seiner Mutter in einem solchen Augenblick nicht helfen kann, ist grausam und kaum zu ertragen.

Am nächsten Morgen war er wie immer. Er sang und tat, als

ob nichts gewesen wäre. Er frühstückte im Esszimmer und wir Kinder in der Küche. Beim Gehen strich er uns über den Kopf.
Seid schön fleißig in der Schule. Dem Wissenden gehört die Welt.
Dann streichelte er Quex, der gebückt und mit eingezogenem Schwanz im Vorraum stand.
Pass gut auf meine Familie auf. Sie ist mein Ein und Alles.
Wir schauten Mutter in ihr geschwollenes, grün und blau geschlagenes Gesicht. Wir sagten keinen Ton.

Irgendwann hielt ich den familiären Druck nicht mehr aus. Ich litt unter Appetitlosigkeit und nahm immer mehr ab. Bald bestand ich nur noch aus Haut und Knochen. Mitte der zweiten Klasse sackten meine Leistungen immer mehr ab. Bei einer Impfung in der Schule brach ich ohnmächtig zusammen. Als ich wieder zu mir kam, hörte ich meinen Vater brüllen.
Was haben Sie mit meiner Tochter getan? Wenn ihr was Ernsthaftes passiert ist, dann werden Sie mich kennen lernen. Meinen Kindern tut niemand was Schreckliches an. Ich weiß meine Kinder vor Menschen wie Ihnen zu schützen.
Er beugte sich zu mir runter und streichelte meinen Kopf.
Brauchst du was, mein Kleines?
So lieb war mein Vater noch nie zu mir gewesen. Als er mich nochmals ansprach, mimte ich wieder die Ohnmächtige. Ich wollte, dass er mir noch einmal über den Kopf streichelt. Mit der gleichen Hand, die sonst nur Schläge austeilte. Er trug mich auf seinen Armen heraus und legte mich vorsichtig auf die Rückbank im Auto.
Zu Hause legte er mich ins Ehebett und holte eine Flasche Sekt.

Los, meine Kleine. Das wird dir gut tun. Trink.
Im Laufe des Nachmittags flößte er mir eine ganze Flasche Alkohol ein. Mir wurde schwindelig und ganz warm. Ich fühlte mich wohl in diesem Zustand und beschloss, niemals mehr gesund zu werden. Am nächsten Tag hatte ich Fieber und starke Halsschmerzen. Ich durfte mich wieder in das Bett meines Vater legen. Meine Mutter machte sich deshalb keine Sorgen. Sie war bei sechs Kindern gewohnt, dass immer jemand krank war. Sie machte uns eine heiße Zitrone und kam regelmäßig vorbei, um nach dem Patienten zu schauen. Außerdem musste man nur essen, wenn man wollte. Und was man wollte. Es war herrlich. Ich hoffte, dass diese Krankheit nicht so schnell vorbeigehen würde. Deshalb erzählte ich meinen Eltern auch nicht, dass ich kaum noch schlucken konnte und meine Ohren fürchterlich schmerzten. Heimlich weinte ich in mein Kissen. Eines Morgens hatte ich sehr hohes Fieber und bekam kaum noch Luft. Ich wurde zum Kinderarzt gebracht.

Warum kommen Sie jetzt erst? Wie lange hat ihre Tochter das schon?
Warum? Ist es was Ernstes?
Das kann man wohl sagen. Eine eitrige Mittelohrentzündung auf beiden Seiten. Aber noch viel gefährlicher ist ihre fortgeschrittene Mandelentzündung. Susanne droht, daran zu ersticken, wenn sie nicht sofort operiert wird.
Ich kam in das gleiche Krankenhaus, in dem meine Mutter immer ihre Babys abgeholt hatte. Dort blieb ich vier Wochen. Meine Mutter kam nicht oft vorbei, mein Vater nie. Es war eine der einsamsten Zeiten meiner Kindheit. Als ich nach Hause entlassen wurde, holte mich meine Mutter mit dem Auto ab.
Na, freust du dich auf deine Familie?
Ich antwortete nicht. Ich schaute aus dem Fenster, ließ die Häuser der Stadt und die Landschaft bis zu unserem Dorf apathisch an mir vorübergleiten. Ich fühlte eine große Gleichgültigkeit in mir.
Du musst nicht gleich wieder in die Schule gehen. Der Arzt meint, dass du erst einmal wieder zu Kräften kommen musst. Du bist ja nur noch ein Strich in der Landschaft.
Ich sagte nichts. Mir war alles egal.
Zu Hause hatte sich nichts geändert. Außer sonntags sahen wir unseren Vater tagsüber nie. Am Abend kam er oft so spät, dass wir alle schon im Bett lagen. Und das freiwillig. Denn mein Vater trank immer mehr und wurde immer unbeherrschter. Meine Mutter brauchte nur zu sagen, dass sie jetzt meinen Vater mit dem Auto abholen werde, dann waren wir schon in unseren Stockbetten verschwunden.
Der Sonntag war der gefährlichste Tag der Woche, denn mein Vater war es nicht gewohnt, ständig eine Horde Kinder um sich zu haben. Eines Sonntags ging ich von der Küche aus über den Flur. Mein Vater kam mir aus dem

Wohnzimmer entgegen. Ich lächelte ihn an, weil ich wusste, dass er das mochte. Zu meiner Überraschung holte er jedoch plötzlich aus und schlug mir so hart ins Gesicht, dass ich bis zur gegenüberliegenden Wand geschleudert wurde. Ich sah ihn entsetzt an.

Ach, du bist es. Die Ohrfeige war eigentlich für deine Schwester. Aber macht nichts. Eine Ohrfeige kann dir auch nicht schaden.

Dann ging er weiter in die Küche, um seine Flasche zu holen. Ich lief geschockt die Treppe hoch und schloss mich im Badezimmer ein. Ich zitterte und weinte. Ich hatte nichts getan. Gar nichts. Und trotzdem hatte mich mein Vater geschlagen. Seitdem wusste ich, dass mein Vater nie einen Grund brauchen würde, um jemanden in der Familie zu schlagen. Er tat es einfach. An diesem Tag fing ich an, meinen Vater zu hassen. Er hatte meine Liebe für ihn aus mir herausgeprügelt. Ich hatte bisher schon vieles Schreckliche erlebt, ihm jedoch niemals meine Liebe entzogen, noch nicht einmal nach dem Treppensturz. Diesmal wusste ich jedoch, dass ich ihm diese Ohrfeige nie verzeihen würde.

ROSENKOHL

Kaum war ich nach der Mandelentzündung wieder einigermaßen auf den Beinen, bekamen wir Keuchhusten. Mein Vater entzog sich dem Ganzen, indem er nur noch selten nach Hause kam. Es war für unsere Mutter eine schlimme Zeit. Vier schwer kranke Kinder, zwei Kleinkinder, von denen die Krankheit abgewendet werden musste, und ein ständig fluchender Ehemann, der seine Probleme in Alkohol ertränkte. Irgendwann konnte auch meine Mutter die permanente Belastung nicht mehr verkraften. Sie erlitt einen Nervenzusammenbruch und mein Vater beschloss, nach unserer Genesung mit seiner Frau alleine in Urlaub zu fahren. Er wählte Venedig aus, weil es damals als schick angesehen wurde, und er hatte wieder etwas gefunden, womit er angeben konnte.

Für meine Frau nur das Beste. Und ich kann es mir leisten.

Wir sechs Kinder wurden für diese Zeit auf die Verwandten verteilt. Ich wollte am liebsten zu meinem Großvater, dem Geschichtenerzähler, aufs Land fahren. Aber dieses Privileg suchte sich meine älteste Schwester heraus.

Oma will, dass ich zu ihr komme. Sie will mit mir einen Nähkurs machen. Du hast doch kein Talent für Handarbeit.

Mein Vater bestimmte, dass meine große und meine jüngere Schwester in das Dorf meiner Mutter fahren durften. Meine beiden Brüder und die kleinste Schwester kamen zu meiner Tante, der Zwillingsschwester meiner Mutter. Sie hatte einen Sohn im gleichen Alter wie unser »Stammhalter« und konnte sich um die beiden Kleinkinder am besten kümmern. Das konnte man Großeltern nicht zumuten. Meine Mutter versuchte, mir den für mich übrig gebliebenen Aufenthaltsort schmackhaft zu machen.

Und du? Du bist am besten bei Opa Senne aufhoben. Der ist zwar ein bisschen schwierig, aber du wirst das schon schaffen.

Ein Lieblingsspruch meiner Mutter, der mich meine ganze Kindheit und Jugend hindurch begleitet hat.

Deine Schwestern sind für den zu aufmüpfig. Außerdem siehst du deinem Vater doch so ähnlich. Das macht es dir von allen Kindern sicherlich am leichtesten mit deinem Großvater. Du schaffst das schon.

Ich spürte, dass meine Mutter Opa Senne nicht sehr mochte. Viel später sollte ich auch den Grund für diese lebenslange Ablehnung erfahren. Er hatte versucht, die Ehe zwischen meinen Eltern zu verhindern, weil meine Mutter evangelisch und die Familie meines Vaters, zumindest nach außen hin, streng katholisch war. Außerdem passte ihm nicht, dass mein Vater eine Frau heiraten wollte, die nicht aus gehobenen Kreisen stammte. Meine Eltern benutzten dann einen »Trick«, der damals immer überzeugte: Meine Mutter wurde schwanger. Als die beiden heirateten, war sie bereits im sechsten Monat. Zuvor war sie noch schnell zum katholischen Glauben übergetreten, was zu jener Zeit fast einem »geduldeten« Verbrechen gleichkam. Aber meine Mutter ließ sich von ihrem Schwiegervater in ihrer Lebensplanung nicht aufhalten. Sie war nie eine berechnende Frau gewesen, aber immer ein praktisch denkender Mensch. Was getan werden musste, wurde eben getan. Basta. Aus. Diesen gesellschaftlichen Skandal hatte mein Opa seiner Schwiegertochter nie verziehen. Er, der ein angesehenes Bekleidungsgeschäft für Herrenmode in Bielefeld hatte, der eine wunderschöne, eigene Villa auf einem riesigen Waldgrundstück besaß, der als einer der Ersten nach dem Krieg einen Mercedes fuhr und vier Bedienstete im Haus beschäftigte, sollte dieses primitive Mädchen vom Lande als Schwiegertochter seines ältesten Sohnes akzeptieren.

Meine Eltern setzten mich bei meinem Opa ab.
Wann holt ihr mich wieder ab?
In ein paar Wochen.
Ich hatte keine Vorstellung davon, wie lange das war. Ich fing an zu weinen.
Jetzt stell dich nicht so an. Oder willst du uns den Urlaub verderben? Flennsuse.
Sie kamen nur kurz mit ins Haus.
Das geht schneller vorbei, als du denkst, mein Liebling.

Und schon waren sie wieder abgefahren.
Mein Opa zeigte mir mein Zimmer im ersten Stock.
Das war das Zimmer deines Vaters. Sogar mit eigenem Waschbecken. Du darfst das Grundstück auf keinen Fall verlassen. Der große Garten steht dir ganz allein zur Verfügung.
Opi, bleibst du bitte hier und spielst mit mir?
Ich habe keine Zeit für dich, weil ich wieder ins Geschäft muss. Aber du bist ja alt genug, dich selbst zu beschäftigen. Wenn du etwas brauchst, dann sag der Haushälterin Bescheid.
Und schon war er verschwunden.
Mein Opa ging jeden Morgen sehr früh aus dem Haus. Oft konnte ich hinter der Gardine nur noch beobachten, wie er mit seinem Mercedes wegfuhr. Anfangs machte ich meine Rundgänge durchs Haus und schaute mir die aufgestellten Fotos an. Darauf erkannte ich die meisten Menschen nicht, aber es war niemand da, den ich fragen konnte. Ich kam mir in dem großen Haus wie eine Fremde vor. Jeden Tag war ich allein, keine Kinder zum Spielen und nur eine Frau im Haus, die ich nicht kannte. Ich merkte schnell, dass sie mit Kindern nichts zu tun haben wollte. Tagelang döste ich auf meinem Bett sitzend dahin und mein Heimweh wurde unerträglich. Meine Mutter und meine Geschwister fehlten mir sehr. Ich fühlte mich völlig allein gelassen und weinte mich oft in den Schlaf.
Eines Abends kam mein Opa in mein Zimmer.
Warum bist du heute nicht aufgestanden? Die Haushälterin sagte mir, dass du das Essen, was sie dir aufs Zimmer gebracht hat, nicht angerührt hast. Werde mir bloß nicht krank. Das fehlte mir noch.
Opi, mir geht es nicht gut. Mir ist so schlecht und schwindlig.
Dann bleib liegen. Das Bett kann dir nicht schaden.

Und dann ging er wieder hinaus.
Mir fehlten die Wärmflasche und die heiße Zitrone meiner Mutter. Ich weinte endlos lange, aber das bekam niemand in dem großen Haus mit. Ich fing an, ständig aufs Klo zu rennen, um mich zu übergeben, aber irgendwann würgte ich nur noch grünliches Zeug hoch. Ich trank literweise Wasser. Dazu stand ich mit wackeligen Beinen auf, hielt mich am Waschbecken fest und hielt meinen Mund unter den Wasserstrahl. Kurz darauf musste ich mich wieder übergeben. Am nächsten Morgen öffnete die Haushälterin mit zugehaltener Nase das Fenster.
Das stinkt ja erbärmlich hier. Deinen Pfefferminztee hast du auch nicht angerührt. Und gegessen hast du auch wieder nichts. Glaubst du, ich gebe mir beim Kochen so viel Mühe, damit ich das Essen dann in den Mülleimer werfe? Mir reicht's jetzt mit dir. Ich werde deinen Großvater anrufen.
Mittags kam jemand die Treppe hinauf und ich hoffte, es würde meine Mutter sein.
Opa hatte sie bestimmt angerufen und ihr erzählt, dass ich sehr krank bin.
Aber es war nicht meine Mutter, die die Tür aufmachte, sondern mein Großvater, der einen Teller mit grünlichem Zeug in der Hand hielt und sich zu mir ans Bett setzte.
So, jetzt wird gegessen.
Ich kann nicht, Opi. Wirklich nicht.
Ich weinte und schluchzte.
Los, mach den Mund auf, du verwöhnte Göre.
Mein Opa schaute mich mit gehässigem Gesicht an. Er stopfte mir einen Löffel nach dem anderen in den Mund. Der Rosenkohl in Cremesoße sah genauso aus, wie das, was ich in der Nacht erbrochen hatte und ich musste ständig würgen.
Reiß dich zusammen. Und kotz mir ja nicht das Bett voll.

Und schon kam ein Schwall heraus, den er versuchte, mit dem Suppenteller aufzufangen.
Ach, so willst du mir kommen. Na, das haben wir gleich.
Er kniff mit der einen Hand meine Wangen zusammen, sodass sich mein Mund öffnete. Aus dem Teller, den er auf dem Bettrand abgestellt hatte, löffelte er mein Erbrochenes wieder in meinen Mund. Gleichzeitig hielt er meinen Kopf nach hinten. Gezwungenermaßen musste ich die Kotze hinunterschlucken. Ich würgte, bekam einen Hustenanfall und erbrach wieder das Ganze.
Na, dann nicht. Wie du willst. Ich kann noch ganz anders.
Dieser drohende Tonfall kam mir bekannt vor. Er stand auf, knallte die Tür hinter sich zu und drehte den Schlüssel um. Er hatte mich eingeschlossen. Ich bekam Angst. Tränen rannen über mein Gesicht und ich begann zu zittern. Das war nicht mehr mein Opi, den ich von früher her kannte. Das war ein fremder, gefährlicher Mann. Weil ich nicht mehr auf die Toilette gehen konnte, rückte ich mir nach Stunden des Wartens völlig benommen einen Stuhl an das Waschbecken, stieg hinauf und pinkelte rückwärts hinein. Das Wasserlassen brannte fürchterlich. Anschließend trank ich aus dem Wasserhahn und schlürfte das kühle Nass in mich hinein. Ich hatte das Gefühl, innerlich zu verbrennen. Am Abend schloss mein Opa die Tür auf.
Da du keinen Tee trinken willst und dich auch weigerst, etwas zu essen, werde ich das Wasser in deinem Zimmer abdrehen. Sag Bescheid, wenn du es dir anders überlegt hast.
Dann schloss er die Tür wieder hinter sich ab. Das bekam ich nur noch im Halbschlaf mit. Irgendwann wollte ich aufstehen, um zu pinkeln. Aber ich kam nicht mehr hoch. Ich fühlte mich schwer wie ein Stein und machte ins Bett. Es brannte wie Feuer in meinem Unterleib. Am Morgen nahm ich verschwommen eine Person an meinem Bett war. Es war die jüngste Schwester meines Vaters.

Um Gottes willen. Wie lange liegt die hier denn schon so? Susanne hat über vierzig Fieber. Sie muss sofort zum Arzt.
Die Haushälterin wischte sich ihre fettigen Hände an einem mitgebrachten Küchenhandtuch ab.
Wir dachten, sie simuliert.
Meine Tante trug mich in meinem verpissten Schlafanzug in ihr Auto. Ich bekam von dieser Aktion kaum etwas mit. Ich fror nur erbärmlich und hatte unendlichen Durst. Nach der Untersuchung winkte der Kinderarzt meine Tante in einen Nebenraum. Weil er die Tür nur angelehnt hatte, bekam ich das Gespräch mit.
Ihre Nichte ist schwer krank. Warum sind sie nicht früher gekommen? Sie hätte sterben können.
Ich wusste doch von nichts. Mein Vater ist ein alter Mann und hat keine Ahnung von kleinen Kindern. Er hat mich erst heute gerufen.
Sie hat eine schwere Nierenbecken- und Blasenentzündung. Bei ihrem geschwächten Zustand ist es ein Wunder, dass sie das bis jetzt überlebt hat. Ihre Haut wirkt völlig ausgetrocknet. Das Kind muss sofort ins Krankenhaus.
Ich verstand nur das Wort Krankenhaus und ich wusste, dass das noch mehr Einsamkeit bedeutete. Ich wankte ans Fenster, öffnete es leise und krabbelte mit letzter Kraft schwankend hinaus. Ich schleppte mich durch den Vorgarten auf die Straße und erreichte die gegenüberliegende Wiese. Dort brach ich zusammen und kam erst im Krankenhaus wieder zu mir. Ich wachte in einem großen Gitterbett auf. Um mich herum befanden sich auf halber Höhe nur große Glasscheiben. In meiner einen Hand steckte eine Nadel. Sie war mit einem großen Pflaster auf dem Handrücken befestigt. Ein durchsichtiger Schlauch führte zu einer rückwärts hängenden Flasche, die an einem großen Metallständer hing. Ich zog mich an den Gitterstäben hoch. Um mich herum sah ich Krankenschwestern, die Babys auf den

Armen hielten, sie wickelten, sie aus den Bettchen herausholten oder hineinlegten.
Ich verstand die Welt nicht mehr. Mit letzter Kraft kletterte ich aus dem Bett hinaus, zog den Ständer hinter mir her und wollte die Tür aufmachen. Aber sie hatte keinen Türgriff, sondern nur ein Schloss ohne Schlüssel. Ich musste plötzlich dringend aufs Klo. Das Verlangen wurde so groß, dass ich das Nachthemd hinaufschob, mich in eine Ecke hockte und dem Druck nachgab. Aber es kam so gut wie nichts heraus. Nur ein bisschen quittegelbe Flüssigkeit mit rotem Schleim. Dann war plötzlich alles nur noch schwarz vor meinen Augen. Als ob jemand den Lichtschalter in einem völlig verdunkelten Raum ausgeschaltet hätte. Ich fiel ins Nichts.
Als ich aufwachte, stand meine Tante an meinem Kinderbett.
Hör zu, meine Kleine. Auf der Kinderstation haben sie im Moment kein Bett frei. Weil du aber so schwer krank bist, haben sie dich auf die Säuglingsstation gelegt. Du darfst nie mehr aus deinem Bettchen klettern. Und natürlich nicht mehr ins Zimmer pinkeln. Das gehört sich nicht. Als du umgefallen bist, hast du dir die Nadel herausgezogen. Die Ärzte werden dir jetzt einen Katheder legen. Dann musst du nicht mehr aufs Klo gehen. Du musst jetzt ganz tapfer sein.
War ich das nicht schon die ganze Zeit gewesen?
Ein junger Mann im weißen Kittel und zwei Krankenschwestern erschienen. Die beiden Frauen schoben mir das Nachthemd bis zum Bauch nach oben, spreizten meine Beine auseinander und drückten sie schmerzhaft nach unten. Der Mann hielt einen dünnen Plastikschlauch in der Hand.
Das wird jetzt ein bisschen weh tun. Aber du bist ja ein tapferes Mädchen.

Ich weinte und schrie.
Nein, nein. Bitte nicht. Ich will zu meiner Mutti.
Ich suchte das Gesicht meiner Tante. Sie stand draußen an der Glasscheibe, hielt sich mit einem Taschentuch den Mund zu und wischte mit der anderen Hand die Tränen aus dem Gesicht.
Es tut so weh. Es tut so weh. Bitte hilf mir. Hol mich hier raus.
Der Mann drehte sich zu meiner Tante um und gab ihr mit einem Wink zu verstehen, dass sie gehen solle. Sie verschwand aus meinem Gesichtsfeld.
Ich schaute panisch nach unten. Der Mann zog meine Schamlippen auseinander und dann schob er den brennenden Schlauch in meinen Körper.
Sie tun mir weh. Bitte hören Sie auf.
Mein Tränenfluss wollte nicht mehr versiegen. Meine Nase war völlig verschleimt und ich bekam keine Luft mehr. Ich hatte das Gefühl, zu ersticken.
Wir haben es ja gleich.
Der Fremde nickte der einen Frau zu, die daraufhin eine Spritze in die Hand nahm. Ich riss meine Augen weit auf. Ich hatte keine Widerstandskraft mehr. Die Schwester wendete mich leicht und gab mir die Spritze in den Po. Ich sackte mit dem Gefühl, dass ich meine Mutter nie mehr wiedersehen würde, in einen tiefen Schlaf. Tage- und nächtelang dämmerte ich vor mich hin.
Seit meinem Kathedertag war meine Tante nicht mehr erschienen. Immer wenn ich Schritte hörte, drehte ich meinen Kopf sehnsüchtig in Richtung Tür. Oft schaute aber nur eine Krankenschwester herein, nickte freundlich mit dem Kopf und verschwand wieder.
Sie weiß, dass ich sterben werde. Ganz sicher werde ich bald tot sein.
Ich schlief immer wieder ein und durchlebte schreckliche

Träume. Mein Fieber stieg wieder. Ärzte und Krankenschwestern liefen hektisch ins Zimmer und wieder hinaus. Ich fiel wieder in den mir bekannten Dämmerzustand. Plötzlich stand meine Tante an meinem Bett.
Warum bist du nie gekommen? Warum hast du mich nicht besucht?
Ich durfte doch nicht. Die Ärzte meinten, das regt dich zu sehr auf.
Ich fing wieder an zu weinen.
Was machst du bloß für Sachen? Warum willst du nicht gesund werden? Du bist sehr, sehr schwer krank. Die Ärzte sagen, dass sie dich operieren müssen. Deine Nieren drohen zu versagen.
Ich verstand nichts von dem, was sie mir sagte.
Aber ohne die Einwilligung deiner Eltern dürfen sie das nicht. Ich habe meinen Bruder endlich erreicht. Deine Eltern kommen morgen.
Ich schaute sie ungläubig an.
Wirklich? Kommen sie mich abholen?
Nein, Kleines. Das geht nicht. Solange du so krank bist, kannst du hier nicht raus.
Ich war überglücklich. Morgen würde ich meine Mutter wiedersehen. Bereits am Nachmittag war mir nicht mehr heiß.
Beim Wechseln des Urinbeutels schüttelte die Krankenschwester mit erstauntem Gesichtsausdruck den Kopf. Früh am nächsten Morgen kam meine Mutter durch die Tür. Ich sprang auf und weinte vor Freude.
Du verrücktes Mädchen. Eigentlich solltest du heute operiert werden.
Meine Mutter lächelte mich an.
Aber jetzt ist das wohl nicht mehr nötig. Du hast kein Fieber mehr und deine Blut- und Urinwerte sind wieder normal.

Heute bleibst du zur Beobachtung noch hier.

Mutti, warum bist du jetzt erst gekommen? Ich habe es ohne dich nicht ausgehalten. Ich war so traurig.
Du bist und bleibst mein Sorgenkind. Kann ich denn nicht einmal in Ruhe in Urlaub fahren?
Habe ich euch den Urlaub verdorben?
Nein, es war wunderschön. Vati ist schon ein bisschen sauer, dass ihn zu Hause gleich Probleme erwarten. Aber der wird sich schon wieder beruhigen.
Ich schüttelte nur den Kopf.
Die letzte Nacht konnte ich vor freudiger Aufregung kaum schlafen. Am nächsten Morgen holten mich meine Eltern vom Krankenhaus ab. Ich schaute meinem Vater ängstlich ins Gesicht.
Jetzt hörst du aber mit diesen dummen Geschichten auf. Ich habe schon genug Sorgen.
Ich nickte nur, denn ich hatte Angst, dass er es sich vielleicht anders überlegen und mich nicht mitnehmen würde.
Zu meinem Opa Senne fuhr ich nie wieder in meinem Leben. Und Rosenkohl brauchte ich als Kind auch nicht

mehr zu essen, da ich mich immer gleich danach übergeben musste.

DORFTROTTEL

Ende der dritten Klasse hatte ich so viel Unterricht versäumt, dass ich weder im Lesen, geschweige denn im Schreiben oder im Rechnen mit der Klasse mithalten konnte. Das Lesebuch war der blanke Horror.
Ich war nur damit beschäftigt, keinen Blickkontakt zur Lehrerin aufzunehmen, wenn sie gerade ein neues Vorlesekind suchte.
Bitte, lieber Gott, mach mich unsichtbar.
Und wenn ich dann doch aufgerufen wurde, ging das Gelächter in der Klasse schon los. Die Erniedrigung durch Lehrer ist schon schrecklich, aber durch Mitschüler kann sie noch viel grausamer sein. Fragen zu den Geschichten konnte ich selten beantworten, da meine Fehlervermeidungsstrategie immer meine ganze Aufmerksamkeit erforderte. Außerdem hatte sich meine Sprache verändert. Ich hatte angefangen zu stottern, sprach nur noch in unfertigen Sätzen, machte grammatikalische Fehler und verwechselte Begriffe.
Lasen andere Kinder vor, dann begriff ich alles. Aber ich meldete mich bei Fragen nicht, weil ich meinen Antworten nicht mehr traute. Heimlich freute ich mich, wenn ich die gleiche Antwort wie ein Mitschüler gegeben hätte.
Du bist doch nicht so blöd, wie du denkst.
Mein größtes Problem war die Rechtschreibung. Nicht, dass die Buchstaben vor meinen Augen tanzten. Ich war immer der Meinung, dass meine Wortbilder mit denen im Lesebuch identisch waren. Nach einem Diktat war ich mir hundertprozentig sicher, dass ich eine gute, vielleicht sogar

sehr gute Note geschrieben hatte. Aber die eigene Vorstellung und die Wirklichkeit stimmten leider selten überein. So kassierte ich in Deutsch ständig schlechte Noten. Ich verlor allmählich jegliches Selbstvertrauen und wurde immer verzweifelter.

Immer öfter fing ich an, Wörter auf Grund ihres Anfangsbuchstabens, nach ihrer Länge und Endung zu erraten. Die Fehlerquote war sehr hoch, nur der Zufall schenkte mir ab und zu die richtige Lösung. Niemand verstand, warum ich in der Schule versagte. Und ich selbst erst recht nicht.

Jeden Abend betete ich eine Ewigkeit zu Gott, dass er doch bitte diese Blödheit von mir nehmen solle.

Was habe ich getan, dass du mich so strafst? Ich weiß es wirklich nicht. Gib mir bitte ein Zeichen. Als Dank werde ich auch Nonne, wenn es sein muss. Ich will nicht mehr von anderen Kindern und meinen Geschwistern ausgelacht werden.

Und dann weinte ich mich in einen unruhigen Schlaf. Mit der Zeit zog ich mich immer mehr in mich zurück und brach Freundschaften ab. Wer will schon mit einer Dummen befreundet sein?

Alle schriftlichen Arbeiten mussten entweder vom Vater oder von der Mutter unterschrieben werden. In meinem Fall übernahm das meine Mutter.

Das können wir Vati nicht zeigen. Der denkt sonst, du hast nicht geübt. Und dann bekommst du Ärger und ich auch.

Aber ich habe doch geübt, Mutti. Du hast mich doch gesehen.

Vielleicht übst du nur nicht richtig? Oder vielleicht auch nicht genug?

Wie übt man denn richtig?

Das weiß ich auch nicht. Ich habe keine Zeit, dir zu helfen. Das weißt du doch. Was sagt dein Vater immer? Übung

macht den Meister. Also, hör auf deinen Vater. Setzt dich auf deinen Hosenboden.
In Mathematik verstand ich auf Anhieb jede noch so komplizierte Rechenaufgabe. An der Tafel oder bei Proben brachte ich alles wieder durcheinander. Inzwischen war ich sicher, dass ich mir selbst nicht mehr trauen konnte. Diese Angst lähmte mich total. Ich fing an, vor Schulaufgaben zu zittern und zu schwitzen. Meine Hände wurden so feucht, dass mir mein Füller ständig aus den Fingern rutschte. Mein Schriftbild wurde zur Katastrophe.
Auch meine Klassenlehrerin, die mit mir immerhin schon drei Jahre Geduld hatte, verzweifelte langsam.
Du bist doch nicht dumm. Woran liegt das, dass du im Unterricht alles weißt und bei Schulaufgaben dann immer völlig versagst? Was ist mit dir los? Du hast tolle Eltern, liebe Geschwister, ein gemütliches Zuhause, ein schönes Leben. Du hast alles, was ein Kind braucht.
Mit der Zeit verheimlichte ich meine schlechten Noten auch vor meiner großen Schwester. Ich hatte Angst, dass sie mich bei unserem Vater verraten würde. Sie legte ständig gute Noten vor. Sie war eine Klasse über mir, und es war klar, dass sie nach der vierten Klasse das Gymnasium besuchen würde. Ich hingegen stand immer kurz vorm Sitzenbleiben, und es war absehbar, dass ich die Volksschule nie verlassen und letztendlich mit der achten Klasse abschließen würde. Ein Abschluss ohne Bedeutung.

Anfang der vierten Klasse schienen sich meine Lücken in allen Fächern von Tag zu Tag zu vergrößern. Mit wem sollte ich den versäumten Stoff nachholen? Nachhilfeunterricht war damals völlig unbekannt. Meine Mutter hatte mit ihrem Arbeitspensum keine Zeit, Hausaufgaben zu kontrollieren oder für irgendein Fach mit einem ihrer Kinder zu üben. Sie versuchte mir immer wieder Mut zu machen.

Du schaffst das schon.
Stundenlang übte und übte ich. Aber ich schaffte es nicht.
Sie sollte ihre Teilnahme am Unterricht steigern. Sie sollte mehr den Unterrichtsstoff zu Hause üben.
Ich sollte, ich sollte, ich sollte.
Nur im Fach Turnen war ich immer Klassenbeste. Sport stellte für mich den Sinn des Lebens dar und sollte in meiner Schulzeit mein Spitzenfach bleiben. Zweimal im Jahr erfuhr mein Vater, was ich in der Schule für eine Versagerin war. Beim Erhalten des Zwischenzeugnisses im Herbst und des Jahreszeugnisses Ende März. Zwei absolute Horrortage.
Bist du so blöd oder tust du nur so? Willst du mich ärgern? Die ganze Zeit draußen herumturnen und nichts für die Schule tun. Das werden wir ändern. Ich habe im Krieg sogar

noch mein Notabitur gemacht, um dann an die Front zu gehen. Danach habe ich mein Dolmetscherdiplom absolviert, zwei Semester Medizin studiert und mit erstklassigen Leistungen die Textilhochschule abgeschlossen. Glaubst du, das kommt von alleine? Denkst du wirklich, das ist mir zugeflogen? Du bist nicht bereit, Leistung zu erbringen. Das ist alles. So eine Tochter wie dich will ich nicht haben. Und jetzt geh mir aus den Augen, sonst passiert was.
Überstanden. Wieder ein halbes Jahr Ruhe.

Im Dorf, ganz in der Nähe, bei den Nachbarn im Eckhaus, gab es einen Jungen, den alle nur den »Dorftrottel« nannten. Unsere Mutter hatte uns erzählt, dass er krank wäre und lange Zeit im Heim gelebt hätte. Er hätte einen Tumor im Kopf, sagte meine Mutter, und könne nichts dafür, dass er so dumm sei.
Vielleicht wächst so etwas wie beim Dorftrottel auch bei mir im Kopf?
Dieser Gedanke wurde Teil meiner Realität. Aber ich nahm mir vor, niemandem etwas von meiner schweren Krankheit zu erzählen. Sicher würde mich Vater sofort in ein Heim geben. Trotz der ganzen Qualen machte mir die Schule Spaß. Wenn meine Lehrerin von neuen Dingen erzählte, hing ich an ihren Lippen. Das Leben war voller Geheimnisse und ich wollte sie entdecken. Ich war bereit, dafür Schwerstarbeit zu leisten.
Ich hatte keine eigenen Freunde. Wenn es meine Schwester erlaubte, dann zog ich mit ihrer Clique durch die Gegend. Sie war die Anführerin und keiner wagte etwas gegen meine Anwesenheit zu sagen. Der Dorftrottel hängte sich oft an uns dran. Mit gebührendem Abstand beobachtete er, was wir taten. Er grölte, wenn wir lachten, und er kreischte, wenn wir uns freuten. Meine Mutter hatte uns eingeimpft, nett zum Dorftrottel zu sein.

Der stört euch doch nicht. Er ist wie ein kleines Kind. Kümmert euch ein bisschen um ihn.
Eines Tages spielten wir Indianer in einer Laubhöhle im angrenzenden Wald. Plötzlich stand der Dorftrottel vor uns, knöpfte seine Hose auf und zog sie samt seiner Unterhose herunter. Er grinste und lallte beim Sprechen.
Will was zeigen. Ganz schön.
Dann stieg er aus seinen Hosen heraus und hatte nur noch sein Hemd an. Alle schauten ihm gebannt zwischen die Beine. Da stand etwas hart aufrecht, was wir klein und schlaff von unseren Brüdern kannten.
Das kennen wir schon.
Ich erkannte die Stimme meiner Schwester, aber sie kam mir irgendwie unsicher vor.
Los, Dorftrottel. Zieh deine Hose wieder hoch. Das ist nicht lustig.
Doch, lustig. Sehr lustig. Hast so was?
Nein. Aber das ist jetzt egal. Los, wir gehen.
Und sie stand auf und winkte der Gruppe. Plötzlich versperrte uns der Riese den Weg.
Ich böse. Sehr böse. Ich gezeigt, jetzt ihr. Los.
Du spinnst wohl. Du hast wohl nicht alle Tassen im Schrank. Geh aus dem Weg, du Irrer.
Plötzlich fing der Dorftrottel an zu brüllen und schlug um sich. Während die anderen Mädchen kreischend wegliefen, blieb ich wie angewurzelt stehen. Der Dorftrottel schrie immer lauter. Dabei hob er einen Ast auf und schlug damit auf das Blätterwerk ringsherum ein.
Kein Irrer. Kein Irrer.
Und er wirbelte um sich selbst herum. Ich stand immer noch bewegungslos da. Bei einer Drehung erstarrte er plötzlich und erfasste mich mit seinen weit aufgerissenen Augen. Er atmete laut ein und aus, als ob er einen schweren Karren einen Berg hochziehen müsste. Meine Schwester

schrie, ich solle weglaufen. Aber ich konnte keinen Schritt tun.
Ich laufe nach Hause und hole Hilfe.
Jetzt war ich mit dem Wahnsinnigen ganz allein.
Los. Zeigen. Alles zeigen. Mach schon.
Ich fing an zu weinen, aber ich konnte nicht mit ihm sprechen. Die Worte meiner Mutter kreisten immer in meinem Kopf herum.
Er ist harmlos, man darf ihm nur nicht widersprechen. Dann beruhigt er sich wieder.
Ich knöpfte den kleinen Knopf von meinem Faltenröckchen auf und zog den Reißverschluss langsam hinunter.
Alles, habe ich gesagt. Du schneller.
Hektisch knöpfte ich meine Bluse auf. Als ein Knopf nicht gleich durch das Knopfloch gehen wollte, kam er auf mich zu und riss am Stoff. Der Knopf sprang weg, die Bluse war seitlich eingerissen. Der Dorftrottel machte einen Schritt rückwärts und starrte mich an. In diesem Moment bekam ich Todesangst. Ich beeilte mich, aus meinen Ärmeln zu kommen. Dann erfasste ich den unteren Rand meines Unterhemdes und zog es über den Kopf. Mit nacktem Oberkörper stand ich vor ihm. Ich kreuzte die Arme, meine Hände krallten sich an den Schultern fest.
Jetzt das da.
Er zeigte auf die Unterhose. Ich zog sie am Gummiband herunter. Jetzt hatte ich nur noch meine Stümpfe und Schuhe an. Ich schämte mich furchtbar. Mein Blick ging nach unten. Da sah ich sein Ding, das jetzt feuerrot mit blauen Linien und fast bis zum Bauchnabel nach oben stand. Seine Atmung wurde immer schneller und lauter. Ich hielt mir die Ohren zu. Tränen bedeckten mein Gesicht.
Komm, hier liegen.
Sein Tonfall war befehlerisch.
Auf Rücken.

Wie in Trance legte ich mich hin. Der Lehmboden war feucht, hart und kalt. Er ging auf die Knie, beugte sich vor und schob langsam meine Beine auseinander. Ich konnte seinen stinkigen Körpergeruch einatmen, seine Augen schienen immer größer zu werden, er atmete immer schneller und lauter. Plötzlich spürte ich, wie seine Hände mich packten, und dann tat es zwischen meinen Beinen unerträglich weh. Der Dorftrottel stieß einen langen, harten Gegenstand in meinen Unterleib. Ich riss meine Augen auf. Da sah ich, wie er sich hektisch auf mir auf und ab bewegte. Seine Bewegungen wurden immer ruckartiger. Ich wimmerte.
Hör auf. Hör auf. Bitte. Bitte.
Dann stieß etwas mehrmals brutal in kurzen Abständen in meinen Bauchraum und der Dorftrottel stieß einen letzten lauten Schrei aus. Meine Schreie konnte er nicht hören. Sie existierten nur in meinem Kopf.
Plötzlich ließ er sich nach hinten fallen. Er spreizte seine Beine, streckte sie aus und legte sich entspannt auf den Rücken. Wie gelähmt wartete ich eine Ewigkeit auf eine Reaktion von ihm. Nichts. Vorsichtig hob ich den Kopf.
War er eingeschlafen?
Ich hatte Angst, mich zu bewegen.
Was sollte ich nur tun?
Ich wagte nicht, den Dorftrottel anzuschauen. In Hockstellung kam ich auf meine Füße. Zwischen meinen Beinen war alles nass, als ob ich in die Hose gemacht hätte. Jede Bewegung erzeugte noch mehr Schmerzen. Ich biss mir auf die Lippen, um keinen Laut von mir zu geben. Er sollte mich nicht bemerken. Lautlos kramte ich meine Klamotten am Boden zusammen. Meine Beine gehorchten meinen Befehlen nicht mehr. Nur in Zeitlupe konnte ich mich nackt, mit Schuhen und Strümpfen bekleidet, aus dem Buschversteck entfernen. Jeder Schritt verursachte zwischen meinen Beinen fürchterliche Schmerzen, wurde zur Qual.

Du schaffst das. Du schaffst das schon.
Ich erreichte die Dorfstraße und warf meine Sachen ins Gras, um mich anzuziehen. Als ich in meine Unterhose stieg, entdeckte ich das Blut und den gelblichen Schleim, der an meinen Beinen herunterfloss. Blut fließt nur, wenn man sich verletzt hat. Ich hatte keine Ahnung, was mit mir geschehen war.
Warum ist meine Schwester nicht mehr zurückgekommen? Warum hat sie Mutti nicht geholt? Warum hat mir niemand geholfen?
All diese Gedanken gingen mir durch den Kopf. Mit dem Unterhemd wischte ich die Feuchtigkeit zwischen meinen Schenkeln weg. Es roch eklig. Ich würgte und übergab mich. Nachdem ich mich angezogen hatte, ging ich langsam die Dorfstraße hinauf. Ich starrte auf die Straße und setzte einen Fuß vor den anderen. Meine Schuhe schienen aus Blei zu sein.
Endlich erreichte ich unsere Gartentür. Als ich klingelte, riss meine Mutter die Haustür auf. Unser Boxer begrüßte mich freudig und sprang an mir hoch.
Quex, lass sie in Ruhe.
Ich stand nur da und Tränen rannen unaufhörlich über mein Gesicht. Ich drückte meiner Mutter das blutverschmierte Unterhemd in die Hand. Mit entsetzten Augen schaute sie erst das Hemd und dann mich an.
Es hat so weh getan. So weh.
Ich weiß, mein Schatz. Komm erst einmal rein.
Meine Mutter presste ihre Lippen aufeinander und bekam feuchte Augen. Sie schob mich vor sich her ins Badezimmer.
Zieh alles aus. Ich lasse dir Badewasser ein.
Sie drehte den Wasserhahn auf, überprüfte die Mischung von heißem und kaltem Wasser, streute Massen von Badesalz hinein, das eigentlich meinem Vater gehörte, und ging

dann wieder hinaus. Ich saß auf dem Klodeckel und schaute zu, wie sich immer mehr Schaum bildete. Weißer, reiner, gut riechender Schaum. Draußen auf dem Flur hörte ich meine Mutter schluchzen. Ich hatte meine Mutter traurig gemacht. Sie sollte doch nicht weinen. Meine Tränen waren nicht aufzuhalten. Ich rief nach ihr.
Warum weinst du, Mutti?
Ach, du weißt doch, dass ich immer weinen muss, wenn ich Zwiebeln schneide. Es ist alles in Ordnung, meine Kleine. Steig schon mal in die Badewanne und wasch dich gründlich. Ich komme gleich zu dir.
Ich war froh, dass sie nicht meinetwegen weinte.
Mutti muss sowieso schon immer so viel weinen. Mach sie nicht noch trauriger. Halt einfach deinen Mund.
Also beschloss ich, ihr nichts zu erzählen. Mein Geheimnis würde nicht über meine Lippen kommen. Indianerehrenwort.
Meine Mutter sprach in meiner Kindheit nie wieder diesen Nachmittag an. Kein Wort wurde darüber verloren. Ich sprach auch mit meiner Schwester nie mehr über das, was im Wald geschehen war, und sie hat mich auch nie danach gefragt. Als ob es diesen Nachmittag nie gegeben hätte. Manchmal dachte ich, es sei wirklich nur ein schlimmer Alptraum gewesen. Ich verlor das Gefühl für Fantasie und Wahrheit, für Traum und Wirklichkeit.
Seit diesem Nachmittag war der Dorftrottel wie vom Erdboden verschluckt.

Infolge der Vergewaltigung durch den Dorftrottel wuchs mir ein sehr schmerzhaftes und gefährliches Furunkel an den Schamlippen, das ich nach einiger Zeit nicht mehr vor meiner Mutter verbergen konnte. Es wurde im Krankenhaus entfernt. Schon wieder tat mir jemand zwischen den Beinen weh, und schon wieder hat meine Mutter nicht mit mir darüber gesprochen. Noch Wochen danach konnte ich nicht richtig laufen und blieb zu Hause. Ich hatte wieder einmal nicht nur viel in der Schule versäumt, sondern auch etliche Stunden vom Vorbereitungskurs auf die Erstkommunion, den eine Religionslehrerin im Nachbardorf erteilte. Sie bestand darauf, das von mir Versäumte durch Einzelunterricht wieder aufzuholen. So ging ich dann also eines Tages hin, obwohl ich noch nicht wieder die Schule besuchte.

Warum gehst du so komisch? Warum bist du nicht in der Schule?

Sie fragte und fragte und fragte. Sie belehrte mich, dass ich im Beichtstuhl immer die Wahrheit sagen müsse und nichts verschweigen dürfe. Sonst wäre ich nicht würdig, die Heilige Kommunion zu empfangen. Und Gott könnte mir dann meine Sünden nicht verzeihen. Ich fing an, ihr von dem Nachmittag zu erzählen. Sie hörte mit versteinertem Gesicht zu. Als ich erzählte, wie ich dem Dorftrottel dann doch entkommen war, schlug sie mit der Hand auf den Tisch und sprang auf.

Du verdorbenes Mädchen. Diese Todsünde wird dir Gott nie vergeben. Und wenn du jeden Tag dreimal zur Beichte gehst, wird er dir diese Tat niemals verzeihen. Dafür wirst du nach deinem Tod in der Hölle für immer und ewig schmoren.

Ich schaute die Religionslehrerin völlig verstört an. Ihre Worte hatten mich so erschreckt, dass ich in die Hose machte. Ich drehte mich um und lief weg. Sie brüllte wie eine Hexe hinter mir her.

Ja, renn nur weg. Aber vor dem Bösen kannst du nicht wegrennen, denn du bist das Böse.

Während ich immer weiterrannte, weinte ich so stark, dass ich durch den Tränenschleier nichts mehr erkennen konnte. Dann stolperte ich und fiel der Länge nach hin.

Dabei schürfte ich mir das Gesicht, die Hände, Arme, Knie und die Oberschenkel auf. In einer Wiese warf ich mich hin und weinte nur noch.
Verzeih mir, lieber Gott. Das wollte ich doch nicht. Ich wusste nicht, dass ich was Böses tue. Bitte, vergib mir.
Stundenlang ging ich nicht nach Hause. Und auch nie wieder in den Vorbereitungsunterricht.

Mehrmals die Woche ließ ich mich von meiner Mutter in die Kirche zur Beichte fahren.
Übertreibst du es nicht ein bisschen?
Meine Mutter hatte es nicht so mit der Kirche, wollte mich aber in meinem Glauben unterstützen. Außerdem wusste sie, dass es meinem Vater sehr recht war.
Aber die entscheidenden Worte kamen mir einfach nicht über die Lippen. Ich konnte dem Pfarrer hinter dem Gitterfenster nicht alles erzählen. Schweigen ist keine Lüge. Mit der Zeit hatte ich mich damit abgefunden, dass ich mein Leben lang eine Todsünderin bleiben würde. Zusammen mit meinen Schwestern erlebte ich dann doch noch die erste Heilige Kommunion. Trotz Todsünde. Und trotz meiner vielen Fehltage und der schlechten Noten schaffte ich dann die vierte Klasse auch.

Erst als meine Mutter sechsundfünfzig war, fand ich eines Tages die Kraft und den Mut, mit ihr über den besagten Nachmittag zu sprechen.
Warum bist du damals nicht zu mir in den Wald gekommen? Warum hast du mich im Stich gelassen? Warum hast du mit mir nicht geredet?
Anfangs schwieg meine Mutter. Sie schwieg sehr lange. Ihre Augen wurden feucht und sie nahm meine Hände in die ihren.
Als deine Schwester damals völlig aufgeregt zu mir kam,

wusste ich nicht, was ich tun sollte. Völlig durcheinander habe ich zu Hause auf dich gewartet. Die Ungewissheit machte mich wahnsinnig. Ich schaute ständig aus dem Fenster. Ja, so war das damals. Als du dann die Auffahrt hochkamst, hatte ich bereits von weitem gesehen, was mit dir los war. Ich ahnte es zumindest. Ich war kurz vorm Durchdrehen. Und ich fühlte mich so schuldig. Aber ich konnte mit dir darüber nicht sprechen. Und mit deinem Vater auch nicht. Der hätte den Dorftrottel sofort umgebracht. Das weißt du. Darüber sprach man nicht. Das waren damals andere Zeiten. Verstehst du? Und du warst ja noch so jung. Ich dachte, wenn ich und deine Schwester nie mehr über das Thema sprechen würden, dann vergisst du es auch ganz schnell wieder. Du wusstest nicht einmal, was mit dir geschehen war. Ich dachte, mein Schweigen wäre das Beste für dich.

Meine Mutter weinte bitterlich. Ich schaute sie nur an. Bilder der Erinnerung schossen durch meinen Kopf. Dann stand ich auf, drehte mich weg und verließ ohne ein Wort die Wohnung.

Alles, was gesagt werden musste, war gesagt. Alles, was ich wissen wollte, wusste ich jetzt. Ich hatte keine Tränen mehr. Nicht für sie und auch nicht für mich.

FAMILIENMUTATION

Ich war zehn, hatte bereits gut die Hälfte der fünften Klasse bei einem neuen, netten Klassenlehrer überstanden, als sich mein Leben einschneidend veränderte. Fluchtartig zogen wir von unserem Dorf in Nordrhein-Westfalen nach Westberlin. Den Grund für diesen überstürzten Umzug sollte ich erst viel später erfahren.

Der Wechsel vom Landleben in die Großstadt war für mich

ein enormer Schock. Unser neues Haus befand sich in einem Stadtviertel mit wunderschönen, alten Häusern und großen Gärten, die meistens von hohen Mauern umgeben waren. Berlin schien nur aus Mauern zu bestehen. Innerhalb und außerhalb. Unsere Villa stand in einer dicht bewachsenen Kastanienallee, die den Namen eines Komponisten trug. Das Haus glich einer zweistöckigen Festung, deren dunkelrote Ziegelsteine im Sonnenlicht glänzten. Der Garten und die Nachbarvillen konnten die Wiesen, Felder und Bauernhöfe meines Dorfes nicht ersetzen. Ich war mir nicht sicher, ob es mir in Berlin jemals gefallen würde.
Zu Beginn unserer Berliner Zeit versorgte mein Vater seine Ladenkette in der alten Heimat zunächst noch selbst. Er nahm sich in der Nähe seines Hauptgeschäfts eine kleine Wohnung und kam anfangs nur am Wochenende nach Berlin. Eine herrliche Zeit. Mein Vater war weit weg und meine Mutter ständig zu Hause. Wenn er im Haus war, hielt ich mich oft in meinem Dachgeschosszimmer auf. Es fiel ihm auf Grund seines Übergewichts und seines kaputten Knies schwer, die Treppen hochzusteigen. Um uns nach unten zu beordern, rief er nicht unsere Namen, sondern pfiff wie nach einem Hund. Nach einer derartigen Order kroch immer sofort Angst in mir hoch.
Hatte ich etwas angestellt? Denk nach. Los, denk nach.
Meine Gedanken kreisten in irrsinniger Geschwindigkeit durch meinen Kopf. Regelmäßig bekam ich einen trockenen Mund und Schluckbeschwerden.
Ich komme schon, Vati.
Das rief ich mit meiner kindlichsten Stimme. Ich war erpicht darauf, möglichst die Erste zu sein. So wollte ich meinen guten Willen und besonders mein reines Gewissen beweisen. Unten angekommen, fand ich meinen Vater meistens in Unterhemd, Unterhose und offenem Bademantel auf dem Sofa sitzend vor. Den linken Unterarm hatte er

auf einen Oberschenkel abgestützt. In der anderen Hand hatte er entweder ein Schnittchen mit Camembert und Zwiebelringen oder eine Zigarette. Bier und Korn standen auf dem Tisch. Keine Gläser, immer nur die Flaschen. Sein Stoppelbart kratzte bei der obligatorischen Begrüßung.
Gewinnst du?
Ein riesiges, schwarzes Roulettrad stand direkt vor ihm. Er konnte Tage mit seinem häuslichen Kasinospiel verbringen. Auf einem Spielblock notierte er Zahlenabfolgen. Und stündlich sprengte er die Bank. Er nannte es sein Vorbereitungstraining, wobei er sehnsüchtig dem nächsten Kasinobesuch entgegenfieberte. Oft fuhr er in diverse Spielbanken, um seine krankhafte Spielsucht zu befriedigen. Immer kam er als Totalverlierer aus dem Kasino heraus, er hatte dort Hunderttausende verloren. Nur zu Hause stand er auf der ewigen Gewinnerseite.
Um ihn bei guter Laune zu halten oder sie heraufzubeschwören, zeigte ich Interesse an seinen Notizen. Das war für ihn der Startschuss, die Zahlenabfolgen ausführlichst zu kommentieren. Meinen Geschwistern gab es genug Zeit,

nach unten zu kommen. Vermeidungsstrategie. Präventionstaktik. Hatten sich dann vier seiner sechs Kinder wie die Orgelpfeifen vor ihm aufgereiht, begann er mit dem ersten Teil seiner Rede. Sie hatte immer etwas mit seinen Fähigkeiten und Geldverdienen zu tun. Die beiden Kleinen bezog er auf Grund ihres Alters noch nicht in dieses Ritual ein. Anschließend folgte die zweite Phase seines Vortrags. Wie schwer er es als Kind und Jugendlicher gehabt hätte. Dass er den Krieg, Schussverletzungen, zweimalige Gefangenschaft und Flucht durchmachen musste. Dass es uns bombastisch gut gehen und er uns das »Hotel Sorgenfrei« bieten würde. Gewöhnlich endeten seine Ausführungen mit der Mitteilung, dass es ihm viel besser gehen würde, wenn wir nicht da wären.

Eines Tages aber war der Appell anders. Mein Vater hatte Tränen in den Augen und seine uns bekannte melancholisch-depressive Phase. Die Verwandtschaft hätte ihn betrogen und sich an ihm bereichert. Deshalb stünde er jetzt ohne sein Hauptgeschäft und die sechs Filialen da. Auch die Firmenwagen wären weg. An seinem Unglück waren natürlich andere schuld. Wie immer. Mit zwölf Jahren hörte ich zum ersten Mal das Wort Konkurs. Und dann brachte man uns Kindern auf sehr eindeutige Weise die Konsequenzen dieses Wortes bei. Alles verlieren. Nichts mehr haben. Nichts mehr machen können.

Ab sofort könnt ihr nicht mehr an Klassenfahrten teilnehmen. An Ausflügen natürlich auch nicht. Klamotten werden nicht mehr gekauft. Die Jüngeren müssen die Sachen der älteren auftragen. Auch beim Essen und Trinken wird sich jetzt einiges ändern. Kein Sirup mehr, sondern Wasser pur. Die beiden Kleinen können nicht in den Kindergarten gehen. Dafür ist kein Geld da.

Zum Schluss stellte er in Aussicht, dass wir beiden Ältesten

neben der Schule mitarbeiten müssten. Aber darunter konnte ich mir nichts vorstellen. Deshalb machte mir diese neue Ankündigung auch nicht die geringste Angst.
Aus unserer Reiche-Leute-Villa mussten wir nicht ausziehen. Mein Vater hatte die ehemalige Kriegsruine vor unserem Umzug nach Berlin renovieren und sogar ein Dach draufsetzen lassen. Durch einen langfristigen Vertrag bei geringer Miete waren wir vor der Räumungsklage geschützt.
Jetzt war unsere Familie also plötzlich arm. Trotzdem wohnte ich in einer Villa mit zwei Wohnzimmern, einem Wintergarten und Esszimmer, sechs Kinderzimmern, einem Balkon, einer Terrasse und einem riesigen Garten. Dort stand auch die Zweiraum-Hundehütte unseres Boxers. Alles vom Feinsten.
In der Schule ahnte niemand etwas von unserem finanziellen Totalcrash. Katholisch, kinderreich, vermögend. Viele bewunderten uns. Und ich baute diese Märchenwelt dementsprechend aus. Ich konnte mit der plötzlichen Armut nicht umgehen, wusste nur, dass sie etwas war, weswegen man seine Freunde verlieren würde. Ich setzte also alles daran, mit meinen Geschichten ein Leben in Reichtum aufrechtzuerhalten. Die Phase meiner Lügengeschichten war geboren. Ich flüchtete in meine eigene Fantasiewelt und erwarb mir das dafür erforderliche schauspielerische Können.

Nach dem Konkurs verkaufte mein Vater zunächst an einem kleinen Stand vor Kaufhäusern seine Stoffe, die er vorher noch beiseite geschafft hatte. Mit dem dabei verdienten Geld kaufte er wieder neue Ware ein. Konkursware, denn die war billig.
Diese Art des Verkaufens war für meinen Vater, der eine ganze Ladenkette mit vielen Angestellten aufgebaut und

verloren hatte, sehr erniedrigend. Er fühlte sich aufs Tiefste gedemütigt, konnte nur Chef sein, aber nicht Angestellter. Er hielt nur einige Wochen durch. Mein Vater stand vor dem Nichts. Das Geld reichte nicht mehr für den Unterhalt der Familie. Wir konnten weder ausreichend Essen einkaufen noch regelmäßig Miete zahlen. Ein einziges Thema bestimmte das Innenleben unseres Hauses: Geld.
Wir Kinder wurden wie immer zum Hauptbelastungsfaktor. Mein Vater begann alles und jeden zu verfluchen. In seiner Wut war er nicht mehr zu bremsen. Meine Mutter hatte sich bis zu diesem Zeitpunkt immer nur um die Kinder und den Haushalt gekümmert. An einem Tag ohne Essen zog sie los, um beim Pfarrer vorzusprechen.
Bitte, helfen Sie uns. Mein Mann ist schwer krank und ich kann meine Kinder nicht mehr ernähren. Jetzt brauchen wir Ihre Hilfe. Nur für die Übergangszeit.
Wenn Sie Hilfe brauchen, dann gehen Sie zum Sozialamt. Die Kirche ist die falsche Adresse.
Sichtlich genervt schloss der Kirchenvertreter wieder die Tür.
Meine Mutter kam an diesem Tag heulend nach Hause.
Nie werde ich einen Fuß über die Schwelle des Sozialamts setzen. Das könnte dem Pfarrer so passen.
Seit diesem Tag hat sie sich für immer von der Kirche abgewandt. Ihr Leben veränderte sich schlagartig von einem Tag zum anderen. Und unseres auch.
Ihr müsst euch heute selbst für die Schule fertig machen. Ich fahre zum Arbeiten auf den Markt. Seid bitte leise. Vati schläft noch.
Gleich am nächsten Morgen fuhr meine Mutter mit unserem alten Bus los. Der Wagen war mit bunten Stoffrollen und sauber aufgewickelten Ballen beladen. Verkehrte Welt. Von diesem Tag an hat meine Mutter bis zum Umfallen gearbeitet. Kam Sie nach Hause, musste sie als Erstes mit

meinem Vater abrechnen. Er ließ sich auf einem kleinen Gaststättenblock alle Verkaufsposten genau vorrechnen. Was war das? Wie viele Meter waren das?
Mein Vater hatte nie Lebensmittel einkauft, kannte somit auch nicht die aktuellen Preise. Er gab meiner Mutter so wenig Geld, dass sie schon sehr bald anfing, ihn zu hintergehen. Und wir waren ihre treuesten Verbündeten.

Eines Tages begann Vater zusätzlich in Westdeutschland auf Tour zu fahren. So konnte er Schwarzgeld machen. Anfangs fuhr er mit Hilfskräften. Nach kurzer Zeit war er nicht mehr bereit, auf meine Mutter zu verzichten. Den Preis zahlten wir Kinder.
Sonntagabend wurde zusammen mit den ältesten Kindern der Wagen beladen. Mein Vater saß zu der Zeit im Wohnzimmer, hörte Musik, trank sein Bier, aß seine Schnittchen und spielte Roulett. Oder er verschwand in seiner Stammkneipe. Er hatte kein Problem damit, dass die Stoffballen für seine Frau und seine Kinder viel zu schwer waren. Meist stark alkoholisiert, stieg er schließlich auf der Beifahrerseite des fertig beladenen Kleinbusses ein und ließ sich von meiner Mutter durch die Nacht chauffieren. Er schlief und meine Mutter fuhr. Jede Nacht in eine neue Stadt.
Kaum war das Auto unserer Eltern um die Ecke verschwunden, spielten wir Monopoly. Oft bis zum frühen Morgen. Oder wir schauten Fernsehen, bis das Testbild auf der Mattscheibe flimmerte. Am Montag gingen die wenigsten von uns in die Schule. Meine Mutter hatte weiße Briefbögen mit ihrer Unterschrift hinterlassen. Falls mal etwas passieren würde. Wir spannten sie in die Schreibmaschine ein und erfanden Kopfschmerzen, Bauchkrämpfe, Schüttelfrost und andere Krankheiten. Unsere Fantasie war hier grenzenlos. Bald wussten alle an der Oberschule, dass wir eine sturmfreie Bude hatten. Ganze Trupps von Jungen rückten

mit Bierkästen, Whiskey und Zigarettenstangen an. Da ich nach der sechsten Klasse Grundschule dasselbe Gymnasium wie meine große Schwester besuchte, kannte ich sie alle vom Sehen.
Mein Job war es, im Erdgeschoss die Garderobe, den Flur, die Wohnzimmer aufzuräumen und die Küche zu machen. Dafür durfte ich dann auch länger aufbleiben. Meine Schwester war die Einzige von uns, die kochen konnte. Und sie kochte immer für ein ganzes Regiment. Berge von Nudeln mit Tomatensoße oder Ravioli aus der Dose.
Jeden Abend machten wir den Kamin im großen Wohnzimmer an. Wir liebten das Prasseln und Knacken der Holzscheite. Es war wie in einem verwunschenen Schloss, voller Wärme und Zusammengehörigkeitsgefühl.
Mit der Zeit tauchten in Berlin stationierte Amerikaner, ebenfalls Freunde meiner Schwester, bei uns auf. Sie konnten in ihren gigantischen Supermärkten alles bekommen, was das Herz begehrte, und sie schleppten es umsonst bei uns an. Denn sie hatten mit unserer Villa einen idealen Treffpunkt gefunden, der von der Militärpolizei nicht kontrolliert wurde. Keiner der Fremden wusste von unserem Familiendrama. Alle bewunderten unseren modernen Lebensstil.
Meine älteste Schwester trank alle Männer unter den Tisch. Sie hatte mit meinem Vater zusammen schon etliche Male zur Flasche gegriffen. Sie konnte trinken, rauchen, kiffen und nahm die Pille. Mit dreizehn Jahren war sie eine schöne, junge Frau.

Auch tagsüber war unser Haus voller Menschen. Sechs Kinder und ihre Freunde machen nicht wenig Lärm. Und nicht nur einmal machte der eine oder andere Nachbar eine anonyme Anzeige beim Jugendamt. Aber wir waren ein verschworenes Team. Tauchte jemand vom Jugendamt auf,

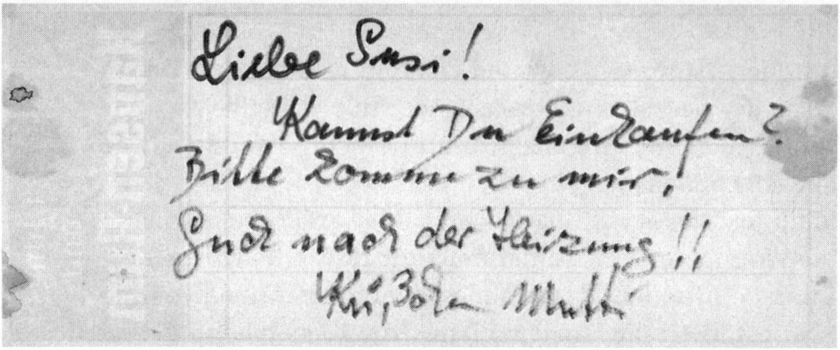
Liebe Susi!
Kannst Du einkaufen?
Bitte komme zu mir!
Küßchen Mutti

dann war unsere Mutter gerade beim Einkaufen, beim Friseur, beim Arzt oder bei einer Freundin. Keine der Damen war bereit, für eine unbestimmte Zeit in dem Kinderchaos zu warten. Sie hinterließen dann meistens eine Visitenkarte, hatten ihren Job erledigt und waren beruhigt.
Jeden Abend telefonierten wir mit unserer Mutter. Immer wieder betonten wir, dass alles in Ordnung sei und sie sich keine Sorgen machen müsse. Auch wenn es nicht so war, logen wir unsere Mutter mit reinem Gewissen an. Sie sollte sich keine Gedanken um uns machen müssen. Aber wir erzählten ihr immer von den Jugendamtsdamen. Meine Mutter rief dann am nächsten Tag von unterwegs im Jugendamt an. Mit der Zeit beherrschte meine Mutter das Lügen perfekt. Das war ihre Art der Überlebenstaktik. Sie wickelte mit ihrem Charme und ihrem jugendlichen Aussehen jeden Beamten um den Finger. In dieser Hinsicht war sie eine starke Frau. Nur im Beisein meines Vaters wurde sie der schwache, unterwürfige Opfertyp.

Der Konkurs brachte es mit sich, dass wir die Aufmerksamkeit der Banken, Rechtsanwälte und Gerichte auf uns zogen. Offizielle Briefe, aber auch Drohbriefe stapelten sich auf dem Schreibtisch meines Vaters. Wenn mein Vater solche Briefe bekam, brüllte er herum, ging sofort zum Kühlschrank und nahm einen Schluck aus der Wodkaflasche. Es

war besser, ihm in einer solchen Situation aus dem Weg zu gehen. Wenn es möglich war. Und er es zuließ.
Mit der Zeit perfektionierte ich meine schauspielerischen Leistungen im Umgang mit meinem unberechenbaren Vater.
War er nicht im Haus, dann las ich oft die Post heimlich durch. Ich wollte wissen, was oder wer ihn so wütend machte. Und für was wir ständig mit seiner Gewalttätigkeit bestraft wurden. Die Aufstellung der Zahlenabfolgen von Banken und die Rechnungen sagten mir gar nichts. Aber die Briefe von meiner Oma verstand ich.
Du hast uns ausgenutzt und hintergangen. Wir wollen unser Geld zurück. Es ist unsere Altersversicherung. Zahl endlich, du mieses Schwein. Wir wollen nie mehr etwas mit euch zu tun haben.
Mein reicher Opa Senne hatte im hohen Alter noch einmal geheiratet und seine Kinder vorher noch enterbt. So auch meinen Vater. Wieder ein Tag mit Wut, Gebrüll und Gewalt. Nach diesem fürchterlichen Ausbruch rief er uns nach einigen Stunden zu sich. Wie immer. Natürlich durch meine Mutter. Wie immer. Unsere Mutter bat uns mit Tränen in den Augen, doch seinem Befehl zu folgen.
Ich bitte euch, macht es für mich nicht noch schlimmer.
Wir fanden unseren Vater im bekannten Zustand auf seinem Sofa vor. Unterhose, Unterhemd, Bademantel, gespreizte Beine, alkoholisiert, in melancholischer Stimmung. Kein Wort über seine Beschimpfungen, Erniedrigungen und Demütigungen uns gegenüber. Kein Wort über die mit seinen gewaltigen Pranken ausgeführten Schläge.
Ich muss euch etwas sagen. Kommt meine Kinder. Setzt euch zu eurem Vater. Ihr seid mein einziger Halt. Euer Vater leidet. Ich bin hintergangen worden. Mein eigener Vater hat mich enterbt. Dabei hätte er meine Rettung sein können. Ich hatte ihm doch einen Brief geschrieben. Aber er

hat mir nie geantwortet. Auch seine Enkelkinder hat er einfach fallengelassen. Das hätte meine Mutter niemals zugelassen. Sie war die wundervollste Frau auf der Welt. Gott sei ihr gnädig.
Und dann weinte mein Vater bitterlich. Auch ich fand, dass meine Mutter die beste, liebenswerteste Frau auf der Welt ist. Ich konnte ihn verstehen und nahm ihn in meine Arme. Ich umarmte das gewalttätige, nach Alkohol und Schweiß riechende, traurige, weinende Riesenkind. Ich streichelte ihm über Rücken und Haare. Er tat mir so Leid. Natürlich verstand ich jetzt, warum er so brutal zu uns gewesen war. Ich hatte ihm verziehen. Und mein Opa war sowieso schon lange für mich gestorben.

GERICHTSVOLLZIEHER

Wenn – was oft vorkam – ein Gerichtsvollzieher draußen an der Gartenmauer klingelte, ließen wir zunächst einmal unseren Boxer in den Garten. Das schafft Respekt.
Meine Eltern? Vati ist unterwegs und Mutti ist zum Einkaufen gefahren. Wann einer von beiden wiederkommt, wissen wir nicht. Mutti wollte auch noch zur Apotheke fahren. Sie hat immer solche Kopfschmerzen.
Das klang seriös.
Dann komme ich ein anderes Mal wieder. Ihr seid doch nicht allein, oder?
Wie meinen Sie das?
Ist schon gut. War nur eine Frage.
Es war für uns Kinder einfach, die Männer vom Amt abzuwimmeln.

Eines Tages hatte ein Gerichtsvollzieher einen Termin mit meinen Eltern ausgemacht. Schriftlich. An einem Samstag.

Mit Androhung von polizeilicher Vorführung, wenn sie den Termin nicht einhalten würden. Mein Vater musste sich ihm stellen. Und das Familien-Theaterstück wurde in jeder Kleinigkeit wie eine Inszenierung besprochen.
Der Hund kommt in den Zwinger. So fühlt sich der Mann nicht von Anfang an bedroht. Die Großen tragen die Kleinen auf dem Arm. Lauft immer zusammen mit eurer Mutter hinter dem Gerichtsvollzieher her. Löchert ihn mit Fragen. Verquatscht euch aber nicht. Bietet eure Hilfe an. Natürlich dürft ihr ihm nicht wirklich helfen. Nur so tun als ob. Verstanden? Wenn das nicht klappt, dann passiert was. Das gute Hochzeitsgeschirr kommt in den Wäschekorb, der in der Küche steht. Ganz nach unten. Packt dreckige Windeln von der Kleinen drauf. Die Ware, die ich noch vor dem Konkurs retten konnte, kommt zu Susanne auf den Dachboden hinter die Geheimtür. Tragt jetzt alles vom Keller rauf. Wenn ihr fertig seid, schiebt den Kleiderschrank vor die Tapetentür.
Meine Geschwister rannten lachend nach unten. Für sie begann ein spannendes Spiel. Mich hielt mein Vater zurück. Ich bekam Angst, denn sein Griff an meinem Oberarm tat weh.
Und du hörst mir jetzt ganz genau zu. Wenn der Gerichtsvollzieher dein Zimmer betreten will, mach einen Aufstand. Lass dir was einfallen. Egal was. Aber du musst verhindern, dass er die Geheimtür in deinem Zimmer entdeckt. Wenn er die Stoffballen, Gardinen und Bettwäsche entdeckt, dann haben wir nichts mehr zu verkaufen. Und somit auch kein Geld mehr. Deine Mutter muss dann ins Gefängnis, weil das Geschäft jetzt auf ihren Namen läuft. Wenn du versagst, bringe ich dich um.
Panische Angst kroch in mir hoch. Flüsternd antwortete ich ihm.
Das schafft der Gerichtsvollzieher nicht, Vati. Ich kann

doch Theater spielen. Dieses Talent habe ich von dir. Der legt uns nicht rein. Wir legen ihn rein.
Das ist meine Tochter. Also los, hilf den anderen.
Bis der Gerichtsvollzieher kam, malte ich mir alle möglichen Situationen aus. Der Rundgang begann. Im Keller war nur ein Berg Bügelwäsche, Fahrräder, Roller, Bierkästen und leere Kartons.
Nehmen Sie uns unsere Fahrräder und Roller weg?
Nein, natürlich nicht. Wie kommt ihr denn darauf?
Was suchen Sie denn? Können wir Ihnen helfen?
Nein, sicherlich nicht. Oder wisst ihr, ob im Haus Geschirr, Silberbesteck, Schmuck oder andere wertvolle Sachen sind?
So etwas haben wir nicht. Nicht wahr, Mutti, wir sagen die Wahrheit. Wir müssen immer die Wahrheit sagen. Sonst bekommen wir Ärger. Mit euch und auch mit Gott.
Wir spielten während der gesamten Führung unsere Rolle perfekt. Dann kam das Erdgeschoss dran. Im Wohnzimmer stand unser Klavier. Wir beiden Ältesten erhielten immer noch einmal die Woche Unterricht, weil es an unserem musischen Gymnasium Pflicht war. Der Mann nahm einen Bogen mit schwarzgelben, kreisrunden Aufklebern aus seiner Aktentasche und klebte einen davon an die Seitenfront des Klaviers.
Tränen stiegen mir in die Augen.
Bitte nicht. Wir spielen so gerne Klavier. Und Vati auch. Er kann es so gut.
Es war dem Gerichtsvollzieher sichtlich unangenehm. Aber er ließ sich nicht erweichen. Der uns jetzt verhasste fremde Mann setzte seine Tour durchs Haus fort. Er machte überall Schranktüren auf und wieder zu, zog Schubläden raus und schob sie wieder rein. Er schaute in jede Ecke und Nische. Ich nahm mir vor, mich für den Verlust meines Klaviers fürchterlich zu rächen.

Der Gerichtsvollzieher fand weder das versteckte Geschirr und Besteck noch die wertvollen handsignierten Bilder, nicht den Schmuck meiner Mutter, auch die Münzsammlung meines Vaters war verschwunden. Mir wurde klar, dass fast alles hinter die Geheimtür geschafft worden war. Als der Gerichtsvollzieher die Treppe zum Dachgeschoss hinaufsteigen wollte, rannte ich voraus. Ich stellte mich vor meine Tür und breitete meine Arme aus.
Nein, das ist mein Zimmer. Das gehört alles mir. Ich lasse Sie da nicht rein. Sie wollen mir alles wegnehmen. So wie das Klavier.
Und ich schrie und heulte und jammerte und schluchzte.
Mein Gott, Kind. Ich will doch nur ganz kurz reinschauen, um zu sehen, ob dort nichts versteckt wurde. Ich muss das tun. Jetzt beruhige dich doch.
Aber ich heulte weiter. Mein Vater, der auf Grund seines Beinleidens und seines Alkoholspiegels auf dem Sofa sitzen geblieben war, konnte mich sicherlich unten gut hören.
Komm, ich mache dir einen Vorschlag. Du machst die Tür nur einen Spalt weit auf, ich schaue kurz hinein und dann kannst du die Tür wieder zumachen. Versprochen.
Ich machte die Tür kurz auf, ließ ihn hineinschauen und zog dann die Tür gleich wieder zu. Dabei berührte ich leicht seinen Kopf.
Entschuldigung, aber Sie hatten versprochen, nur ganz kurz reinzugucken.
Ist ja schon gut, Kleine. Ich habe ja gesehen, dass da nur deine Sachen drin sind. Außerdem ist das Zimmer viel zu klein, um etwas zu verstecken.
Ich wusste, dass mein Auftritt Erfolg gehabt hatte. Der Mann hatte meine Verzweiflung für echt gehalten. Ich war unbeschreiblich stolz auf mich. Ich hatte mit meinem perfekten Auftritt Vaters Auftrag ausgeführt und meine Familie gerettet.

Unsere Villa wurde immer mehr zu einem Lager. Die Ware stapelte sich mit der Zeit im unteren Flur, im Esszimmer, in den Wohnzimmern, im verwinkelten oberen Flur und teilweise auch im Elternschlafzimmer. Die Kinderzimmer blieben davon verschont. Überall türmten sich Stoff- und Gardinenballen in verschiedenen Längen- und Breitenmaßen. Auf den vielen Kleiderständern hingen längst aus der Mode gekommene Kleider, Röcke und Mäntel in allen erdenklichen Größen, Stoffarten und Farben. In den Keller kam die Ware, die durch die Feuchtigkeit nicht gleich verschimmeln konnte.

Wenn ich allein im Haus war, spielte ich Modenschau. Laufsteg ohne Zuschauer. Dann wechselte ich die Perspektive. Ich nahm den Platz einer reichen, begeisterten Zuschauerin ein und unterhielt mich angeregt über die vorgeführten Modelle mit meiner Platznachbarin, die nur aus einem weiteren Stuhl bestand. Meine Selbstinszenierungen wurden mit Stoffen, Kleidern, Röcken und Oberteilen aus dem ganzen Haus ausgestattet. Private Anziehsachen oder Verkaufsware. Ich machte dabei keinen Unterschied. Meine Fantasiekostüme bestimmten die Szenen.

Ich schrieb mir nie irgendwelche Texte auf, sondern improvisierte immer wieder aufs Neue. Meine Darbietungen kombinierte ich oft mit verschiedenen Tänzen.

Mein Vater besaß eine umfangreiche Plattensammlung. James Last, Milva, Benny Goodman, südamerikanische Folklore. Jedes Mal drehte ich die Musiktruhe bis zum Anschlag auf. Am liebsten versetzte ich mich in die weiblichen Partnerrollen, die ich im Fernsehen in den amerikanischen Tanzfilmen gesehen hatte. In meinen Inszenierungen übte ich immer wieder die gleichen Schrittabfolgen, beobachtete meine Bewegungen vor dem großen Spiegel im Elternschlafzimmer, setze springend auch Stühle und Tische ein, lief tanzend durch unsere Villa. Dabei baute ich auch die verschiedenen Treppenstufen, das Geländer, die Flügeltüren und die Balkon- und Terrassentüren im Haus mit ein. Unsere Villa war mein Bühnenbild. Das Tanzen und auch die Theaterimprovisationen gaben mir das Gefühl, mich von einem inneren Druck befreien zu können. Ich konnte so in eine Welt eintauchen, die mit meiner Realität nichts zu tun hatte.

Wurden mir meine Geschwister, die Unruhe im Haus, einfach alles zu viel, flüchtete ich in den Bügelkeller. Er befand sich in einem ehemaligen Bunkerraum. Deshalb hatte er eine schwere Metalltür, die man von außen, aber auch von innen mit zwei Riegeln verschließen konnte. Luft konnte man auch bei geschlossener Tür durch zwei Luken bekommen. Der Raum war durch viele Lampen hell erleuchtet und keineswegs furchteinflößend. Dieser Bügelkeller wurde zu meinem Entspannungsbereich. Oft stellte ich mir vor, dass draußen Krieg herrschte. Dort unten fühlte ich mich sicher und geborgen.

Bei einem achtköpfigen Haushalt fiel tagtäglich eine Menge Wäsche an. Im hinteren Teil des Kellers befand sich die Waschmaschine. Also sammelte ich in allen Zimmern die dreckige Wäsche zusammen, zog die Betten ab, bezog sie gleich wieder neu, sortierte Berge von Wäsche im Waschkeller, stopfte sie in die Waschmaschine, hängte die gewaschene Wäsche im Trockenkeller oder im Garten auf, mangelte und bügelte die anfallenden Massen. Der Nachschub ging mir nie aus. Beim Mangeln überkam mich durch die sich immer wiederholenden, gleichmäßigen Bewegungen eine innere Ruhe, die mir gut tat. Vorne zerknittert rein, hinten glatt wieder raus. Aus Chaos wurde Ordnung und ich empfand tiefe Befriedigung.

Nebenbei lernte ich Gedichte auswendig, wiederholte den

Unterrichtsstoff, lernte Mathematik- und Physikformeln oder sagte Referate laut auf. Dort unten hörte mich niemand. Und keiner störte mich in meinem Kellerreich. Mit der Zeit wurde der Bügelkeller mit seinem künstlichen Licht zu meinem zweiten Zuhause. Meine Mutter nahm meine Bügelarbeitswut und Hilfe dankbar an.
Was, schon alles erledigt? Komm, wir fahren nach dem Einkaufen zusammen ein Eis essen.
Einige Minuten am Samstag allein mit ihr. Glücksmomente, die ich mir die Woche über hart erbügelt hatte. Mein Vater war von meiner hausfraulichen Entwicklung auch begeistert. Wie immer hatten weder er noch meine Mutter eine Ahnung von meinen Beweggründen. Der Bügelkeller war für mich ein Überlebenstraining.

VERSCHWÖRUNG

Mein Vater wurde von Tag zu Tag weltfremder, litt unter wachsendem Realitätsverlust. Je mehr er finanziell, gesellschaftlich, menschlich absackte, umso mehr redete er sich nach oben.
Selten gab es für uns Kinder die Möglichkeit, unserem Vater aus dem Weg zu gehen. Wir waren ihm schutzlos ausgeliefert. Meine Mutter versuchte alle möglichen Tricks, um ihre Kinder aus dem Ganzen herauszuhalten. Sie spielte seinen Schuldanteil an der finanziellen Katastrophe herunter.
Da kommen wir schon wieder raus. Wir haben uns doch noch. Du bist ein begnadeter Kaufmann. Die anderen wollen doch nur, dass du am Boden kriechst, aber du wirst wieder nach oben kommen.
Da sich mein Vater in seiner Verzweiflung aber von niemandem etwas sagen ließ, konnte auch seine Frau bei ihm nichts erreichen. Er hatte das Gesicht verloren. Vor seiner

Verwandtschaft, seinen Bekannten und Freunden, vor den Banken, vor seinen ehemaligen Angestellten. Vor allem wusste er, dass sein Lebenswerk endgültig zerstört war. In seiner Wut und seinem Jähzorn waren die Schuldigen für ihn nicht greifbar. Und so stürzte er sich auf die Menschen, die ihm am nächsten waren.
Wegen Kleinigkeiten konnte er total ausflippen. Seine Reaktionen standen in keinem Verhältnis mehr zu den Vorkommnissen. Ein Küchenhandtuch, das aus Versehen über einer Stuhllehne abgelegt war, konnte ihn zur Weißglut reizen. Dafür pfiff er nach meiner Mutter durchs ganze Haus. Ein Schlag auf ihren Rücken für dieses Vergehen war das Resultat. Fand er eine Schultasche, die in dem kleinen Vorraum abgestellt war, dann wurde der Übeltäter dafür zur Rede gestellt. Dafür gab es dann einen ganzen Nachmittag Stubenarrest. Seine Strafen waren ungerechtfertigt, überzogen und demütigend. Wagte eines der Kinder zu widersprechen, dann begann das Drama erst. Es ging nicht so sehr um den Widerspruch, sondern vielmehr um die Wahrheit, die ein anderer gewagt hatte auszusprechen.
Mit der Zeit spürte mein Vater, dass sich seine Kinder gegen ihn stellten. Er fühlte unsere kalte Ablehnung ihm gegenüber, unsere Verachtung. Und das machte es für ihn umso schlimmer. Er durchschaute sicherlich auch seine Frau, wenn sie versuchte, ihn durch ihr unterwürfiges Getue zu besänftigen. Mein Vater stand völlig alleine da. Und niemand war mehr bereit, ihn zu mögen, ihn zu lieben, ihm zu verzeihen.
Oft saßen wir in einem der Kinderzimmer zusammen und versuchten uns gegenseitig zu trösten. Und wir versuchten, unsere eigene Wut unter Kontrolle zu halten. Meine Mutter spürte sehr wohl, dass ihre Familie auseinander brach. Und sie tat das, was sie immer tat.
Ihr müsst mit eurem Vater ein bisschen mehr Geduld

haben. Er macht eine schlimme Zeit durch. Er wird sich schon wieder beruhigen.
Manchmal trauten wir unseren Ohren nicht.
Was verlangte Mutti eigentlich von uns?
Wir fanden ihre Solidarität mit ihrem Mann widerlich.
Eines Tages begaben wir uns Kinder wie gewohnt nach dem Aufstehen in die Küche.
Was hast du, Mutti? Warum siehst du so komisch aus?
Unsere Mutter hatte ein völlig verzerrtes Gesicht. Eine Gesichtshälfte hing schlaff nach unten.
Unsere Mutter schüttelte nur weinend den Kopf. Sie nahm den Autoschlüssel und fuhr ohne ein Wort weg. Das hatte sie noch nie getan. Mittags tauchte sie wieder auf. Mit schiefem Mundwinkel und fast lallend erklärte sie uns, dass sie eine halbseitige Gesichtslähmung habe.
Und wie lange dauert das?
Ich muss Geduld haben, sagt der Doktor. Es kann Wochen, aber auch länger dauern.
Sie weinte und weinte.
Wenn du dich nicht von ihm scheiden lässt, dann bringen wir ihn um.
Zu meinem Entsetzen hörte ich mich selbst diese Drohung gegen meinen Vater aussprechen.
Panisch riss Mutter die Augen auf. Plötzlich hörten wir ihre Flüsterstimme.
Ich habe ihm gestern Abend vorgeschlagen, dass für ihn eine Trennung vielleicht das Beste wäre. Dann würde alles, was ihn belastet, für immer wegfallen.
Und? Was hat er geantwortet?
Wenn du dich von mir trennst, dann bringe ich nicht nur dich um, sondern vorher auch deine Kinder. Da kannst du dir sicher sein.
Sprecht nie mehr über Scheidung. Bitte, tut es meinetwegen. Nehmt dieses Wort nie mehr in den Mund. Ich weiß,

was ich da von euch verlange. Aber schaut mich doch an. Ich will diese hässliche Fratze wieder loswerden. Und das schaffe ich nur mit eurer Hilfe.

Mit der Zeit wurde uns klar, dass wir selbst handeln mussten. Unser Plan war, Vater irgendwie loszuwerden. Egal wie. Wir träumten von einem Leben nur zusammen mit unserer Mutter. Sie hatte bisher die Familie finanziell gut über Wasser gehalten. Wenn wir ihr helfen würden, dann könnten wir es mit Leichtigkeit gemeinsam schaffen. Aber wie sollten wir ihn verschwinden lassen?
Wir sahen keinen anderen Ausweg mehr als seinen Tod. Unsere Mutter weihten wir nicht in unsere radikalen Gedanken ein. Monatelang entwickelten wir verschiedenste Pläne. Wir waren uns einig, dass wir vom Schicksal nur eine einzige Chance bekommen würden. Die Durchführung müsste also gleich beim ersten Mal Erfolg haben. Zuerst kam uns die Idee mit den Schlaftabletten. Unsere Mutter hatte wegen der permanenten Belastung nicht nur ständig Migräneanfälle, sondern auch Schlafstörungen.
Aber meine große Schwester schüttelte den Kopf.
Ich glaube, wir sollten uns diesen Tablettenplan aus dem Kopf schlagen. Egal in was für ein Getränk wir die Pillen auch geben würden, der Medikamentennachgeschmack bleibt immer. Und wenn er es bemerkt? Dann gnade uns Gott. Lassen wir es lieber.

Unser Vater wütete weiter. Eines Tages packte er meinen Bruder, wirbelte ihn durchs Zimmer, prügelte ihn von einer in die andere Ecke und schlug am Schluss mit dem kantigen Schuhabsatz wie ein Wahnsinniger auf seinen am Boden liegenden Sohn ein. Meine älteste Schwester versuchte sich dazwischenzuwerfen. Er schlug sie gegen die Wand. Meine kleine Schwester hängte sich an sein Hosenbein.

Hör auf, Vati. Bitte, hör auf.
Auch sie schubste er grob weg. Das war das erste Mal, dass er auch die Kleinste angefasst hatte.
Ich will dich nicht mehr als Vater haben. Du bist ein Monster. Und Kaufmann will ich auch nie werden.
Die letzten Worte stammten von meinem Bruder, der weinend am Boden lag. Da packte mein Vater seinen Lieblingssohn an den Haaren, zog ihn hoch und schleuderte ihn gegen den Heizkörper. Mein Vater verließ wütend das Zimmer.
Ich habe keine Familie mehr. Alle meine Kinder sind ab sofort für mich gestorben.
Und er griff nach den Autoschlüsseln und verschwand.
Wir nahmen uns in die Arme und ließen unseren Tränen freien Lauf. Niemand sagte etwas.
Meine Mutter versorgte erst einmal die Wunden ihrer Kinder. Am Schluss fuhr sie mit dem Taxi unseren Bruder ins Krankenhaus zum Nähen. Obwohl die Ärzte meinen Bruder befragten, kam ihm nichts über die Lippen. Die Erklärung vom Kellertreppensturz wurde ihm abgenommen.
Mein Vater war nach seinem Prügelanfall direkt in seine Stammkneipe gefahren. Spät in der Nacht riefen sie von dort aus an.

Am nächsten Morgen ging uns Vater aus dem Weg. Während Mutter in der Küche versuchte, durch alltägliche Handgriffe wieder dem Zustand der Normalität näher zu kommen, trafen wir Kinder uns im hintersten Zimmer im ersten Stock. Der Tag der Tage war gekommen.
Unser Vater kam zum Mittagessen wieder nach Hause. Er hatte wieder getrunken und wankte nach dem Essen gleich ins Elternschlafzimmer.
Ich weiß nicht mehr, wer von uns Kindern das Messer aus der Küche holte. Ich sehe es aber ganz deutlich vor mir. Ein

langes, breites Fleischermesser mit einem festen, dunkelbraunen Holzgriff. Unser Vater sollte keine Chance haben, den Angriff zu überleben.
Und mit diesem Messer fest in der linken Hand schlich unser Bruder langsam auf die Schlafzimmertür zu. Wir anderen Kinder versteckten uns hinter dem geschwungenen Treppengeländer. Meine große Schwester legte den Finger auf die Lippen. Das hätte sie uns gar nicht klar zu machen brauchen. Keiner wagte mehr zu atmen.
Schlagartig war ich patschnass. Angstschweiß hatte meinen Körper mit einem dünnen Flüssigkeitsfilm überzogen. Meine Schwester gab unserem Bruder durch einen Wink zu verstehen, dass er ins Schlafzimmer gehen solle. Aber er blieb wie angewurzelt an der gleichen Stelle stehen. Ein Zittern hatte von seinem ganzen Körper Besitz ergriffen. Flüsternd sprach meine Schwester auf ihn ein.
Los, mach schon. Tu es endlich.
Mein Bruder zögerte, irgendwann schüttelte er den Kopf.
Ich kann nicht. Bitte, mach du es. Ich schaff das nicht.
Mit flehendem Blick kam er langsam auf meine Schwester zu. In diesem Moment war plötzlich das Schnarchgeräusch nicht mehr zu hören. Wie gelähmt warteten wir darauf, dass die Schlafzimmertür aufgerissen werden würde. Aber es passierte nichts.
Mein Bruder ließ das Messer auf den weichen Teppichboden fallen, schlich wie benommen die Treppe hinunter, drückte die Pendeltür zum Garderobenvorraum auf und war verschwunden. In diesem Moment war uns klar, dass unser Plan gescheitert war. Ich hob in Zeitlupe das Messer vom Boden auf und schaute es an. Es war keine Mordwaffe mehr. Nur noch ein Messer aus der Küche. Wie auf ein geheimes Zeichen hin schlich sich jeder in eine andere Richtung fort. Es war nichts mehr zu besprechen, nichts mehr zu sagen. Es war vorbei.

Als meine Mutter nach kurzer Zeit wieder vom Einkaufen zurückkam, war alles wie zuvor. Sie hatte von unserer Verschwörung nichts gewusst und hat es auch zur damaligen Zeit nie erfahren. Nicht einmal im Traum hätte sie sich vorstellen können, zu welcher Verzweiflungstat ihr Mann uns beinahe getrieben hätte. Es kam ihr niemals in den Sinn, dass auch Kinder ihre Grenzen im Ertragen von Qual, Demütigungen und Hass haben. Sie hatte unsere Familiensituation als vom Schicksal so bestimmt und von keinem änderbar akzeptiert. Immer in der Hoffnung, dass eines Tages ein Wunder passieren würde und sich so alles von selbst zum Guten wenden könnte.
Damals haben wir Kinder unseren Vater gedanklich gemeinsam getötet. Von diesem Tag an veränderte sich etwas zwischen uns Geschwistern. Das, was wir an dem besagten Nachmittag gemeinsam erlebt hatten, schweißte uns nur noch fester zusammen. Unserem Bruder machten wir wegen seiner Handlungsunfähigkeit nie Vorwürfe, denn er hatte in unseren Augen nicht versagt. Im Gegenteil. Er wirkte auf uns stärker denn je. Vor der Schlafzimmertür hatte er einen Teil seiner Kindheit zurückgelassen.
Die Verschwörung war gescheitert. Aber es entstand daraus in unseren verletzten Kinderseelen etwas Neues. Eine innere, anfangs kaum wahrnehmbare Revolution begann bei jedem Kind auf eine ganz individuelle Art und Weise zu entstehen. Unser Vater hatte alles, was ihm im Leben jemals lieb und teuer gewesen war, für immer verloren. Wir aber hatten uns und würden bald unser Leben in die eigenen Hände nehmen können. Mit oder ohne unsere Mutter. Wir Großen wollten für die Jüngeren Geduld aufbringen. Der Zeitpunkt, unser Elternhaus für immer zu verlassen, würde kommen. Die Zeit war auf unserer Seite.

MONIKA

Monika ist in Deutschland geboren. Als Älteste muss sie ihre drei Geschwister großziehen. Die Eltern besitzen eine Wirtschaft. Beide sind Alkoholiker. Zu Hause besteht ihre Welt nur aus Gewalt und Demütigungen, auf der Straße aus Schlägereien und Diebstahl. Die Hauptschule beendet sie, bricht aber ihre Lehre ab. Inzwischen hat sie ihr erstes Kind bekommen.

JEDER MACHT FEHLER

Ich heiße Monika bin mitlerweile 20 Jahre und schreibe mein Leben das wahrscheinlich vielen anden so ergangen oder gerade mitmachen müssen. Meine Eltern sind verheiratet und haben insgesamt 4 Kinder einschließlich mich.
Ich habe noch 3 Bruder. Alexander 18 Jahre, Peter 15 Jahre und Saimen ist 12 Jahre. Soviel ich weiß nach meiner Geburt bin ich das erste Jahr bei meiner Oma groß geworden.

Als ich ungefähr fünf Jahre alt war und mein Bruder Alexander schon geboren war, lebten wir zu viert in einem Einzimmerapartment. Wir schliefen zu viert in einem Bett, groß war es überhaupt nicht. Als meine Eltern dann alleine ein Geschäft hatten, ich glaube, da war ich fünf Jahre und Alex zwei Jahre alt, hatte sich alles da drin abgespielt. Wir mussten da spielen. Zu gewissen Zeiten durften wir nicht spielen, da wir unsere Eltern nur gestört hätten.
Das Geschäft lief eigentlich ganz gut. Aber dann hat es langsam angefangen: Meine Mama hat immer mehr Alkohol getrunken und mein Vater auch. Als es anfing, dass mein Vater meine Mama schlug, so dass sie grün und blau war, hat der ganze Alptraum erst richtig begonnen. Es ging weiter und weiter. Mein Vater hat immer einen Grund gesucht,

und wenn er keinen hatte, hat er sich so blöd gesoffen, dass er dann doch seiner Meinung nach immer einen Grund hatte. Ich weiß bis heute noch nicht, warum, aber ich vermute, er musste zeigen, wer der Mann im Hause ist. Ich weiß es wirklich nicht.

Mit sechs Jahren bin ich in die Schule gekommen, man kann sich ja vorstellen, wie ich so war. Einfach nur schlecht. In der zweiten Klasse musste ich so einen Test machen, aber da hatte meine Mama schon mit meiner Lehrerin und der Schulpsychologin darüber gesprochen, was bei mir in der Familie so los war. Ab der dritten Klasse hat es sich dann erst richtig bemerkbar gemacht, da meine Noten immer nur aus Vieren, Fünfen oder sogar Sechsen bestanden. Aber ich bin immer weitergekommen. Der Satz war immer drin: »Aus psychologischen und familiären Gründen.«

Meine Eltern waren zu beschäftigt mit dem Geschäft, ihnen war es egal. Als meine Mama mit Peter im Bauch immer noch gesoffen hat, hat sich auch nichts geändert.

Es war schon wieder so weit, dass mein Vater meine Mama während der Schwangerschaft mit Gegenständen so geschlagen und ihr so in den Bauch getreten hatte, dass ich weinte, weil ich meinte, dass sie das Kind verlieren würde. Ich meine, wenn du das alles mit deinen Augen siehst, vor allem, mit was deine eigene Mama geschlagen worden ist, das war schon heftig, aber was sollte ich machen, ich war noch so klein. Ich meine, sie hatte aufgeplatzte Wunden am ganzen Körper: im Gesicht, an den Armen, an den Beinen, am Oberschenkel, am Hintern und auch am Kopf.

Meine Mama hatte eine beste Freundin, die die Polizei anrufen wollte, aber meine Mama sagte: »Nein, ich will das nicht.« Sie sagte auch immer, er werde sich schon ändern. Einen Dreck hat er gemacht, er hat sich immer mehr ins Schlechte verändert. Ab und zu glaube ich, sie wollte es nicht anders, ich meine, sie hätte sich von ihm scheiden lassen können. Vielleicht hatte sie aber einfach nur Angst. Als meine Mama ins Krankenhaus ging, weil sie Peter bekam, hat es auch mit mir angefangen.

Mein Vater hat gesoffen, keine Ahnung, warum.

Wenn ich zum Beispiel vergaß, eine Tasse abzuwaschen, dann hat er mich mit seinen Fäusten ins Gesicht und in den Bauch geschlagen, mit dem Gürtel und mit allem, was ihm in die Quere gekommen ist. Meine Mama hat ja nichts mitbekommen, da sie im Krankenhaus war. Als ich sie im Krankenhaus besucht habe, hat sie mich natürlich gefragt, warum ich sie nicht schon früher besucht hätte. Aber was sollte ich ihr sagen? Dass mich mein Vater so geschlagen hatte, dass ich grün und blau war? Zum Schluss hat sie es doch mitbekommen, denn als sie mich am Arm festhielt, rief ich vor Schmerz »Au!« Da wusste sie, dass mein Vater mich geschlagen hatte. Sie fragte mich, aber ich habe gesagt, dass ich in der Schule hingefallen sei, aber das hat sie mir nicht geglaubt.

Also hat meine Mama auch Stress im Krankenhaus gemacht. Mein Vater meinte nur, warum ich lügen würde und so weiter. Ich hatte ja noch nicht einmal etwas gesagt, aber er dachte, ich hätte gepetzt.

Wie es dann immer so war, ist mein Vater nach dem Krankenhaus in ein Lokal gegangen und hat sich dort so voll laufen lassen, dass es nicht schöner ging. Zu diesem Zeitpunkt waren wir gerade umgezogen in eine Dreizimmerwohnung. Er kam nach Hause und schrie mich an, warum ich es der Mama gesagt hätte. Er zog mich an den Haaren ins Wohnzimmer, wo ich mir meine Ohrfeigen und so abholen musste. Am nächsten Tag bin ich in die Schule gegangen und meine Lehrerin fragte mich, was schon wieder bei mir zu Hause los gewesen sei. Ich habe ihr alles erzählt und habe sie gebeten, dass sie meine Oma anruft, damit sie mich

abholt. Meine Oma ist gekommen und wollte uns zwei Kinder mitnehmen, aber mein Vater hat das nicht zugelassen.
Sie ist zu meiner Mama gegangen und hat ihr erzählt, dass die Lehrerin angerufen hat und sie gebeten hat, uns zwei Kinder zu sich zu holen, bis meine Mutter wieder zu Hause ist. Aber meine Mutter war nicht einverstanden und sagte zu meiner Oma, sie soll nicht so übertreiben. Also blieben wir bei meinem Vater und konnten nichts machen.
Als mein Vater mit meiner Mama auch Peter nach Hause gebracht hat, war ich stolz, dass ich noch einen kleinen Bruder hatte. Aber wie es der Teufel so will: Ich habe im Kinderzimmer die Wäsche aufgehängt und mein kleiner Bruder Alexander hat etwas auf die Glastüre geschmissen, ich glaube, es war ein Auto oder so. Und schon habe ich wieder eine dringehabt.
Ich meine, ich konnte nicht alles tun, ich habe auch nur zwei Hände und zwei Augen. Dass ich nicht überall gleichzeitig sein konnte, das war egal. Ich war mit der Wäsche nicht fertig und auf meinen Bruder konnte ich auch nicht aufpassen. Meine Mama hat nichts darauf gesagt, außer, ich hätte doch besser aufpassen können und warum ich das nicht gemacht habe, was mir mein Vater aufgetragen hätte. Sie sind in die Wirtschaft gegangen. Ich hätte natürlich fast geheult, aber das war den beiden egal. Ich sollte das alles fertig machen und dann auch noch auf meine zwei kleinen Brüder aufpassen.
Ich weiß zwar bis heute noch nicht, wie ich das geschafft habe, aber na ja, ich hatte ja niemanden, der mir das alles erklären konnte. Ich machte alles, so gut es ging, zum Beispiel Wickeln, Füttern und so weiter, was eben alles so dazugehörte.
Als ich meine Eltern fragte, ob ich runterdürfe, hat es immer nur geheißen: »Zieh den Kleinen (Peter) warm an

und dann kannst du mit ihnen (also auch mit Alexander, meinem anderen Bruder) runter spazieren gehen.« Gut, das habe ich gemacht. Aber viel Zeit zum Runtergehen hatte ich alleine nie, da immer alles an mir gehangen ist.
Als die beiden besoffen von der Wirtschaft zurückkamen, hat es nicht lange gedauert, bis es losging. Mein Vater hat immer wieder meine Mama geschlagen, bis ich wach geworden bin von dem ganzen Krach. Da ich immer dazwischengelaufen bin, weil ich das nicht wollte und nicht sehen konnte, packte mich mein Vater und schubste mich gegen den Schrank. Es hat ihn nicht interessiert, dass ich geweint habe. Im Gegenteil: Er hat immer wieder weitergemacht. Als meine Mama dann immer weinend in der Küche saß, bin ich zu ihr gegangen. Da ich ja in der Früh aufstehen und in die Schule musste, habe ich meistens durchgemacht. Es war mir egal, ich wollte nur bei ihr sein. Mein Vater konnte natürlich nicht aufhören. Er hat ihr einen Aschenbecher in der Küche vor die Füße geschmissen und sagte: »Du räumst das jetzt auf oder soll ich mir wegen dir meine Füße aufschneiden?« Meine Mama konnte aber auch nicht aufhören. Sie hat immer weitergemacht. Er meinte nur immer: »Du hast Glück, dass deine verzogene Tochter da sitzt.«
In der Schule bin ich immer mehr abgerutscht. Ich habe auch immer öfter versucht, dass ich zu meiner Oma gehen durfte. Aber nichts hat geholfen. Meine Eltern hatten meinen kleinen Bruder Alexander in den Kindergarten gebracht. Meine Mama war im Erziehungsurlaub und war mit Peter zu Hause. Ich bin nach der Schule immer nach Hause gekommen und das Erste, was ich immer zu hören bekam, war: »Du holst jetzt deinen Bruder vom Kindergarten ab.« Na gut, das habe ich dann auch noch gemacht, aber ich hatte noch nicht einmal was gegessen. Aber na ja, ich wollte ja einfach nur raus. Das war zwar

nicht lange, aber eine halbe Stunde hatte ich meine Ruhe von allen.
Meine Lehrerin hatte für mich einen Hortplatz gesucht, weil sie sich das nicht mehr länger mit ansehen konnte. Meine Mama hat zugestimmt, also bin ich in den Hort gegangen. Aber das hat mir auch nicht viel genützt, ich musste danach alles machen: meine Geschwister von der Wirtschaft abholen und zu Hause putzen.
Irgendwann hatte jemand im Treppenhaus etwas an die Wände geschmiert, und meine Mama hat mitbekommen, dass mich angeblich jemand gesehen haben soll. Ich frage mich bis heute, wer das wirklich gemacht hatte, da ich es nicht war. Aber als meine Mama von der Wirtschaft nach Hause gekommen war (ich glaube, das war so gegen 23 Uhr oder so), da holte sie mich aus dem Bett und schrie mich an, was ich da gemacht hätte. Sie packte mich an meinen Haaren und schlug meinen Kopf so oft an die beschmierte Wand, bis ich zu weinen anfing.
Ich musste natürlich auch meine Wut irgendwie abbauen. Ich hatte da so ein paar Freunde in meiner Klasse, die immer zu mir gesagt haben: »Komm doch einfach mit.« Das bin ich dann auch und wir waren in einem Laden. Es gab da so viele Sachen, die ich haben wollte, aber nie bekommen habe. Also habe ich sie mir einfach eingesteckt. Na ja, wie es dann so ist: Das erste Mal, das zweite und dritte Mal ist es gut gegangen. Aber dann lief es irgendwann schief. Als sie mich erwischt hatten, haben sie meine Mama angerufen und sie ist gekommen. Da hat sie noch die Liebe gespielt. Aber kaum waren wir daheim, habe ich dermaßen Schläge bekommen, dass ich aus dem Mund blutete und überall am Kopf Beulen hatte. An meinem restlichen Körper hatte ich überall Striemen von diesem scheiß Gürtel. Ich habe gehofft, dass sie irgendwann auch mal wieder aufhört, aber ein Dreck war.

Sie sagte dann nur noch: »Warte, bis dein Vater nach Hause kommt, dann wirst du dein blaues Wunder erleben.« Ich bin abgehauen und habe meine Oma angerufen, aber da sie leider in den Urlaub gefahren war, habe ich sie nicht erreicht. Das hatte ich leider vergessen.

Na ja, was hatte ich für eine Wahl!

Ich bin nicht nach Hause gegangen, da ich viel zu viel Angst hatte. Denn wäre ich nach Hause gegangen, hätte ich wieder Schläge bekommen. Auf jeden Fall war überall die Polizei und da habe ich dann noch mehr Angst bekommen. Weil auf einmal so viel los war, habe ich mich weiter versteckt. Niemand ist darauf gekommen, wo ich mich aufhielt. Ich bin dann irgendwann zum Spielplatz gelaufen und habe mich auf das Klettergerüst gesetzt. Bis ein Beamter zu mir kam und fragte, warum ich weggelaufen sei. Ich hab ihm alles erzählt und er hat mir zugehört. Anschließend ist er mit mir zu meinen Eltern gegangen. Er hat mit meinen Eltern gesprochen, warum und weshalb.

Aber es hat nichts genützt. Es ging immer weiter. Eines Tages meinte mein Vater, er könnte meinem Bruder Alexander mit einem schweren Gegenstand auf den Kopf und so schlagen. Das habe ich mir nicht mit angesehen. Ich bin zu meiner Mama in die Wirtschaft gegangen und habe sie gebeten, dass sie nach Hause geht, aber das wollte sie nicht. Ich habe ihr gesagt, wenn sie das nicht macht, dann würde ich die Polizei rufen und den Vater anzeigen. Sie dachte, ich wollte sie verarschen. Sie hat es mitbekommen, als ich die Polizei rief. Als die Beamten da waren, haben sie meinen Vater abgeführt. Meine Mama fragte nur, ob ich die Familie zerstören wolle. Ich antwortete: »Wenn du nicht fähig bist, auf deine Kinder aufzupassen und nichts unternimmst, dann muss ich das wohl machen.« Meine Oma war stolz auf mich. Ich glaube, das hätte ich schon viel früher machen sollen. Aber jetzt wusste meine Mama, dass es mir immer um meine drei kleinen Brüder ging, egal ob um Alexander, Peter oder Saimen. Saimen hatte es gut, denn er hatte das alles nicht mitbekommen müssen.

Aber jetzt mitlerweile habe ich mein Leben im Griff es ist nicht so das alles perfekt ist aber man sollte das beste drauß machen. Ich habe einen Freund der zu mir steht seit 2 Jahren. Mitlerweile wissen wir beide das es nicht immer richtig war was wir so gemacht haben. Aber jeder macht mal fehler der eine mehr der andere weniger.

ALEXIS

Alexis ist Grieche, seine Eltern lassen sich scheiden, als er noch sehr klein ist. Seit dem Auseinanderbrechen seiner Familie lebt er in zwei Ländern und ist nirgends zu Hause. Schon in der ersten Klasse schlägert Alexis brutal, zerstört um sich herum alles und verweigert sich völlig. Ein Dach über dem Kopf, Klamotten und Essen hat er immer gehabt, darauf legt seine Mutter Wert. Liebe kann sie ihm nicht geben.

AM ANFANG WAR DAS ENDE

Lass mich in Ruhe. Heute mach ich nicht mit. Hab keine Lust. Geh zu den anderen. Ich male.
Und schon packt Alexis seine Hefte, Mappen und Bücher wieder in die Schultasche.
Was ist denn mit dir los? Ist in der Pause was passiert?
Ich bekomme keine Antwort. Seelenruhig steht Alexis auf und schlendert zum Materialtisch. Dort nimmt er sich ein Blatt Papier vom Stapel. Pfeifend geht er zu seinem Tisch zurück. Er hat ein provozierendes, hämisches Grinsen aufgesetzt.
Die Kinder der ersten Klasse sitzen über ihren Lesemappen. Nur ab und zu braucht ein Kind Hilfestellung, somit herrscht völlige Ruhe.
Alexis hat ein großes Kriegsschiff gemalt. Momentan sein Lieblingsthema. Schwarz und Rot bestimmen das Blatt.
Die Zeichnung ist übersät mit rauchenden Kanonen, explodierenden Bomben und angreifenden Torpedos. Kriegsflugzeuge kreisen über dem Schiff. Überall auf dem Schiff sind Menschen, entweder verwundet oder tot. Die menschlichen Körper liegen auf dem Deck herum, hängen über der

Reling, treiben im Wasser. Manche der Marinesoldaten springen gerade ins Meer. Das ganze Bild ist ein einziger Verzweiflungsschrei.
Ich nehme mir einen Stuhl und setze mich neben Alexis. Aber ich sage keinen Ton. Er dreht sich kurz zu mir um, malt dann aber weiter.
Strich für Strich müssen auf seinem Bild immer mehr Männer sterben. Überall klaffende Wunden, abgetrennte Arme oder Beine, überall Blut. Ich bin von der Kriegsfantasie des Siebenjährigen wie gelähmt und starre nur auf das Bild.
Es überlebt keiner. Kein einziger. Alle müssen sterben.
Lässt du niemanden am Leben, Alexi?
Nein, heute nicht.
Du hast dein Bild so echt gemalt, dass ich ganz traurig werde. Dein Bild macht mir richtig Angst.
Würdest du weinen, wenn ich tot bin, Kiria?
Was für eine Frage. Natürlich. Ich würde ganz krank werden vor Kummer.
Aber du bist doch nicht meine Mutter.
Na und? Glaubst du, dass eine Lehrerin ihre Kinder nicht lieb hat?
Du hast mich lieb? Wirklich? Und nicht nur die anderen Kinder?
Also, du treibst mich mit deinen komischen Fragen heute zum Wahnsinn. Merkst du denn nicht, dass ich dich lieb habe? Sogar ganz schön arg?
Auch, wenn ich immer Probleme mache und noch nicht lesen kann?
Mein Sohn hat auch lange gebraucht, bis er lesen konnte. Und fühlte sich oft so wie du jetzt.
Und wie hat er das mit den Buchstaben dann kapiert?
Das hat einige Zeit gedauert. Aber jeder Mensch ist anders. Du kannst toll zeichnen und andere eben super lesen. Aber

alles kann man lernen. Bei einigen dauert es eben länger, bei anderen geht es schneller. Man darf nur nie aufgeben.
Plötzlich werden Alexis Augen feucht und Tränen rinnen über sein Gesicht. Gerade als ich ihm beruhigend über den Rücken streicheln möchte, springt er auf und läuft zur Couch. Er wirft sich mit dem Gesicht nach unten der Länge nach hin und fängt bitterlich zu weinen an.
Sofort gehe ich zu ihm und ziehe ihn zu mir hoch. Dann streichle ich ihm immer wieder über den Kopf.
Du wirst das alles lernen. Hab mit dir selbst noch ein bisschen Geduld. Wir schaffen das schon.
Alexis weint unaufhörlich. Die anderen Kinder arbeiten schon lange nicht mehr. Entsetzt starren sie uns an.
Ich will sterben. Heute Morgen, als ich aufgewacht bin, wollte ich sterben. Und jetzt auch. Ich kann nichts und ich werde auch nie etwas können. Es ist besser, wenn ich tot bin. Dann hat niemand mehr Arbeit mit mir.
Ich gebe einem Kind ein Zeichen, dass es mir Taschentücher bringen soll.
Ich habe gerne Arbeit mit dir, denn das ist mein Beruf. Wenn jeder schon alles können würde, dann könnte ich ja den ganzen Tag herumspazieren. Dann wäre ich nämlich arbeitslos.
Während ich mit ihm spreche, wische ich ihm Tränen und Rotz aus dem Gesicht.
Aber alle Kinder lernen lesen. Nur ich nicht.
Du wirst es auch lernen. Das verspreche ich dir.
Das sagst du nur so. Aber ich weiß nie, wie die Buchstaben heißen. Dabei habe ich sie schon irgendwann gelernt. Und die Zahlen bringe ich auch immer durcheinander. Wie ein kleines Baby.
Du bist kein Baby, sondern ein ganz toller Junge, der viel kann. Du bist ein super Sportler, kannst viel besser zeichnen und malen als andere, singst und tanzt wunderschön.

Und du hast doch ein besonderes Talent beim Theaterspielen. Hast du das schon alles vergessen?
Ach, das kann doch jeder. Aber ich kann nicht das, was die anderen können.
Und du kannst vieles, was die nicht können. Weißt du eigentlich, wie sehr du um deine Talente von den anderen Kindern beneidet wirst? Die würden auch gerne all das können, was du kannst. Warum wollen wohl die anderen Kinder immer deine tollen Bilder mit nach Hause nehmen?
Weiß ich nicht. Mir egal.
Wirklich? Dann muss ich mich geirrt haben. Denn du bist immer ganz stolz, wenn dich ein Kind um dein Bild bittet.
Wenn jemand es haben will, dann kann er es doch haben. Die anderen können mein Bild nachmalen. Aber mir kann keiner die Buchstaben schenken.
Ja, das geht leider wirklich nicht. Das musst du schon ganz alleine schaffen.
Alexis beißt an seinen Fingernägeln herum. Dabei reißt er kleine Hautfetzen der Nagelhaut weg. Ich nehme seine Hände sofort in die meinen und halte sie fest. Er entzieht sie mir wieder.
Siehst du? Und deshalb will ich sterben. Ich weiß nur nicht, wie ich mich totmachen soll. Glaubst du, dass ich sterbe, wenn ich aus dem Fenster springe? Oder vor ein Auto laufe?
Das kann ich dir nicht beantworten. Ein Freund von mir wollte das auch mal machen. Aber er hat überlebt und dabei seine beiden Beine verloren. Aber gestorben ist er nicht. Und weißt du was? Wenn du tot wärst, dann könntest du nie mehr Fußball spielen und malen. Du würdest die Sonne, den Himmel, die Bäume, die Blumen, die Menschen, die du liebst, einfach alles von einem Augenblick zum anderen verlieren. Und wir dich auch. Und das lasse ich nicht zu.

Weißt du was? Mir kommt gerade eine Idee. Dein Bild hat mich darauf gebracht.
Erstaunt dreht Alexis mir sein Gesicht zu.
Ich glaube, ich weiß, warum du nicht lesen lernst.
Wieder sagt er keinen Ton. Seine fragenden, geröteten Augen starren mir direkt ins Gesicht.
Ich nicke mehrmals mit meinem Kopf und mache dazu ein Gesicht, als ob mir gerade die große Erleuchtung gekommen sei.
Ja, ich glaube, jetzt weiß ich es. Endlich weiß ich es.
Alexis hält erstaunt den Atem an.
Schuld an deiner Traurigkeit ist nur dein Gehirn. Es will über dich bestimmen. Es schaut Wörter von der falschen Seite aus an und bringt dich dazu, sie dann von hinten zu lesen. Und dann bringt es in deinem Kopf auch die Buchstaben durcheinander. Das ist ein Spiel für dein Gehirn. Ziemlich gemein, aber es hat Erfolg. Manchmal ist ein ›b‹ ein ›p‹ und dann wieder ein ›d‹. Ist das nicht so?
Ein Nicken ist die Antwort.
Und dein Gehirn schafft es auch immer wieder, dich traurig zu machen. Jetzt hat es sogar geschafft, dass du an den Tod denkst. Aber jetzt reicht's. Findest du nicht? Jetzt werden wir angreifen. Du musst der Kommandeur über dein Gehirn werden. Lass nicht zu, dass es mit dir macht, was es will.
Geht das denn?
Ja, das geht. Aber es ist harte Arbeit. Denn dein Gehirn wird kämpfen und so schnell nicht aufgeben wollen.
Alexis wischt sich mit den Händen die Tränen aus dem Gesicht.
Hilfst du mir dabei, mein Gehirn zu besiegen?
Ich lächle ihn an und streiche ihm seine feuchten Haarsträhnen aus dem Gesicht.
Na, klar. Wir alle hier in der Klasse helfen dir.

Plötzlich ergreift Alexis meine Hand und zieht mich hoch.
Dann komm schon. Zeig mir, wie das geht.
Er zieht mich an der Hand hinter sich her zu seinem Platz. Er holt seine speziell für ihn zusammengestellte Lesemappe unterm Tisch hervor und knallt sie auf den Tisch.
Los, komm schon. Wie können wir gewinnen?
Ich soll dir also den Trick verraten, wie wir dein Gehirn besiegen können?
Ja, klar. Mach schon.
Bevor wir anfangen, musst du mir aber etwas versprechen.
Und was?
Dass du nie mehr daran denkst, tot sein zu wollen. Erst gebe ich mir so viel Mühe, um dir meine Geheimnisse zu verraten, und dann willst du dich wieder umbringen. Nur der Gedanke daran macht mich schon ganz verrückt.
Nein. Nein. Jetzt will ich nicht mehr tot sein. Jetzt wollen wir gegen mein Gehirn kämpfen, damit ich Lesen lerne. Nicht wahr?
Ganz genau. Also los.
Ich lese ihm das erste einsilbige Wort vor. Ich ergreife seine linke Hand und führe gleichzeitig mit meiner anderen Hand seinen rechten Zeigefinger. Dabei mache ich mit seinen beiden Händen eine Bewegung von links nach rechts.
Weißt du, wenn du das beim Lesen immer so machst, dann zwingen wir nicht nur deine Augen, sondern auch dein Gehirn, beim Lesen von links nach rechts zu schauen und nicht umgekehrt.
So einfach ist das?
Es klingt einfach, aber du darfst es nie vergessen.
Das ist der ganze Trick?
Ja, das ist er.

So einfach?
Ja, manchmal kann das Leben viel einfacher sein, als man denkt.

Alexis erster Schultag bei uns war mitten im Jahr. Ich hatte ihn bereits vor einiger Zeit an der privaten griechischen Grundschule kennen gelernt. Ein schmächtiger, blasser Junge, dem die dunkelblonden Haare in langen Strähnen vor dem Gesicht hingen. Er spricht Griechisch und Deutsch gleich gut, wäre aber am liebsten ein deutsches Kind. Sogar seiner Mutter antwortet er immer nur auf Deutsch. Alexis und seine Schwester leben erst seit drei Jahren wieder bei der Mutter. Der Vater hatte die Kinder nach der Scheidung nach Griechenland mitgenommen und sie wurden zwei Jahre lang von der Großmutter großgezogen. Als diese schwer erkrankte, wurden sie nach München zurückgeschickt. Der allein erziehenden Mutter wird von der griechischen Schule empfohlen, Alexis an eine Förderschule zu geben, nachdem er im Lesen und Rechnen nicht die geringsten Fortschritte macht und die Schule mit seinen unberechenbaren Wutausbrüchen terrorisiert. Dabei schreckt er auch vor gewalttätigen Angriffen nicht zurück, schlägt, beißt und würgt andere Kinder. Manchmal gleicht das Klassenzimmer einem Schlachtfeld, wenn er Tische und Regale leer gefegt hat. In unserem ersten Gespräch an seiner ehemaligen Schule verhält sich der Junge sehr misstrauisch. Sobald er auf seine Schwierigkeiten angesprochen wird, fängt er an, mit den Händen zu reiben. Seine Fingernägel sind bis zum Nagelansatz völlig abgeknabbert, die Haut ringsherum rot und entzündet. Aggressiv betont er immer wieder, dass er keine Probleme habe, nicht blöd oder behindert sei und sowieso die Schule hassen würde. Obwohl der Mutter bewusst ist, dass ihr Junge massive schulische Probleme hat und er sein gestörtes Verhalten

auch zu Hause zeigt, lehnt sie eine Überweisung in die zweisprachig griechische Abteilung am Förderzentrum München Nord mit Entsetzen ab.
Mein Sohn gehört an keine Sonderschule. Und deshalb werde ich ihn auch dort nicht hinschicken.

Vier Wochen später taucht die Mutter zusammen mit ihrem Sohn ohne Anmeldung in meinem Unterricht auf.
Schön, dass Sie gekommen sind.
Mir blieb gar nichts anderes übrig. Der hat sich in seiner Schule in der letzten Zeit dermaßen aufgeführt, dass dieser Schritt notwendig wurde.
Hat der Sohn die Mutter überzeugt oder umgekehrt?
Bereits am nächsten Tag ist Alexis ein festes Mitglied in der neuen Klassengemeinschaft.
Die ersten beiden Unterrichtsstunden vergehen harmonisch. Freudig stürzt er sich auf einfache Übungen und erledigt alle Arbeitsanweisungen fehlerfrei. Er freut sich sichtlich.
In der Pause passiert dann das erste Unglück. Alexis wird von einem Kind aus einer anderen Klasse provoziert. Er benutzt das einzige Argument, das er bis dahin in solchen Fällen immer eingesetzt hat: Er schlägt brutal zurück.
Alexis streitet im klärenden Gespräch mit dem Kontrahenten jeden Fehler ab. Er kennt kein Unrechtsbewusstsein. So scheint es zumindest. Er ist völlig uneinsichtig und argumentiert für einen Erstklässler erstaunlich geschickt.
Als alle zum Unterricht zurückkehren, fegt Alexis das Mathematikbuch und die Rechenmaschine vom Tisch.
Was ist mit dir los? Möchtest du lieber in die Spielecke anstatt zu lernen?
Ich will überhaupt nichts. Und in die blöde Babyecke gehe ich nicht. Immer muss man lernen. So wie in meiner alten Schule. Das ist Kinderarbeit und die ist verboten.

Du musst dich aber schon entscheiden. Entweder du ruhst dich aus oder du tust etwas.
Ich will mich nicht ausruhen. Ich bin nicht müde. Ich will mich nur nicht an den blöden Tisch setzen.
Dann nimm dein Rechenbuch und zeig mir, wo du lernen möchtest.
Erstaunt schaut Alexis mich an.
In der Klasse ist Totenstille. Alle fünfzehn Augenpaare sind auf den Neuen gerichtet. Selbstsicher geht er um seinen Tisch herum, hebt seine Sachen auf und steuert dann den großen Tisch an, auf dem sich gewöhnlich die Rechenmaschinen und andere Mathematikmaterialien befinden. Sein Grinsen ist eine einzige Provokation. Plötzlich bückt er sich und kriecht unter den Materialtisch.
Hier will ich sein. Und was machst du jetzt? Versuch doch, mich hier unten rauszukriegen.
Der kleine Tyrann hat mir mit dieser Aktion also das erste Mal offen den Kampf angesagt.
Und da unten kannst du lernen?
Ja, das kann ich.

Na gut, warum nicht? Dann kann ich dir ja jetzt deine Aufgaben sagen.
Und schon krieche ich auch unter den Tisch. Erstaunte Kinderaugen beobachten mich. Aus meiner Höhle heraus gebe ich weitere Anweisungen.
Weiß jeder, was er zu tun hat?
Ich vernehme ein eifriges Ja und schon sind alle sitzenden Schüler dabei, weiterzuarbeiten. Ich wende mich dem Neuen zu, der mich misstrauisch anschaut.
Du hast Recht. Hier ist es wirklich gemütlich. Bist du bereit?
Ich schaue dem Jungen direkt in die Augen. Stille. Mein auf ihn gerichteter, abwartender Blick zwingt Alexis, als Erster zu reagieren. Endlich nickt er.
Von mir aus.

Jeden Tag verbringe ich mit Alexis nun etliche Unterrichtseinheiten unter dem Tisch. Jedes Mal ist es seine eigene Entscheidung. Und ich lasse es zu. Solange er in seiner Höhle ist, streikt er nicht.
Doch Fehler lassen ihn immer noch ausrasten. Jede Form von Kritik scheint ihn in seinem Selbstwertgefühl zu erschüttern. Er kann es einfach nicht verkraften, Fehler zu machen.
Seine Zerstörungswut verschwindet mit der Zeit und er greift auch seine Klassenkameraden nicht mehr körperlich an. Aber die Schimpftiraden sind nach Monaten immer noch unausstehlich.
Du Arschloch. Du verdammter Wichser. Du Hurensohn. Dein Vater treibt es mit fremden Frauen. Deine Mutter lässt sich von Fremden ficken. Du Hure. Halt dein Maul. Du bist ohne Gehirn auf die Welt gekommen. In deinem Kopf ist nur stinkende Scheiße.
Alles Ausdrücke, die andere provozieren. In der Pause kann

Alexis unerbittlich sein. Niemand ist vor seinen Wutausbrüchen sicher. Als ob er sich ständig mit jemandem messen müsste. Die meisten Kollegen haben Angst vor Alexis, obwohl er erst sieben ist. Manchmal bin ich an der Schule die Einzige, die Alexis an sich ranlässt, wenn er wütend ist. Wenn ich ihn festhalte, beißt er nicht zu und schlägt auch nicht um sich. Ich flüstere ihm dann ins Ohr, dass ich ihn immer noch sehr lieb habe, obwohl er sich gerade nicht sehr liebenswert aufführt.
Manchmal kommt Alexis schon in der Früh weinend in die Klasse. Dann sucht er meine Nähe, setzt sich wie ein Kleinkind auf meinen Schoß, schlingt seine Arme um meinen Hals und weint hemmungslos. Vorsichtiges Nachfragen bringt keine Antworten. Er muss sich nur ausweinen. Ansonsten droht er, an seinen Tränen zu ersticken.

Eines Morgens holt mich die Schulsekretärin ans Telefon. Alexis ist dran und heult.
Alexi? Was ist los, mein Kleiner?
Immer arbeitet Mama nachts und dann verschläft sie. Ich will aber in die Schule gehen. Hol mich.
Nein, das geht nicht. Ich bin im Unterricht. Ich habe doch noch die anderen Kinder hier. Was ist mit deiner Schwester? Kann Anastasia dich nicht bringen?
Die will nicht. Sie muss lernen. Behauptet sie.
Ja, dann sehe ich keine Möglichkeit, dich in die Schule zu bekommen.
Kannst du nicht noch mal den Bus schicken?
Nein, der fährt nur einmal in der Früh. Und jetzt ist es halb neun.
Dann schick mir ein Taxi.
Das geht auch nicht. Wer soll denn das bezahlen? Außerdem dürfte ich so etwas gar nicht ohne die Erlaubnis deiner Mutter tun.

Ach, die merkt das doch gar nicht. Zahlst du mir das Taxi?
Nein. Was nicht geht, geht nicht. Ich kann da nichts machen.
Aber ich will doch so gerne in die Schule.
Weck doch deine Mutter auf. Wenn sie das Taxi zahlt und in der Schule anruft, dann geht das in Ordnung.
Nein, das geht nicht. Ich darf sie nicht wecken.
Dann sehen wir uns morgen. Ich muss jetzt wieder hoch in die Klasse.
Plötzlich höre ich sein aggressives Brüllen am anderen Ende der Leitung.
Du magst mich doch nicht. Sonst würdest du kommen und mich holen. Du lügst wie alle anderen Erwachsenen auch. Ich hasse dich.
Das ist nicht fair, mein Süßer. Du weißt, dass ich kommen würde, wenn ich könnte.
Es entsteht eine Gesprächspause. Ich bin mir nicht sicher, wie es ausgehen wird.
Wirklich?
Ganz ehrlich. Darauf kannst du dich verlassen.
Na, gut.
Bevor ich mich verabschieden kann, hat er schon aufgelegt. Typisch Alexis.
Ich muss grinsen. Früher musste man ihn mit Gewalt in die Schule schleifen und jetzt so etwas. Nicht zu glauben.
Kurz nach der großen Pause sind Stimmen auf der Treppe zu hören. Dann geht plötzlich die Tür auf. Und herein kommt ein strahlender Alexis.
Siehst du? Ich habe es ganz allein geschafft, ins Hasenbergl zu kommen. Auch ohne deine Hilfe.
Ein wahrscheinlich nur für mich wahrnehmbarer Vorwurf schwingt in seiner stolzen Stimme mit. Hinter ihm erscheint seine Schwester. Mit total genervtem Gesichtsausdruck.

Das finde ich aber lieb, dass du deinen Bruder noch zur Schule gebracht hast.
Glauben Sie bloß nicht, dass ich das freiwillig gemacht habe, Kiria. Der Idiot hat mich zu Hause so lange tyrannisiert, bis ich mit ihm losgezogen bin.
Ein selbstsicheres, hämisches Grinsen legt sich auf Alexis' Gesicht.
So, mein Kleiner. Jetzt hast du unseren Vormittag gründlich durcheinander gebracht. Aber schön, dass du da bist.
Habe ich dir gefehlt?
Ja, natürlich. Du hast uns gefehlt. Los jetzt. Wir müssen weitermachen. Und ich zeige dir, was wir bis jetzt durchgenommen haben. Wo willst du arbeiten?
An meinem Tisch. Wo denn sonst?
Du hast Recht. Es war eine blöde Frage.
Dieser Schultag ist ein Highlight in Alexis' bisheriger Schulzeit. An diesem Tag passiert nichts in der kleinen Pause und nichts Außergewöhnliches in den restlichen Unterrichtsstunden. Irgendwie schäme ich mich ein bisschen, dass ich doch damit rechne, er könnte jeden Augenblick austicken. Aber ohne Murren erledigt er alle Aufgaben in Deutsch und Mathematik. Er scheint seine Zufriedenheit und sein Glücklichsein richtig zu genießen.
In der letzten Stunde kann sich die Klasse nicht mehr aufs Lernen konzentrieren. Die Kinder sollen ein Bild mit Wasserfarben malen. Tiere im Wald.
Besonders Alexis zeigt für sein Alter ein außergewöhnliches zeichnerisches Talent. Seine Bleistiftzeichnung führt er genau beobachtend, fantasievoll, perspektivisch richtig aus. Er weiß, dass er von allen Kindern in der Klasse der Beste ist. Aber er gibt nicht damit an. Es scheint ihn überhaupt nicht zu interessieren, was um ihn herum passiert, wenn er zeichnet oder malt. In solchen Momenten ist er in einer anderen Welt und kaum ansprechbar.

Jeder darf jetzt sein Bild mit Wasserfarben ausmalen. Achtet bitte auf die richtigen Farben. Es gibt keine blauen Eichhörnchen. Die sind entweder dunkelbraun oder hellbraun mit ein bisschen Orange. Nehmt nicht zu viel Wasser.
Ich male mein Bild nicht aus. Bleistift ist besser.
Alexis lässt sich nicht gerne vorschreiben, was er zu tun und zu lassen hat.
Das kann jeder machen, wie er will. Wer fertig ist, nimmt zwei Magnete und hängt sein Bild an die Tafel. Passt aber auf, dass die Farben schon einigermaßen getrocknet sind.
Bevor die Klasse sich für die Heimfahrt mit dem Schulbus fertig macht, hängen alle Kinderbilder an der Tafel. Nur das von Alexis nicht.
Alexi. Wir haben keine Zeit mehr. Der Bus wartet. Komm, häng dein Bild auf. Es ist wirklich sehr schön geworden.
Aber es ist noch nicht fertig. Ich will das noch fertig machen.
Wieso ist es nicht fertig? Du wolltest es doch nicht mit Wasserfarben ausmalen.
Wenn ich sage, es ist nicht fertig, dann ist das so. Immer willst du über mich bestimmen.
Ich mache dir einen Vorschlag. Nimm dein Bild mit nach Hause und mach es dort fertig. Los schnell. Beeil dich. Der Bus wartet doch. Warum sollen sich immer alle nur nach dir richten?
Ich gehe auf den Flur, um die anderen Kinder zu beaufsichtigen, die sich ihre Schuhe und Anoraks anziehen. Als alle abmarschbereit sind, bemerke ich, dass Alexis immer noch fehlt. Leicht gereizt gehe ich in die Klasse.
Wo bleibst du denn? Alle müssen nur auf dich warten.
In der Hand hält Alexis einen dicken Pinsel, den er gerade in der schwarzen Farbe in seinem Malkasten hektisch

herumkreisen lässt. Und dann fällt mein Blick auf sein Bild. Besser gesagt auf das Blatt, auf dem einmal sein Bild war.
Was hast du getan, Alexi? Wo ist deine tolle Zeichnung?
Weg. Die habe ich mit schwarzer Farbe übermalt. Und da ist ein bisschen Rot. Das ist der Teufel, der aus dem Bild herausschaut. Das bin nämlich ich. Denn ich bin der Teufel.

Völlig verschlafen und widerwillig knipse ich die Nachttischlampe an und schaue auf den Wecker. Im Wohnzimmer klingelt das Telefon. Und es hört und hört nicht auf. Ich bleibe trotzdem liegen.
Kurz nach Mitternacht. Welcher Idiot ruft denn um diese Zeit an?
Das Klingeln wird immer fordernder.
So eine Unverschämtheit. Oder ist es jemand von meiner Familie? Hoffentlich ist nichts passiert.
Hellwach steige ich aus dem Bett. Als ich das schnurlose Telefon aus seiner Halterung nehme und meinen Namen nenne, höre ich nur ein leichtes Schluchzen.
Hallo? Wer ist da?
Nichts. Keine Stimme, kein Namen. Nur zurückhaltendes Weinen.
Hallo. Wer ist denn da? Wenn ich keine Antwort bekomme, lege ich wieder auf.
Nichts. Ich warte. Ärgerlich unterbreche ich die Verbindung. Ich gehe wieder in mein Bett, behalte aber das Telefon in der Hand.
Wer kann das bloß gewesen sein?
Ich versuche, mich an den Ton des Weinens zu erinnern. Irgendwie kommt es mir bekannt vor, aber es entsteht kein Bild in meinem Kopf.
Ich erschrecke fürchterlich, als das Telefon wieder klingelt. Obwohl ich doch eigentlich auch gehofft habe, dass sich die oder der Unbekannte noch einmal meldet.
Ich drücke das grüne Knöpfchen und halte das Telefon an mein Ohr. Aber ich sage keinen Ton. Im Hintergrund höre ich wie zuvor Schluchzen.
Kiria? Ich bin's.
Wer ist ich?

Na, du weißt schon.
Jetzt endlich erkenne ich die piepsige Stimme.
Was ist denn mit dir los, Alexi? Warum rufst du mich mitten in der Nacht an? Ich habe schon geschlafen.
Ich weiß. Aber ich brauche dich.
Machst du dir wieder Sorgen, weil du eine Hausaufgabe nicht verstanden und deshalb nicht gemacht hast?

Vor zwei Tagen hatte Alexis wieder einmal nicht alle seine Hausaufgaben dabei. Weinend erklärte er mir vor Unterrichtsbeginn, dass er sie nicht verstanden hätte und keiner ihm zu Hause helfen würde.
Wenn du etwas nicht verstehst, dann kannst du es auch nicht machen. Dann kommst du eben ohne Hausaufgaben in die Schule und fragst mich.
Schimpfst du mich dann nicht?
Nur, wenn du deine Aufgaben aus Faulheit nicht machst. Aber nie, wenn du etwas nicht verstehst.
Nachdem Alexis seine Aufgaben nachgemacht hatte, kam er zu mir ans Lehrerpult.
Kiria, ich habe nachgedacht.
Tatsächlich? Und über was?
Kannst du nachmittags zu mir kommen und mit mir üben? Lesen und Rechnen und so?
Nein, Alexi. Dazu habe ich leider keine Zeit.
Warum nicht?
Mein Sohn braucht mich auch.
Aber der kann doch schon lesen.
Kinder brauchen Mütter nicht nur zum Helfen bei den Hausaufgaben oder zum Üben.
Wozu denn noch?
Zusammen spielen oder einen Film im Kinderprogramm anschauen.
Das kann der doch auch alleine.

Aber zusammen macht das mehr Spaß.
Sag ihm, er soll zu Freunden gehen, weil ich dich brauche.
Davon wird mein Sohn nicht begeistert sein. Und wer fährt ihn dann zum Einshockeytraining oder zum Klavierunterricht?
Ich muss zum Fußballtraining immer alleine gehen.
Und wenn du ein Spiel hast? Schaut deine Mutter mal zu?
Ne, die doch nicht. Hat keine Zeit für so etwas. Aber meine Schwester manchmal.
Gut, dass du Anastasia hast. Mein Sohn hat keine Geschwister. Also muss ich dabei sein.
Kann ich dein Sohn werden?
Wie bitte?
Willst du mich als Sohn haben?
Wenn du keine Eltern hättest und im Waisenhaus leben würdest, dann könnte ich mir das schon vorstellen.
Wirklich? So, wie ich bin?
Wieso fragst du? Wie bist du denn?
Na, frech und faul. Und manchmal wild und gemein.
Das hat sich doch schon so gebessert, Alexi. Und hier in der Schule bist du doch schon wie mein Sohn. Ich lobe dich, wenn du etwas gut machst. Nehme dich in meine Arme, wenn ich dich trösten muss. Verarzte dich, wenn du dich verletzt hast.
Und schimpfst mich, wenn ich böse bin.
Und wenn du nichts tust. Das würdest du mit deinem Sohn doch auch machen, oder nicht?
Wenn der nicht übt oder seine Hausaufgaben nicht macht, dann würde ich ihn zwingen.
Und wie?
Nicht mehr rausgehen dürfen, kein Fernsehen, kein Nintendo. Oder in einen Hort geben. Da machen die so was für die Schule. Ich kenn das von meinem Freund.

Das ist eine tolle Idee, auf die du mich gerade bringst.
Wie bitte?
Wir suchen für dich einen Hort. Deine Mutter kann dir nachmittags nicht helfen und ich auch nicht. Aber ein Hort könnte das. Ganz sicher. Und dann würdest du ganz schnell besser werden in der Schule. Garantiert.

Deshalb ruf ich doch gar nicht an, Kiria. Aber ich kann nicht schlafen. Ich habe solche Angst.
Warum kannst du nicht einschlafen? Wo ist deine Mama?
Nicht da. Sie arbeitet.
Und deine Schwester?
Die schläft bei unserer Cousine. Ich bin ganz allein.
Alexis' Verzweiflung kriecht durch das Telefon mitten in mich hinein.
Jetzt erzähl schon. Was ist passiert?
Er heult so, dass ich ihn kaum verstehe.
Kiria, du willst doch schlafen. Du bist bestimmt ganz schön wütend auf mich.
Nein. Ich bin nicht wütend. Und außerdem bin ich jetzt total wach. Habe ich dir nicht immer gesagt, dass du zu mir kommen kannst, wenn du mich brauchst? Jetzt bist du eben am Telefon. Also, schieß schon los. Was ist?
Der Hai. Der ist hier in meinem Zimmer. Ich meine, der ist unter dem Boden und kommt gleich durch.
Wer kommt? Welcher Hai?
Na, der große weiße Hai. Und der hat so messerscharfe Zähne. Und ganz viele. Der will mich gleich packen. Der wartet nur, bis ich vom Telefon weggehe. Ganz bestimmt. Der ist nämlich intelligent. Die haben gesagt, er spielt mit den Menschen. Und dann greift er an, wenn man sich ganz sicher fühlt. Kiria, der will mich fressen.
Hör mal gut zu, Alexi. Haie brauchen Wasser zum Überle-

ben. Ist in deiner Wohnung Wasser? Oder ein Fluss, See oder Meer unter dem Fußboden?
Keine Antwort.
Du hast dir den Film angeschaut, nicht wahr? Der weiße Hai. Den wollte mein Sohn auch sehen, das habe ich ihm aber verboten, weil das ein sehr grausamer Film ist.
Ja.
Mehr sagt er nicht. Aber ich sehe ihn vor mir. Völlig verängstigte, rot unterlaufene Augen, ein verheultes, ängstliches Gesicht, zitternde Hände und ein ganz klein in sich zusammengesunkener Körper.
Hör jetzt gut zu. Haie leben im Meer. Richtig?
Ja, ich weiß.
Und die ganz großen, gefährlichen Haie leben ganz weit draußen im Meer. Und hier in München haben wir kein Meer. In Griechenland hast du am Meer gewohnt. Aber hier gibt es das nicht.
Aber ich habe doch so große Angst.
Ja, ich weiß.
Nicht wahr, du glaubst mir. Und du lachst mich nicht aus.
Nein, natürlich nicht. Angst haben müssen ist etwas ganz Schreckliches. Und deshalb rede ich ja auch mit dir. Weil dir deine Fantasie so Angst macht. Das sind aber nur Bilder und Gedanken im Kopf. Und die kommen vom Film. Weißt du, wenn wir uns Filme anschauen, dann können die in uns manchmal zur Wirklichkeit werden. Weißt du noch, wie du in der Schule damit angegeben hast, dass du dir immer alles anschaust, was du sehen willst?
Ich weiß ja, dass das nur ein Film ist. Und ich habe noch nie von einem Film Angst bekommen. Noch nie.
Doch, heute Nacht schon. Es gibt Filme, die für jüngere Kinder geeignet sind, und manche eben nicht. Möchtest du das noch einmal erleben?
Nein. Nie wieder. Nie wieder.

Was hältst du davon, dich jetzt in dein Bett zu legen?
Aber ich kann jetzt nicht einschlafen. Er ist noch immer da.
Du kannst das Schlechte wegzaubern. Willst du, dass der weiße Hai aus deinem Kopf verschwindet?
Geht denn das?
Ja, natürlich. Du musst dir nur ganz fest etwas Schönes vorstellen. Lass eine kleine Lampe an und geh mit deinen Gedanken auf Reisen. Wo willst du im Moment am liebsten sein?
Bei dir. In der Schule.
Um Mitternacht? Wunderbar. Dann wirst du das erste Mal vor mir in der Schule sein.
Ich höre ein kleines Lachen.
Also gut. Was machen wir morgen? Besser gesagt heute?
Gleich in der ersten Stunde malen. Geht das?
Eine gute Idee. Und jeder soll das zeichnen oder malen, was er am Abend im Fernsehen gesehen hat. Keiner darf verraten, was er angeschaut hat. Mal sehen, ob wir die Sendungen erraten.
Bei meinem Bild weiß das doch gleich jeder. Das ist doch scheiße.
Das macht doch nichts. Aber du darfst dann auch dazu erzählen. Die anderen Kinder werden von dir erfahren, was für eine große Angst man von einem Film bekommen kann. Damit kannst du ihnen helfen. Willst du das?
Aber ich sage nicht, dass ich dich angerufen habe. Sonst lachen die mich aus.
Keiner wird dich auslachen. Das kannst du ruhig erzählen. Nur so werden die anderen begreifen, was dieser grausame Film mit dir gemacht hat. Und so werden sie es auch wirklich glauben.
Na gut. Ich leg' mich jetzt hin. Und was mache ich, wenn der weiße Hai wiederkommt?

Dann rufst du mich sofort an. Ich lege das Telefon auf meinen Nachttisch. Dann bin ich gleich nach dem ersten Klingeln dran.
Gute Nacht, Kiria.
Gute Nacht, Alexi. Und viel Spaß in der Schule. Stell dort keine Dummheiten an, du Nachtgespenst.
Jetzt höre ich ein befreites Lachen. Und dann nur noch das Klicken vom Auflegen.
Ich lege das Telefon auf meinen Nachttisch. Gerade, als ich den kleinen Knopf an der Lampe drücken will, klingelt erneut das Telefon. Ich gehe sofort dran.
Ist der weiße Hai schon wieder da?
Nein, der ist weg. Ich wollte nur mal sehen, ob du dein Wort hältst.

UND NICHTS ALS DIE WAHRHEIT

7.40 Uhr. Die Kinder der griechischen Unterstufe stürmen aus dem Schulbus.
Das werde ich der Kiria sagen. Dann kriegst du Ärger.
Ach, fick deine Mutter. Du hast hier doch gar nichts zu sagen.
Was hast du Wichser gerade gesagt? Sag das noch mal.
Spiel dich nicht so auf. Hier weiß doch jeder, dass deine Mutter 'ne verfickte Hure ist. Und du bist ein Hurensohn.
Und warum hast du keinen Vater? Soll ich's dir sagen? Weil deine Mutter sich von anderen Männern ficken lässt. Das weiß auch jeder. Mit Hurensohn meinst du dich doch nur selber.
Es dauert keinen Wimpernschlag mehr, da prügeln Alexis und Güsem aufeinander ein. Es wird mit der flachen Hand oder der Faust zugeschlagen. Ins Gesicht, auf den Brustkorb oder in die Magengegend. Auch mit den Füßen wird getre-

ten. Dann zerren sich die Gegner heftig an den Haaren. Kratzen, beißen oder in den Schwitzkasten nehmen sind für die beiden Zweitklässler ganz legitime Mittel, ihren Streit mit Nachdruck auszutragen.
Auf der Treppe in den zweiten Stock schreien sie sich noch immer an. Mir ist sofort klar, dass fürs Erste an Unterricht nicht zu denken ist. Wieder einmal wird in der ersten Stunde statt Deutschunterricht eine Gerichtsverhandlung auf dem Stundenplan stehen. Inzwischen mischen sich auch andere Kinder ein.
Kiria, die haben sich da unten geschlagen. Aber nicht nur ein bisschen, sondern so richtig.
Jeder hat irgendwas gehört und gesehen. Und so stürmt schon vor dem Klassenzimmer ein Wortschwall auf mich ein.
Ich verstehe kein Wort, wenn alle so durcheinander sprechen. Jetzt immer der Reihe nach. Was ist denn passiert?
Weißt du, was der zu mir im Schulbus gesagt hat, Kiria?
Aber er hat angefangen, der Wichser.
Lüg doch nicht, du Bastard. Die anderen sind Zeugen.
Das werden wir ja sehen. Wenn die zu dir halten, dann sind es auch alles verdammte Lügner.
Weißt du was du bist? Du bist gar kein Grieche. Sondern ein scheiß Türke. Was willst du hier in unserer Schule? Geh doch in die Kanakenschule. Da gehörst du hin.
Jetzt ist Schluss mit der Brüllerei. Was soll denn das? In meiner Klasse gibt es keine Bastarde und auch keine Wichser. Alle Kinder haben Vornamen. Merkt euch das. Und alle hier haben auch einen griechischen Pass. Also sind sie Griechen. Egal, ob sie zu Hause Türkisch oder Griechisch sprechen. Habt ihr das kapiert? Und jetzt ab in die Klasse. Und kein Wort mehr. Wir werden gleich über euren Streit sprechen.
Einige Kinder halten sich an meine Anweisung. Die ruhigen

von ihnen gehen völlig verunsichert an ihren Platz. Andere kommentieren in gedämpftem Ton, aber immer noch aufgebracht die Eskalation der beiden anderen. Einige Schultaschen landen mit energischem Schwung auf dem Fußboden. Stühle werden geräuschvoll von den Tischen heruntergefördert.
Ich bleibe im Türrahmen stehen. So habe ich den Überblick über das Klassenzimmer und das Geschehen im Flur.
Beeilung, Kinder. Es ist schon spät. Zieht euch eure Hausschuhe an. Ich habe keine Lust, hier ewig zu stehen.
Nur Alexis kümmert sich nicht um meine Anweisungen. Er hockt mit zusammengepressten Lippen, einem verschwitzten Kopf und verweinten Augen auf der Garderobenbank. Er hat immer noch seinen Anorak und seine Straßenschuhe an. Mit seinen vor dem Oberkörper verschränkten Armen zeigt er mir deutlich, dass er gar nicht daran denkt, meiner Aufforderung nachzukommen.
Was ist mit dir, Alexi? Wie lange soll ich noch auf dich warten?
Ist mir doch egal. Du hältst ja sowieso immer zu den anderen. Ich geh da nicht rein.
Pass mal auf. Unser morgendlicher Anfang war für alle nicht berauschend. Statt einem guten Morgen habe ich nur andere wunderschöne Worte gehört. Aber ich kann nicht bei dir auf dem Flur bleiben und gleichzeitig bei den anderen in der Klasse.
Alexis schreit mich an:
Du bist eine scheiß Lehrerin. So wie alle anderen auch. Ich hasse dich. Ruf ruhig bei meiner Mutter an. Die kann mich abholen. Ich gehe nie wieder in diese Schule.
Ich glaube, dass mit dem Anruf ist keine besonders intelligente Idee. Was glaubst du, wird deine Mutter mit dir machen, wenn sie erfährt, was hier los ist?
Dann kriege ich eben wieder Schläge. Na und? Das macht

mir nichts aus. Ich weine nicht einmal, wenn die mir ins Gesicht schlägt. Dann grinse ich sie nur an. Und das macht sie dann noch wütender. Die kann machen, was sie will. Die kriegt mich nicht klein.

Ich werde weder deine Mutter anrufen noch andere brutale Mittel einsetzen. Aber jetzt ist die Zeit gekommen, dass wir in der Klasse weiterreden. Auf geht's.

Und schon packe ich bestimmt, aber nicht zu fest seine linke Hand, um ihn hochzuziehen.

Da du nicht freiwillig mitkommst, bleibt mir nichts anderes übrig, als …

Ich lasse seine Hand los. Er schaut mich provozierend an.

Na los. Schick schon ein Kind zum Direktor. Der kriegt mich von der Bank auch nicht weg. Wenn er mich anfasst, dann beiße ich.

Plötzlich schiebe ich einen Arm unter seine beiden Beine und lege den anderen um seinen Rücken. Und schon hebe ich ihn hoch.

Dann trage ich dich eben in die Klasse. Wie ein Kleinkind. Tut mir Leid, aber du lässt mir keine andere Wahl.

Völlig überrascht von meiner Aktion wehrt Alexis sich zunächst nicht dagegen. Aber dann beginnt er, wie verrückt mit seinen Beinen zu strampeln. Seinen linken Arm kann er zum Schlagen nicht benutzen, weil er zwischen seinem und meinem Körper eingeklemmt ist. Seinen anderen Arm halte ich an seinen Körper gepresst.

Das ist gemein. Lass mich sofort runter. Ich habe gesagt, du sollst loslassen. Ich warne dich. Ich beiße zu, wenn du mich nicht in Ruhe lässt.

Unbeeindruckt lasse ich ihn vor sich hinschimpfen, während ich auf die Klassenzimmertür zugehe. Ich stoße sie mit einem Fuß energisch auf.

Das wirst du sicher nicht tun, mein Kleiner. Und wenn von euch hier in der Klasse jetzt auch nur einer lacht, dann

bekommt er es mit mir zu tun. Inzwischen habe ich sehr schlechte Laune.
Erstaunte Blicke verfolgen meine Aktion. Keines der Kinder wagt einen Ton zu sagen. Ich gehe zielgerichtet auf die Couch in der hinteren rechten Ecke zu. Dort lege ich das Wutbündel einfach hin.
Sofort gehe ich wieder nach vorn. Alexis brüllt hinter mir her.
Ich bleibe nicht hier. Das habe ich dir doch gesagt. Ich haue jetzt ab. Und du kannst mich nicht daran hindern. Los, red mit mir. Ich habe gesagt, du sollst was sagen, verdammt noch mal.
Ich drehe mich weder nach ihm um, noch kommentiere ich seinen Wortschwall. Ich greife nach meinem Schlüsselbund, suche im Gehen den entsprechenden Schlüssel heraus, stecke ihn ins Schloss und schließe ab.
Und schon ist Alexis wieder auf den Beinen. Er rennt in Richtung Tür.
Das darfst du nicht. Das ist Freiheitsberaubung.
Ich bekomme ihn zu fassen und gehe gleichzeitig in die Hocke.
Hör mal gut zu, Alexi. Ich tue das, damit du dich erst einmal beruhigen kannst. Du bist doch völlig durcheinander. Dann fällst du vielleicht die Treppe runter oder läufst vor ein Auto, wenn du dann abhaust.
Ich bin doch nicht blöd. Und blind bin ich auch nicht.
Du hast Recht. Blöd bist du ganz sicher nicht. Aber leider blind vor Wut. Und ich will nicht, dass dir was passiert. Und jetzt reden wir über euren Streit und wie alles angefangen hat.
Ich will nicht reden. Ich will, dass du diese verdammte Tür aufsperrst.
Das werde ich nicht. Und du kennst mich. Ich tue immer das, was ich sage.

Ich auch. Dann trete ich eben gegen die Tür, bis du wieder aufmachst.
Auch das wirst du nicht tun. Weil ich dich dann nämlich wie ein Baby auf meinen Schoß setzen werde. Also, entscheide dich, Alexi. Ich will jetzt mit der Klasse den Streit bereden und endlich erfahren, wie alles angefangen hat.
Ich wende mich der Klasse zu.
Die Gerichtsverhandlung ist eröffnet. Wer sind die Angeklagten? Wer die Zeugen? Und wer will Verteidiger sein? Wer ist der Staatsanwalt?
Für die Klasse ist es ein bekanntes Spiel. Alle wissen, dass ich die Richterin spiele. Jeder bekundet, welche Rolle er einnehmen möchte.
Alexis hat sich immer noch nicht vom Fleck bewegt.
Ich ziehe zwei Tische in die Nähe der Tür und stelle vier Stühle dahinter.
Die beiden Angeklagten sollen mit ihren beiden Verteidigern bitte Platz nehmen.
Alexis steht mit verschränkten Armen an einem der Tische.
Ich bin doch schon da.
Herr Angeklagter Alexis. Sind Sie mit Ihrem Verteidiger einverstanden?
Dem Nikos? Passt schon.
Bei mir passt das auch mit dem Tzafer.
Danke, Herr Angeklagter Güsem. Dann nehmen Sie bitte alle Platz.
Ich betätige eine Glocke, die immer griffbereit auf dem Regal neben der Tafel steht.
Ruhe im Saal. Wer die Gerichtsverhandlung stört, bekommt eine Ordnungsstrafe. Frau Staatsanwältin Dimitra, bitte. Was wird den beiden Angeklagten vorgeworfen?
Die beiden da vorne, ich meine Güsem und Alexis, haben sich im Schulbus erst beleidigt und dann geprügelt. Beide sind schuld und müssen bestraft werden.

Was haben die Angeklagten dazu zu sagen? Bitte zuerst der griechischsprachige Angeklagte Alexis. Wenn's geht, erzählen Sie den Vorfall bitte auf Deutsch, damit wir Sie alle verstehen können. Oder brauchen Sie einen Übersetzer?
Du weißt doch ganz genau, Kiria, dass ich besser Deutsch als Griechisch spreche.
Bitte nennen Sie mich nicht Kiria. Für Sie bin ich die Frau Richterin.
Ich grinse Alexis an. Und er grinst zurück.
Ach ja. Entschuldigung. Also, Frau Richterin. Ich bin unschuldig. Nur der andere hat Schuld.
Das wird die Gerichtsverhandlung herausfinden. Erzählen Sie bitte so genau wie möglich.
Nachdem Alexis mit seinem emotional geladenen Bericht fertig ist, kommt Güsem dran. Auch er beteuert seine Unschuld an dem Streit.
Jetzt rufe ich die Zeugen auf. Bitte, Zeuge Nummer eins. Wie ist Ihr Name? Und was haben Sie gehört oder gesehen? Vergessen Sie nicht: Sie müssen hier die Wahrheit sagen und nichts als die Wahrheit. Wenn Sie lügen, werden auch Sie hart bestraft.
Das weiß ich doch, Kiria. Ich meine, Frau Richterin.
Alle Kinder können als Zeugen Stellung beziehen. Langsam lösen sich die Fronten auf und jeder ist nur darauf bedacht, den Ursprung des Streites zu ergründen.
Die Verhandlung dauert nun schon über eine halbe Stunde.
Frau Richterin, ich glaube, der Türke ist schuld.
Sie meinen den türkischsprachigen Griechen Güsem, nicht wahr?
Ja, den da. Er hat Alexis ausgelacht, als er in den Schulbus gestiegen ist. Und dann hat er sich über ihn lustig gemacht.
Und warum?

Weil Alexis heute zwei verschiedene Socken anhat. Schauen Sie doch mal.
Als Beweis bitte ich den Angeklagten Alexis, seine Socken zu zeigen.
Nein, Kiria. Das mache ich nicht. Dann lachen die mich wieder aus.
Keine Angst, Herr Angeklagter. Wenn ich auch nur einen Lacher höre, wird derjenige sofort aus dem Gerichtssaal entfernt.
Es ist absolute Stille im Klassenzimmer. Alle Blicke sind auf Alexis' Hosenbeine gerichtet.
Na gut. Hier.
Danke. Ich stelle fest, dass der Angeklagte Alexis tatsächlich zwei verschiedene Socken anhat. Aber das ist sein persönliches Recht. Jeder kann sich anziehen, wie er will. Oder gibt es ein Gesetz, Frau Staatsanwältin, das besagt, dass man immer zwei gleiche Socken anhaben muss?
Gibt es so was, Kiria?
Nein, natürlich nicht, Frau Staatsanwältin. Da sind Sie doch mit mir einer Meinung. Oder nicht?
Ja, ja. Natürlich.
Der Angeklagte Güsem möge sich erheben.
Was soll ich?
Es kommen Zwischenrufe der Klasse.
Los, beweg deinen Arsch, Güsem. Aufstehen sollst du.
Ich läute die Glocke.
Also, Herr Angeklagter Güsem. Geben Sie zu, dass Sie mit dem Streit angefangen haben?
Stille im Klassenzimmer.
Aber der Alexis hat dann Wichser zu mir gesagt.
Herr Angeklagter Güsem. Ich habe Sie nicht gefragt, was der andere Angeklagte geantwortet hat, sondern ob Sie mit dem Streit angefangen haben. Also?
Ja.

Danke für Ihren Mut, hier im hohen Gericht die Wahrheit zu sagen. Jetzt hätte ich noch eine Frage an alle hier im Gerichtssaal. Wäre es zu der Schlägerei gekommen, wenn keiner den Angeklagten Alexis wegen seiner Socken ausgelacht hätte?
Alle Kinder schütteln den Kopf.
Gut, ich werde mich jetzt mit meinen Schöffen beraten. Die anderen warten bitte hier im Gerichtssaal.
Die Kinder kennen das schon. Alle Zeugen werden in diesem Moment zu den Helfern der Richterin, um ein gerechtes Urteil zu finden.
Ich gehe in den Nebenraum. Alle Zeugen stehen auf und kommen hinter mir her. Die Zurückgebliebenen bleiben völlig ruhig. Keiner weiß, wie das Urteil aussehen wird.
Was meinen Sie, liebe Schöffen?
Beide sind schuld. Also bekommen auch beide eine Strafe. Vielleicht gar nicht mehr in die Pause dürfen. ... Nein, das finde ich gemein. ... Aber wenn die beide zugeben, dass sie schuld sind, dann brauchen wir sie nicht zu bestrafen. ... Die sollen sich entschuldigen und die Hand geben. Das ist für beide eine harte Strafe.
Als Richterin finde ich diesen Vorschlag gar nicht schlecht. Eine Entschuldigung ist immer gut. Aber wir wollen es den beiden Angeklagten nicht zu einfach machen, oder?
Sag schon, Kiria. Was hast du dir ausgedacht?
Was haltet ihr davon, wenn wir die beiden Streithähne dazu verurteilen, dass sie in der Pause miteinander spielen müssen und sich dabei nicht streiten dürfen?
Und wenn die sich dann doch wieder streiten?
Dann werden sie sich tatsächlich auf der Bank vor dem Lehrerzimmer wiederfinden. Und für lange Zeit.
Von allen Seiten kommt nur Zustimmung.
Also los. Die warten da drinnen schon ganz gespannt. Wer verkündet das Urteil der Schöffen?

Darf ich, Kiria?
Bitte sprechen Sie mich mit meinem richtigen Namen an, Frau Schöffin Selma.
Entschuldigung, Frau Richterin. Darf ich?
Der ganze Trupp begibt sich wieder in die Klasse. Dabei kichern schon einige Kinder. Ich lege den Finger auf meine Lippen.
Bitte erheben Sie sich alle. Das Urteil wird durch die Schöffin Selma bekannt gegeben.
Jetzt hört mal gut zu. Die beiden Angeklagten Güsem und Alexis haben sich wegen Beleidigung und Körperverletzung schuldig gemacht. Im Namen des Volkes ergeht folgendes Urteil …
Nach der Urteilsverkündung grinsen sich die Angeklagten an und schlagen sich mit der Hand ab.
Jetzt habe ich als Richterin noch eine Frage.
Alle schauen mich erstaunt an.
Kann ich den Gerichtssaal wieder aufsperren? Oder besteht noch Fluchtgefahr?
Befreites Lachen.
Ohne eine weitere Antwort abzuwarten, nehme ich meine Schlüssel und schließe die Tür wieder auf.
Hiermit ist die Gerichtsverhandlung beendet.
Und was spielen wir jetzt, Frau Richterin?
Jetzt bin ich wieder eure Kiria. Und jetzt spielen wir Schule. Wir sind spät dran. Also los. Zeigt mir eure Hausaufgaben. Und wer sie nicht gemacht hat, soll es lieber gleich sagen.
Du willst die Wahrheit, Kiria. Stimmt's? Und nichts als die Wahrheit.
Der Einwurf kommt von Alexis. Und schon geht er an seine Schultasche und holt sein Heft heraus. Er schlägt es auf und grinst mich stolz an.

Es ist ein schlechter Tag. Alexis ist inzwischen in der dritten Klasse, er hat in letzter Zeit oft in der Schule gefehlt. Ich spreche ihn darauf an.
Das ist doch nicht meine Schuld. Was kann ich dafür? Ist mir doch egal.
Das ist nicht egal. Du musst regelmäßig in die Schule kommen. Du kannst nicht zwei bis drei Tage in der Woche fehlen. Sag das bitte auch deiner Mutter. Und hör endlich auf, auf dem Stuhl herumzuturnen.
Ich kann mich hinsetzen, wie ich will. Lass mich doch in Ruhe. Du bist wie meine Mutter. Ständig meckert ihr an mir rum. Jetzt mach ich überhaupt nichts mehr.
Alexis sitzt wie immer halb auf der Stuhllehne. Plötzlich kippt der Stuhl nach hinten weg. Ich will ihn noch auffangen, aber es gelingt mir nicht. Im Fallen knallt er mit dem Kinn auf die Tischkante. Glücklicherweise scheint er sich nicht ernsthaft dabei weh getan zu haben. Der Junge holt mit einer Hand nach mir aus, trifft aber nicht.
Das ist deine Schuld. Du hast mich nicht in Ruhe gelassen.
Wutentbrannt und tränenüberströmt rappelt sich Alexis auf und rennt in Richtung Tür. Im Vorbeirennen schubst er absichtlich Christos vom Stuhl, so dass der seitlich auf den Boden fällt. Ich renne zu Christos hin und helfe ihm auf. Alexis ist inzwischen schon aus Klasse gelaufen und hat die Tür mit voller Wucht hinter sich zugeknallt.
Geht's wieder, Christo?
Ja, aber wenn der hier wieder auftaucht, dann schlag ich ihn zusammen.
Das brauchst du nicht. Er bekommt für das, was er gerade getan hat, eine harte Strafe von mir.
Das ist dem doch egal.

Sei nicht sauer. Irgendwas stimmt mit Alexis nicht. Ich glaube, er hat zu Hause ganz große Probleme.
Na und? Wenn ich meinem Vater erzähle, was der heute gemacht hat, dann kommt er her. Und dann hat der wirklich Probleme.
Ich verstehe ja, dass du wütend auf ihn bist. Aber jetzt muss ich ihn erst einmal suchen. Wer weiß, wo er hingerannt ist. Wartet bitte hier ganz lieb auf mich. Ihr könnt ja was malen. Ich muss nach unserem Durchgedrehten schauen, damit nicht noch mehr passiert. Und du, Christos, gehst in die Nachbarklasse und sagst Bescheid. Die Lehrerin soll ihre Tür offen lassen.
Wir sind doch keine Babys, Kiria.
Weiß ich doch. Aber trotzdem. Ich habe keine ruhige Minute, wenn ihr hier alleine sitzt. Bist du so lieb, Christo?
Zusammen verlassen wir eilig das Klassenzimmer. Alexis sitzt nicht auf der Garderobenbank, wie ich insgeheim gehofft habe. Ich renne die Treppen hinunter. Alexis ist nirgends zu sehen. Auf dem Schulhof ist er auch nicht. Ich laufe alle Schulgänge ab. Bis zum Büro.
Ist unser kleiner wilder Grieche hier vorbeigekommen?
Nein, hier war niemand. Ist was passiert?
Ach, Alexis ist wieder durchgedreht. Und jetzt ist er weggelaufen.
Soll ich die Mutter verständigen?
Warte noch. Vielleicht finde ich ihn auf den Toiletten.
Ich laufe zur Jungentoilette.
Ist hier jemand?
Keine Antwort. Es ist kein Atmen und Weinen, kein einziger Ton auf dem stillen Örtchen zu hören. Sicherheitshalber drücke ich jede Klotür auf. Aber ich habe auch hier kein Glück. Alexis ist tatsächlich verschwunden.
Besorgt und enttäuscht trete ich den Rückweg an. Mir ist klar, dass ich jetzt die Mutter verständigen und die Polizei

einschalten muss. Bevor ich in Richtung Büro gehe, will ich noch in der Klasse vorbeischauen. Ich kann sie nicht die ganze Zeit sich selbst überlassen.
Schon auf der Treppe zu meinem Klassenraum fällt mir die unheimliche Stille auf. Irgendetwas stimmt nicht. Ich nehme beunruhigt mehrere Stufen auf einmal und biege um die Ecke.
Wieso ist die Tür geschlossen?
Ich reiße sie auf. Alle Kinder sitzen wie Wachsfiguren an ihrem Platz und grinsen mich an.
Was ist denn mit euch los? Ich dachte schon, ihr seid alle abgehauen.
Plötzlich entdecke ich den verloren geglaubten Jungen. Alexis sitzt brav und artig an seinem Platz. Auch er grinst mich an.
Wo kommst du denn her, Alexi? Wieso bist du hier?
Das ist doch meine Klasse, oder nicht? Darf ich nicht hier sein?
Ja, natürlich. Aber ich habe dich überall gesucht. Spinnst du, mir solche Sorgen zu machen? Ich wollte schon die Polizei verständigen.
Vor Wut über seine Leichtfertigkeit werden meine Augen feucht.
Warum weinst du denn, Kiria? Ich war doch nur im Schrank hier auf dem Flur. Da saß ich doch schon öfter drin. Aber diesmal hast du mein Superversteck vergessen. Nicht wahr?
Ja glaubst du, ich kann noch denken, wenn du abhaust? Ich konnte vor Sorge um dich keinen klaren Gedanken mehr fassen.
Hast du wirklich geglaubt, mir ist was passiert? Meiner Mutter ist es egal, wenn ich von zu Hause weglaufe. Die sucht mich nie. Nur, wenn ich zurückkomme, kriege ich Prügel. Haust du mich auch?

Ich gehe auf Alexis zu. Schützend hält er die Hände vors Gesicht. Ich gehe in die Knie und umarme ihn fest. Einige Tränen laufen mir übers Gesicht.
Und ich dachte, du willst mich jetzt schlagen.
Ich schaue dem Kleinen direkt ins Gesicht.
Das hast du mir wirklich zugetraut? Habe ich schon jemals eines der Kinder hier geschlagen? Was denkst du von mir?
Bist du jetzt sauer auf mich?
Natürlich bin ich wütend auf dich. Und enttäuscht. Wie kannst du mir so etwas antun? Ich renne wie eine Verrückte durch die ganze Schule und du lachst dir ins Fäustchen. Ich finde so ein Lauftraining nicht sehr witzig, du?
Nein. Weißt du, warum ich das gemacht habe?
Nein, keine Ahnung. Aber du kannst es mir sicherlich erklären.
Alexis schaut mich traurig an. Tränen rinnen wieder über sein Gesicht.
Gestern Abend.
Was war gestern Abend?
Ich habe mich wieder gestritten.
Mit wem? Mit deiner Schwester?
Nein, mit Mama. Ich bin wieder abgehauen und erst spät wiedergekommen.
Wo warst du?
Ich bin zu einem Freund gegangen. Wir haben zusammen Nintendo gespielt. Ich habe die Zeit vergessen. Ehrlich.
Und weiter?
Mama war diesmal total wütend. Ich habe nämlich keine Jacke und keine Strümpfe angehabt.
Bei der Kälte? Da würde ich als Mutter auch sauer werden, wenn mein Sohn so etwas machen würde.
Schlägst du deinen Sohn dann auch?
Natürlich nicht. Aber er bekommt dann Fernsehverbot oder

darf etwas anderes nicht machen, was er gerne machen würde.
Du verprügelst deinen Sohn wirklich nicht? Bei uns ist das nicht so. Mama hat zuerst nur herumgeschrien, als ich nach Hause kam.
Und dann?
Ja, dann wurde sie immer wütender. Erst gab es Ohrfeigen. Und dann hat sie mich richtig geschlagen. Da habe ich sie angebrüllt.
Was hast du ihr denn gesagt?
Dass ich sie hasse und ich sie nicht als meine Mama haben will.
Alexis fängt an zu weinen.
Ich weiß, dass du deine Mama eigentlich sehr lieb hast. Was du da zu ihr gesagt hast, war ja auch nicht die Wahrheit. Das hat sie bestimmt ganz traurig gemacht.
Traurig nicht. Aber noch wütender. Plötzlich hat sie eine Reisetasche aus dem Schrank geholt und hat meine Klamotten reingeworfen.
Warum denn das?
Weil sie mich loswerden wollte. Sie hat mich an der Hand aus der Wohnung gezerrt, mich ins Auto gepackt und ist zum Flughafen gefahren. Sie wollte mich ins Flugzeug nach Griechenland stecken und mich loswerden. Kiria, ich hatte so 'ne Angst. Die wollte das wirklich machen. Ich habe geheult und mich entschuldigt. Aber sie hat mir überhaupt nicht zugehört. Sie hat im Flughafen immer nur gebrüllt.
Du bist nicht mehr mein Sohn. So einen Sohn will ich nicht haben. Verschwinde aus meinem Leben.
Alle Leute haben uns angeschaut. Und am Schalter war so eine Frau, die hat dann gesagt, dass es so spät kein Flugzeug mehr nach Griechenland gibt. Das war mein Glück.
Glaubst du denn, die hätte das wirklich getan? Dich ins Flugzeug gesteckt und ab nach Griechenland?

Du kennst meine Mutter nicht, wenn die wütend ist.
Und was machen wir beide jetzt, Alexi?
Weiß nicht. Rufst du meine Mutter an und erzählst ihr alles?
Eigentlich sollte sie schon wissen, was mit dir hier los war.
Alexis schaut mich mit verweinten Augen und einem entsetzten Gesichtsausdruck an.
Ich muss mir noch überlegen, wie ich das regeln kann. Jetzt lauf erst einmal ins Büro und sag, dass du wieder da bist.
Mach ich.
Im Aufstehen wischt sich der Junge mit den Handflächen die restlichen Tränen aus dem Gesicht. Und zieht die Nase mehrmals hoch.
Ich bin gleich wieder da. Darf ich zur Bürofrau sagen, dass alles wieder in Ordnung ist?
Das entspricht zwar nicht ganz der Wahrheit, aber du kannst der Sekretärin sagen, dass sie nicht deine Mutter und auch nicht die Polizei anrufen muss.
Während Alexis seinen Auftrag ausführt, versuche ich, die Klasse auf die eigentliche Arbeit einzustimmen. Plötzlich wird die Tür aufgerissen und fällt dann wieder schwungvoll ins Schloss.
Alles erledigt. Die Frau im Büro musste lachen, als ich ihr von meinem Versteck erzählt habe.
Tatsächlich? Ich finde das aber gar nicht komisch. Außerdem könntest du die Tür auch leise auf- und zumachen. Glaubst du nicht?
Klar, kann ich das. Ich zeig es dir.
Und schon ist Alexis wieder draußen. Alle starren auf die Tür. Nichts tut sich.
Alexi? Komm rein.
Nichts rührt sich draußen. Ich stehe genervt auf, um nachzusehen. Geht das Theater jetzt wieder los?
Da öffnet sich leise die Tür.

Hereingelegt. Du dachtest, ich bin wieder abgehauen. Stimmt's? Aber warum sollte ich? Es ist doch alles wieder in Ordnung. Oder nicht?

Einige Tage später klingelt am Nachmittag bei mir zu Hause das Telefon.
Kiria? Sind Sie's, Kiria? Bitte, hilf mir. Die macht das jetzt wirklich.
Was ist denn bloß los, Alexi?
Der Junge antwortet nicht mehr auf meine Frage. Ein Krachen macht mir klar, dass Alexis den Hörer fallen gelassen hat. Im Hintergrund höre ich wildes Geschrei und die weinerliche Stimme von Alexis.
Bitte nicht, Mama. Ich bin auch wieder ganz lieb. Nein, ich will nicht. Bitte nicht, Mama. Bitte, tu das nicht. Ich mach das auch nie wieder. Versprochen.
Hallo? Hallo. Hört mich jemand?
Ich erhalte keine Antwort. Ich vernehme nur Schreien, Weinen, Brüllen und hastige Schritte. Ich warte eine Zeit lang. Aber niemand scheint ans Telefon gehen zu wollen. Dann höre ich, wie die sich überschlagenden Stimmen, Alexis Bitten und Betteln langsam entfernen. Eine Tür schlägt zu, das Ende der unheimlichen Szene. Dann herrscht absolute Stille.
Am nächsten Tag fehlt Alexis in der Schule. Im Sekretariat frage ich nach, ob seine Mutter ihn entschuldigt hat. Kein Anruf. Ich schnappe mir die Schülerliste und wähle seine Nummer. Niemand scheint ans Telefon gehen zu wollen. Als ich schon auflegen will, hebt jemand den Hörer ab.
Bist du's, Kleiner?
Nein. Der ist weg. Und kommt auch nicht mehr in Ihre Schule.
Wie meinen Sie das?

So, wie ich es Ihnen gesagt habe. Ich habe Alexis zu seinem Vater nach Griechenland geschickt.
Wann? Hatten Sie das schon lange vor? Der Kleine hat mir gar nichts davon erzählt.
Konnte er ja auch nicht. Gestern hat von uns auch noch keiner gewusst, dass ich ihn abends ins Flugzeug stecke. Aber ich konnte nicht mehr. Er hat mir in letzter Zeit das Leben zur Hölle gemacht. Jetzt soll sein Vater sehen, wie er mit ihm fertig wird.
Sie haben ihn alleine nach Griechenland geschickt?
Ja, gestern Abend. Es hat alles nichts mehr gebracht. Ich habe seine Klamotten gepackt, ihn zum Flughafen gefahren, ein Ticket gekauft und schon war er weg. Ich habe in Griechenland angerufen und denen gesagt, dass der Junge im Flugzeug sitzt. Die waren vielleicht überrascht.
Sind Sie sicher, dass Ihr Mann den Jungen vom Flughafen abgeholt hat?
Das interessiert mich nicht. Ich habe ihm gesagt, dass er Alexis abholen kann oder auch nicht. Das ist jetzt seine Sache, was mit dem Jungen passiert.
Machen Sie sich keine Sorgen um Alexis?
Warum denn? Der schafft das schon irgendwie. Der hat doch hier in Deutschland auch immer nur das gemacht, was er wollte. Der geht schon nicht unter. Und soll ich Ihnen was sagen? Jetzt fühle ich mich besser. Der ist schuld, dass ich in letzter Zeit so nervös bin. Der hat mich richtig krank gemacht. Kein Tag verging ohne Streitigkeiten. Ich hatte die Nase voll. Sie brauchen mir keine Vorwürfe zu machen. Das ist meine Sache.
Natürlich haben Sie als Mutter das Recht, zu entscheiden, wo Ihr Sohn aufwachsen soll. Aber er hängt an Ihnen und liebt Sie sehr. Er braucht Sie. Da bin ich mir ganz sicher. Ihr geschiedener Mann hat doch keine Zeit für den Kleinen und die Oma ist doch sehr krank.

Der und mich lieben. Dass ich nicht lache. Außerdem ist mir das jetzt völlig egal. Die sollen da unten sehen, wie sie das mit Alexis regeln. Sein Vater kann sich ruhig mit ihm herumplagen. An mich hat ja auch nie jemand gedacht, wie ich das mit den zwei Kindern alleine schaffen kann. Ich nehme ihn nicht mehr. Und das ist mein letztes Wort. Streichen Sie ihn von Ihrer Liste. Der kommt nicht mehr wieder. Auf Wiedersehen.
Und schon hat die Mutter den Hörer wieder aufgelegt.
Hilflos bleibe ich noch eine Weile vor dem Telefon stehen.
Alexis klingt mir immer noch in den Ohren.
Bitte, hilf mir. Die macht das jetzt wirklich.

Es vergehen mehrere Wochen. Immer wieder rufe ich Alexis' Mutter an und erkundige mich nach ihm. Ihre anfängliche Wut und Ablehnung ist einer großen Sehnsucht gewichen.
Glauben Sie mir. Er braucht Sie. Er wird das da unten in Griechenland ohne Sie nicht schaffen. Ich habe auch viel

mit ihm über seine Familie gesprochen. Er liebt Sie mehr als Sie glauben. Das ewige Hin und Her hat ihn doch schon so durcheinander gebracht. Ich glaube nicht, dass ihm jemand in Griechenland in seiner psychischen Situation helfen kann. Und schulisch sowieso nicht. In Griechenland können die in den normalen Grundschulen mit Legasthenie doch nicht umgehen. Die werden ihn höchstens ständig auslachen. Sie wissen, dass ihm das den Rest geben wird.

Ich streiche Alexis nicht von der Schülerliste. Als ob ich so seine Rückkehr erzwingen könnte. Von Tag zu Tag schwindet jedoch meine Hoffnung.

Eines Morgens steht Anastasia in der Tür.

Ist was mit deinem Bruder in Griechenland? Was ist los? Bleib da bitte nicht so stumm stehen.

Überraschung. Ich bin wieder da.

Der ganzen Klasse und mir bleibt beinahe das Herz stehen. Ungläubig schauen wir auf Alexis, der sich an seiner Schwester vorbei ins Klassenzimmer drängelt.

Mein Platz ist ja noch frei. Wollte sich da keiner hinsetzen?

Doch. Eigentlich schon. Dein Platz war sehr begehrt. Aber ich wusste, dass du wiederkommst. Besser gesagt, ich habe es mir sehr gewünscht. Und die anderen in der Klasse auch. Wir waren alle sehr traurig, als du verschwunden warst.

Jetzt bin ich ja wieder da.

Ich laufe ihm entgegen und nehme ihn fest in meine Arme. Ich flüstere ihm ins Ohr:

Gut, dass du zurück bist, Alexi. Ohne dich war es schon fast langweilig. Mein Gott. Ich habe so viel an dich denken müssen. Und ich habe dich so vermisst.

Der Junge drückt sich ganz fest an mich.

Die Schule war ganz schrecklich. Immer wurde ich ausgelacht, weil ich nicht lesen konnte. Und ich habe mich aufgeführt. Aber so richtig, Kiria.

Das kann ich mir sehr gut vorstellen. Dazu braucht man wirklich nicht viel Fantasie.
Am Anfang habe ich nicht gewusst, wo die Toiletten waren. Da habe ich denen einfach an die Mauer im Flur gepisst.
Die ganze Klasse brüllt vor Lachen.
Hoffentlich führst du das hier nicht auch ein, Alexi.
Jetzt bin ich ja wieder da, wo ich sein will. Und du magst mich, wie ich bin. Stimmt's?
Stimmt. Vielleicht mit einigen Ausnahmen.
Ich mag dich auch, wie du bist. Auch, wenn du mal sauer bist und herumbrüllst.
Wieder hat Alexis die Lacher auf seiner Seite.
Wie großzügig von dir.
Kann ich jetzt wieder gehen, Kiria?
Ich gehe auf Alexis' Schwester zu.
Danke, dass du ihn gebracht hast. Du hast ihm bestimmt auch sehr gefehlt.
Er mir auch. Das können Sie mir glauben. Und meiner Mutter übrigens genauso. Die hat die ganzen Wochen nur geheult.
Weißt du, was das Schrecklichste war, Kiria?
Ich wende mich wieder Alexis zu.
Als meine Mutter das zu mir gesagt hat. Du weißt schon, was ich meine. Ab nach Griechenland.

Mein Leben und die Probleme

1986 bin ich in Istanbul geboren aber es war im Urlaub, also bin ich ein Urlauss Kind. Das ist ein Problem, warum weil ich jetzt nur mein Unbefris-tetem genemigung haben, und ihn auch nich leicht bekommen haben.
Mit 12 Jahren hat es angefangen, ich haben nur scheiße gebaut und war sehr frech. Aber mit 13 Jahren habe ich mal eine kleine schlägerei gehabt, mit meinen damaligen-freunden (Falsche freunde) es ging immer so weiter. Um so älter ich wurde um so mehr probleme kammen auf-mich zu, und das war zuviel für mich. Ich bin ausgestiegen, ich wurde dann sehr Agresiv und wild ich wahr ein Schläger ohne Ziel. Diesmal ging ich viel zu weit, Ich habe mich mit freunden wegen meiner-freundin gegen Andere Jugendlich

ONUR

Onur ist Türke kurdischer Abstammung. Als sein Vater sich eine neue Frau nimmt, bleibt Onur bei der Mutter. Immer wieder muss er wegen Anklage auf Körperverletzung vor Gericht. Momentan steht er ohne Lehrstelle auf der Straße.

MEIN LEBEN UND DIE PROBLEME

1986 bin ich in Istanbul geboren aber es war im Urlaub, also bin ich ein Urlaubs Kind. Das ist ein Problem, warum weil ich jetzt nur mein Unbevristeten genemigung haben, und ihn auch nich leicht bekommen haben.

Mit zwölf Jahren hat es angefangen. Ich habe nur Scheiße gebaut und war sehr frech. Aber mit dreizehn Jahren habe ich mal eine kleine Schlägerei gehabt mit meinen damaligen Freunden (falsche Freunde) und es ging immer so weiter. Je älter ich wurde, umso mehr Probleme kamen auf mich zu und das war zu viel für mich. Ich bin ausgestiegen und ich wurde sehr aggressiv und wild. Ich war ein Schläger ohne Ziel.

Einmal ging ich dann viel zu weit. Einige Freunde und ich haben uns wegen meiner Freundin mit anderen Jugendlichen brutal geschlagen. Alkohol- und Drogenprobleme habe ich keine, obwohl ich leicht an die Sachen drankommen könnte. Aber ich bin ein sehr sportlicher Junge und in meiner Freizeit mache ich viel Bodybuilding. Ich bin mit meinem Körper sehr zufrieden. Ich brauche das Fitness und das Boxen, denn dabei kann ich richtig alles rauslassen: Wut, Aggression und Frust. Das tut echt gut, das ist mein eigenes Aggressionstraining. Ich hatte ja nicht nur Blödsinn im Kopf, sondern auch Gutes. Ich bin hilfsbereit und kann auch Verantwortung tragen. Die erste Zeit bei der Frau Korbmacher war gar nicht mal so schlecht, aber als die Projekte angefangen haben, da wurde es echt cool. Seitdem komme ich auch nicht auf dumme Gedanken! Wenn uns die Fr. Korbmacher droht, dass sie aufhört oder keine schönen Projekte mehr macht, dann müssen wir uns zusammenreißen.

Ich bin alt genug, um zu wissen wann es reicht. An diesen Punkt kommt man schon von alleine. Wenn man bei der Polizei schon bekannt ist, dann ist es vor der Familie und Freunden echt peinlich. Deshalb sollte man sich ja nie erwischen lassen!
Jetzt bin ich fast achtzehn Jahre alt und mache meinen Führerschein. Das Beste ist, dass ich ihn durch das »Lichttaler-Projekt« gezahlt bekomme, aber das habe ich mir doch auch verdient, oder? Ich habe es geschafft: Ich baue keine Scheiße mehr, mache bei den Auftritten mit und helfe ab und zu mal, auf die Kleineren aufzupassen. Wenn man das Verhalten von den Kleinen beobachtet, dann sieht man sich selbst meistens auch wieder. Ich wohne mit meiner Mutter,

meinem Stiefvater und einem Hund in einer Dreizimmerwohnung im Hasenbergl.

Mann hat es echt schwehr wenn man im Hasenbergl wohnt. Es ist einfach zu viel Obdachligkeit und Müll, kriminalität und darin bin ich aufgewachsen. Man gewöhnt sich schnell an Hasenbergl weil es keine Probleme mit Nationalität es gibt echt alle Nastionalität im Hasenbergl das ist vie leicht das einzig schöhnste daran. Ich weis gar nicht mehr was ich schreiben soll. Ich habe es einfach geschafft.

LENCI

Lenci ist kroatische Sinti. Sie wächst in Deutschland dreisprachig auf. Seit sechs Jahren lebt die Familie im Hasenbergl. Dort beendet Lenci die Förderschule, bekommt aber keine Lehrstelle. Sie ist inzwischen volljährig und lebt streng nach den Regeln ihrer Sippe. Dabei fühlt sich sich zwischen zwei Kulturen hin- und hergerissen.

NACHTIGALL VOM HASENBERGL

Ich bin in Köln Brühl Geboren am: 5. 7. 86 ich habe als erstes in Köln Gewohnt f. 10 Jahre lang. Ich habe die Deutsche sprache gleich gekannt und wo ich 6 Jahre alt war da war mein erstes Schultag. Ich habe mich nicht gefreut für die Schule ich habe angst in der Schule zu gehen.

Ich weiß auch nicht warum, aber vor Angst habe ich immer geweint. Dann sind wir nach München gezogen und ich bin zwar zur Schule gegangen, aber nicht so oft. Ich hatte keine Lust, dorthin zu gehen, aber wenn mir langweilig war, bin ich hingegangen.

Ich war sehr frech zu den Lehrerinnen. Ich habe einfach gemacht, was ich wollte, und habe sie angeschrien: »Du blöde Fotze!« und »Du Hure!« usw. Eines Tages hat mich meine Lehrerin gefragt, ob ich gerne singe. Ich habe ja gesagt und sie sagte: »O.k., ich sage Frau Korbmacher, dass du auch da mitmachen willst.« Ich war einverstanden. Dann bin ich raus in die Pause gegangen und habe gesungen. Ich dachte mir: »O.k., mache ich mal bei diesen Blöden mit.« Die waren alle so freundlich und es hat mir sehr viel Spaß gemacht. Ich bin auch sehr frei geworden und habe mehr Freunde gewonnen, anstatt sie zu verlieren.

Dann hatten wir Auftritte, haben Filme gedreht und sind ins Studio gegangen. Mein Vater wollte dann, dass ich damit aufhöre, weil er kein Vertrauen zu mir hatte. Das ist sehr schlecht, wenn ein Mensch kein Vertrauen hat. Aber ich habe mit ihm geredet, dass ich da mitmachen will. Bei uns Sinti ist es nicht so, dass die Töcher so etwas machen, und es hat eine sehr lange Zeit gedauert. Aber ich glaube, dass meine Eltern sehr gütig sind, denn sie haben mich doch mitmachen lassen. Jetzt ist alles gut und sie haben Verständnis. Wenn ich zu Auftritten gehen muss, lassen sie mich auch gehen. Nur mein Vater hat, glaube ich, Angst, dass ich meinen Gott vergesse. Aber nein, an erster Stelle kommt Gott und dann alles andere.
Ich habe mit sieben Jahren schon geraucht, aber meine Cousins und Cousinen haben gesagt, dass es nicht gut für mich ist, und ich habe aufgehört. Ich habe mich auch gehauen, zweimal Körperverletzung gemacht. Beim ersten Mal habe ich keinen Prozess bekommen und beim zweiten Mal warte ich noch, dass ich Bescheid bekomme. Meine Verwandtschaft ist es auch, die eifersüchtig auf mich ist und mich blöd anmacht. Sie fragen, warum ich bei so einer asozialen Scheiße wie dem Chor mitmachen würde. Ich sage immer: »Ihr geht euren Weg und ich gehe meinen.« Sie behaupten, dass ich auch nichts mehr für die Familie gebe, aber ich weiß, dass ich für meine Familie immer da bin und für andere genauso.
Danach war ich sechs Wochen nicht im Chor und ich habe auf sie gehört. Ich habe wieder nur Scheiße gebaut, habe mich wieder gehauen und geklaut. Dann hat mich die Frau Korbmacher angerufen und hat mich gefragt, was das Ganze soll und warum ich nicht mehr in den Chor komme. Ich habe geantwortet, ich hätte keine Lust mehr, mitzumachen, denn es sei mir auf die Nerven gegangen, dass meine Familie meint, ich sei wegen des Chors asozial ge-

worden. Ich habe mich schrecklich mit meinem Cousin und meiner Cousine gestritten und war zu stolz, um wieder in den Chor zurückzugehen. Aber ich bin dann wieder in den Chor gegangen und habe von Neuem angefangen, weil es mir gefehlt hat. Danach war mir klar, dass ich niemanden verlieren wollte, meine Familie nicht und auch nicht meine Freunde. Somit habe ich mich jetzt entschieden, dass ich weiter meine Arbeit mache und dass ich für jeden da sein will, auch für meine Verwandten. Ich will mit keinem mehr Streit haben, sondern Freunde und Familie haben und niemanden vergessen.

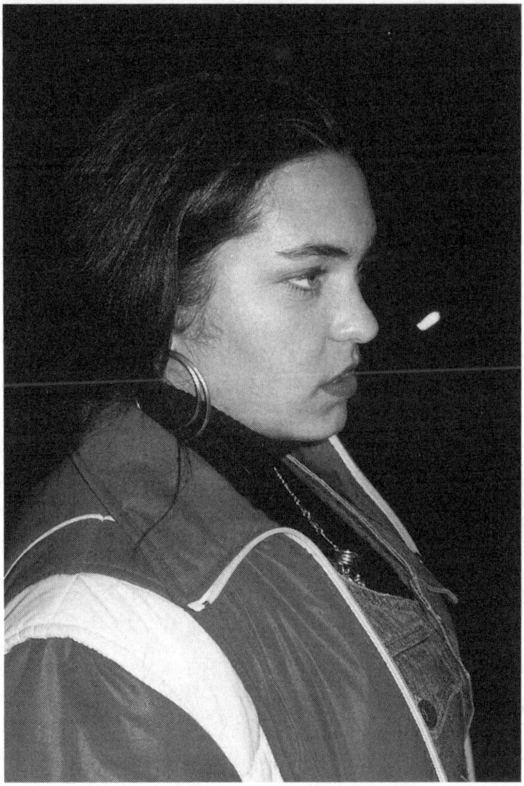

Und seit ich meinen Gott habe, weiß ich, dass ich nie alleine bin. Er ist auch mit euch, er hat viel in meinem Leben verändert. Ich will ihn nie verlieren, denn nur er kann den richtigen Weg zeigen: wie es geht, dass man auf dem richtigen Weg bleibt. Ich bin jetzt froh, dass ich den richtigen Weg gefunden habe, und ihr werdet es auch schaffen. Ihr braucht nur Mut, um an Gott und auch an euch selbst zu glauben.

Die sechs Wochen waren für mich sehr hart, denn ich wusste nicht, wo ich hingehen sollte, was ich machen soll und wie ich es machen sollte. Ich habe dann mit dem Alten angefangen, hatte wieder Stress in der Schule, habe nicht mitgearbeitet, wollte nichts mehr machen, habe mich mit meine Klassenkameraden rumgestritten und wurde immer von meinem Lehrer rausgeschmissen. Ich war froh, dass er mich rausgeschmissen hat, denn dann bin ich immer in die Stadt gefahren und bin spazieren gegangen. Ich habe mit meiner Cousine und einigen Freunden die Schule geschwänzt. Wir sind in eine Garage gegangen, weil die Polizei hinter uns her war. Da wollten die anderen ein Auto klauen. Ich habe gesagt, dass ich glaube, dass die Schule bei mir angerufen hat. Später haben sie eine Pause gemacht, und ich habe gemeint, dass sie das lassen sollten. Sie haben mich ausgelacht, weil sie gedacht haben, dass ich Angst hätte. Ich sagte, dass die Polizei sowieso schon hinter uns her sei. Wenn sie uns erwischen würden, seien wir dran. Erstens, weil wir ein Auto klauen wollten, und zweitens, weil wir die Schule geschwänzt hatten. Da haben sie es bleiben lassen. Wir sind rausgegangen und gleich zur der U-Bahn gelaufen. Jeder hat sich überlegt, ob die Schule bei ihm zu Hause angerufen hat. Bei uns hat sie aber nicht angerufen und am nächsten Tag haben ich und meine Cousine wieder geschwänzt.
Wir wollten zu meiner anderen Cousine gehen, aber wir wussten nicht, ob ihre Eltern zu Hause seien würden. Wir haben angerufen und sie gefragt, aber die Eltern waren nicht da. Wir sind zu ihr und haben dort ein bisschen geschlafen. Wir sind zu spät aufgestanden und sind gleich nach Hause gefahren. Als ich heimkam, hatte ich voll Stress mit meinen Eltern. Ich musste die Wahrheit sagen, nämlich dass ich nicht in der Schule war.
Am nächsten Tag ist mein Vater mit mir zur Schule gegan-

gen und hat gefragt, wie lange ich nicht in der Schule war. Mein Lehrer hat mich angeschaut und meinte, dass er es sagen müsse, dass ich so lange nicht in der Schule war. Mein Vater hat mich angeschaut und hat geschrien, warum ich nicht in der Schule gewesen sei. Er wollte mich dann jeden Tag zur Schule fahren, aber ich wollte das nicht. Ich habe versprochen, dass ich das nicht mehr mache, und er hat mir vertraut. Aber ich habe mein Versprechen gebrochen und bin nicht zur Schule gegangen. Und als es so weit war, dass wir aus der Schule rausmussten, da hat es mir irgendwie Leid getan, dass ich nicht hingegangen bin.
Aber es ist ja alles schon vorbei.
Ich gehe in keine Berufschule, ich weiß auch nicht, warum. Ich habe keine Lust dorthin zu gehen. Ich denke mir, dass ich zehn Jahre in der Schule war, und das reicht mir. Aber ich will ja arbeiten gehen. Dann sagen die meisten zu mir, dass ich blöd sei, warum ich arbeiten gehen wolle, was das denn solle. Sie sagen, dass ich eine Deutsche geworden sei, aber ich glaube, Blut kann man nicht so einfach austauschen. Es nervt schon, wenn sie sagen: »Du hast dich verändert« und »Du bist wie eine Deutsche geworden«. Das ist nicht schön von ihnen und ich hatte vor kurzem wieder mit ihnen Streit. Sie haben wieder das Gleiche gesagt, aber ich denke, dass jeder alleine auf die Welt gekommen ist, also muss auch jeder seinen Weg gehen und machen, was für ihn richtig ist.
Mein Vater ist ein Prediger. Wir hatten eine Gemeinde in München und in Nürnberg. Jetzt aber nur noch in Nürnberg. Wir fahren jeden Sonntag nach Nürnberg und ich singe dort.

Es ist sehr schön Gott zu loben und zu Preisen und ich hätte nichts anderes gegeben für meine Gemeinde und für mein Gott und ich weis er wird uns allen helfen. Es ist sehr schön mit ihn zu gehen mein ganze Familie lobt und Preist den Gott.

EMIR

Emir ist türkischsprachiger Grieche. Als 8-Jähriger kommt er mit seinen beiden älteren Brüdern und der Mutter nach München. Sie leben zu viert in einer Einzimmerwohnung, die Mutter kann als ungelernte Arbeiterin die Familie auch mit drei Jobs kaum ernähren. Ihr ältester Sohn ist drogenabhängig. Die beiden jüngeren schlagen sich als kriminelles Duo mit Diebstahl, Kurierdiensten und Prostitution am Hauptbahnhof durch. Nach einem Aufenthalt in der Justizvollzugsanstalt Stadelheim findet Emir einen Platz in einem betreuten Wohnprojekt in München.

EINE WOCHE TÜRSTEHER

Ohne Vorwarnung wird die Klassenzimmertür aufgerissen.
Ich bin Ilias. Das ist Kostas, mein Bruder. Wir wollen in diese Schule gehen. In die griechische Klasse. Geht das?
Ich fühle mich vom Erscheinen der beiden fremden Jugendlichen völlig überrumpelt. Ich bin es zwar gewohnt, dass Eltern unangemeldet in meiner Klasse auftauchen, die dann immer behaupten, mich nur mal kurz wegen ihres Kindes sprechen zu müssen. Meistens stellt sich dann sehr schnell heraus, dass sie etwas ganz anderes brauchen: Hilfe bei der Suche nach einer Wohnung oder Arbeit, Schulbescheinigungen, verloren gegangene Zeugnisse.
Die Sekretärin hat meistens nicht die geringste Chance, sich mit den Erziehungsberechtigten zu verständigen. Weder am Telefon noch im Büro. Viele der Mütter sprechen nur wenig oder gar kein Deutsch. Trotzdem werden die Frauen geschickt, um die lästigen Schulangelegenheiten zu

regeln. Für so etwas nimmt sich kein Vater frei. Die Unterbrechung des Unterrichts empfinden sie nicht als Störung. Die Familie hat ein Problem und das muss schnell gelöst werden.
Ich erfahre, dass die beiden Griechen sind, aber der türkischsprachigen Minderheit angehören, die im Norden Griechenlands lebt. Ihre Muttersprache ist Türkisch, die Griechischkenntnisse sind gering und Deutsch verstehen sie kaum. Auch deshalb waren die Brüder weder an der deutschen noch griechischen Volksschule im Zentrum Münchens erfolgreich. Dort will man sie nicht mehr unterrichten. Zu viele Probleme.
Ilias und Kostas haben abgetragene Sachen an, die mit Flecken übersät sind. Unter ihren Fingernägeln sind schwarze Ränder sichtbar. Dem Jüngeren fehlt ein Stück eines Schneidezahns. Hinter ihnen wird die Mutter der zwei von unserer Sekretärin in die Klasse geschoben.
So schnell kann ich euch die Frage nicht beantworten. Dazu brauche ich erst einmal einige Informationen.
Los, mach doch auch mal dein Maul auf, Kosta.
Der Jüngere stößt seinen Bruder mit dem Ellenbogen in die Seite. Die weitere Unterhaltung findet auf Griechisch statt.
In Griechenland mussten wir arbeiten. Auf dem Feld und mit Tieren und so. Und ständig gab es Zoff mit unserem Vater. Der hat getrunken. Nicht nur ein bisschen, sondern so richtig. Ständig hat er uns verprügelt. Und unsere Mama auch. Aber dann ist er glücklicherweise verreckt. Vom Zug überfahren. Verstehst du, Kiria?
Der Jüngere spricht mich mit der griechischen Anrede für Frau Lehrerin an. Dabei duzt er mich, was bei jüngeren Schülern nicht ungewöhnlich ist. Er sieht reifer aus als meine anderen Viertklässler. Ein Junge, der mit seinen elf Jahren schon vieles alleine regeln musste.

Der dreizehnjährige Bruder ergreift das Wort. Er ist sehr aufgewühlt.
Unsere Mutter musste vor zwei Jahren nach München gehen. Probleme mit der Familie ihres Mannes. Und Probleme mit dem Geld. Erst waren wir in einer deutschen Schule. Das ging aber nicht. Wir haben dort nichts verstanden. Und die uns auch nicht. Dann kamen wir zu den Griechen. Aber die Wichser an der griechischen Schule hier in München hassen uns, weil wir keine richtigen Griechen sind. Die haben sich über uns lustig gemacht. Da haben wir einigen Arschlöchern die Fresse polieren müssen. Wir lassen uns nichts gefallen. Nicht in Griechenland und hier auch nicht. Wir halten immer zusammen. Nur so können wir überleben. Verstehen Sie, Kiria? Die wollen uns deshalb jetzt in eine türkische Klasse schicken. Aber das geht doch nicht. Griechen und Türken passen einfach nicht zusammen. Die sprechen ein anderes Türkisch als wir. Dann geht der ganze Scheiß wieder von vorne los. Dabei ist unser Vater ein richtiger Grieche gewesen. Mit griechischem Namen. Der konnte gar kein Türkisch. Hat unsere Mama auch nur heimlich mit uns gesprochen.
Auf euren Papieren stehen türkische Namen, aber ihr habt euch mit griechischen Vornamen vorgestellt. Was stimmt denn nun? Emir und Osman? Ilias und Kostas? Das, was hier steht, oder das, was ihr sagt?
So Scheißtypen in Griechenland haben uns unseren griechischen Namen wieder weggenommen. Nur weil unser Vater gestorben ist. Da haben sie gesagt, wir müssen türkische Namen haben. Weil unsere Mutter eine türkische Griechin ist. Damit bist du bei den Griechen der letzte Arsch, Kiria.
Die Mutter äußert sich nicht. Durch einen Wink gebe ich der Familie zu verstehen, dass sie mir folgen soll. Ich bitte die Sekretärin, kurz in meinem Klassenzimmer zu bleiben.

So kann ich schnell den notwendigen Anruf in der griechischen Schule erledigen. Was dann die Kollegin erzählt, habe ich fast erwartet:
Emir und Osman seien ganz brutale Typen. Bedrohen, Schlagen, Treten, Kickboxen, Würgen seien bei beiden an der Tagesordnung. Zeigten nicht den geringsten Respekt vor Erwachsenen. In ihren Wutanfällen seien sie nicht zu kontrollieren. Die beiden Brüder würden von allen gefürchtet. Kämen und gingen, wann sie wollten. Schwänzten ständig die Schule und streunten herum. Die Mutter decke das Ganze. Oder der große Bruder tauche auf und bedrohe jeden. Leistungsniveau gleich null. Man frage sich, ob die Kinder in Griechenland überhaupt jemals zur Schule gegangen seien. Auf gar keinen Fall könnte man die beiden weiter in einer der privaten griechischen Schulen in München unterrichten.
Nachdem ich den Hörer aufgelegt habe, wende ich mich den Jungs zu. Unsere Blicke treffen sich. Fragend schauen wir uns an. Sicher würden beide eher auf eine Schule für »Erziehungsschwierige« gehören. Aber da bekämen sie keinen Platz. Die Wartelisten sind lang und das Aufnahmeverfahren kompliziert. Außerdem wird dort nach dem Lehrplan der Grund- und Hauptschule unterrichtet. Das würden die Brüder hundertprozentig nicht packen. Unsere Schule ist für Lernbehinderte gedacht, aber nicht für Verhaltensgestörte. Ich bin mir plötzlich gar nicht mehr sicher, ob wir uns als Schule diese zwei total verkorksten Jungs antun sollen. Gibt es überhaupt eine Alternative?
Wenn ihr in unsere Schule gehen wollt, müsst ihr aber einiges an euch ändern. Vom Unterricht her können wir euch hier sicherlich helfen. Aber was euer Verhalten angeht, da liegt die Hauptarbeit bei euch. Hier werden Probleme nicht mit Brüllen oder Schlägereien gelöst. Und eure Sprache müsst ihr auch ändern. Hier gibt es keine Wichser und

Arschlöcher. Weder ihr seid welche noch die anderen. Wenn ihr das nicht kapiert, dann brauchen wir es gar nicht erst miteinander zu versuchen. Glaubt ihr, dass ihr das schaffen könnt?
Ein selbstsicheres Kopfnicken besiegelt den brüchigen Waffenstillstand.
Es wird schwierig werden. Sehr schwierig. Und Auseinandersetzungen sind vorprogrammiert.
Immerhin sind etliche Kids hier im Hasenbergl gewohnt, Konflikte mit brutalen Mitteln zu lösen. Eine Sonderschule in einem sozialen Brennpunkt ist kein Zuckerschlecken. Für niemanden.
Verbale Abmachungen haben immer nur eine kurze Überlebensdauer. Wichtig ist die Hack- oder Rangordnung. Oder die Verteidigung der angeblichen Ehre. Die berühmt-berüchtigte Familienehre. Dafür geben Sinti, Roma, Serben, Bosnier, Kroaten, Albaner, Russen, Türken, Griechen oder auch Deutsche, Jungs wie Mädchen, alle rechtsstaatlichen Prinzipien ohne mit der Wimper zu zucken auf.
Mit Wurfsternen, Klappmessern, Baseballschlägern, Ketten, Totschlägern und Schusswaffen, als Attrappe oder im Original, geht es ums Recht des Stärkeren.
In der Pause werden beide Brüder zwar mit ihren türkischen Namen – wie es im Pass steht – angemeldet, aber wir einigen uns darauf, dass sie in unserer Schule mit ihren griechischen Vornamen Ilias und Kostas angesprochen werden. Ein dankbares Grinsen honoriert meine Entscheidung.
Die Mutter ist Analphabetin und setzt ein undefinierbares Kürzel unter die Anmeldepapiere. Eltern geben ihre Kinder meist ungern in eine Schule für Lernbehinderte. Und nur, wenn es unumgänglich ist. Der Besuch einer Sonderschule bedeutet für Kinder und Jugendliche nicht nur einen schulischen, sondern auch den gesellschaftlichen Abstieg. Für

die ganze Familie. Behindert. In vielen Kulturen eine Strafe Gottes. Oder Allahs.
Es ist egal, in welche Schule meine Jungs gehen. Ich war nie in der Schule. Sie sollen was lernen.
Und schon verschwindet die Mutter wieder. Sie hat sich von ihrer Arbeit als Lagerarbeiterin nur zwei unbezahlte Stunden freinehmen wollen.
Ilias kommt in meine Unterstufen-, Kostas in die Oberstufenklasse einer griechischen Kollegin.
In ihren neuen Klassen haben die beiden Brüder mehr Schwierigkeiten mit den Lehrkräften als mit den Mitschülern, von denen sie schnell als Rudelführer anerkannt werden. Kritik oder Zurechtweisungen beantworten sie mit Wutausbrüchen. Und von Frauen wollen sie sich schon gar nichts sagen lassen.
Als Ilias eines Tages aus der Pause mit einem blauen Auge, einer blutenden Nase und aufgesprungenen Lippen zurückkommt, höre ich, wie er dem Kontrahenten mit seinem ältesten Bruder Petros droht.
Das werdet ihr bereuen. Mich darf niemand ungestraft verprügeln. Petros wird euch alle Knochen brechen. Er kennt keine Gnade, wenn jemand seine Brüder anfasst. Ihr habt einen großen Fehler gemacht. Viel Vergnügen.
Und am nächsten Tag tobt ein Achtzehnjähriger im Büro der Sekretärin herum und brüllt auf Griechisch.
Wer war das mit meinem kleinen Bruder? Sagen Sie mir sofort, wer das war. Ich will die Namen.
Nur schwer kann ich den Aufbrausenden wieder einigermaßen beruhigen. Eine deutsche Lehrerin, die fließend Griechisch sprechen kann, beeindruckt auch den größten Macho im ersten Augenblick.
Wenn einer meinen kleinen Bruder noch einmal anfasst, dann mische ich den Laden hier auf. Keiner tut meinen Brüdern was. Das ist meine letzte Warnung.

Langsam macht Ilias Fortschritte beim Lernen. Es gibt immer längere Phasen, in denen es kaum Schwierigkeiten gibt. Nur noch selten schlägt er zu.
Doch eines Tages bleibt Ilias unentschuldigt der Schule fern. Sein Bruder Kostas teilt mir nur mit, dass Ilias nicht in die Schule kommen kann. Auf die Frage nach dem Grund bekomme ich nur ein Schulterzucken von ihm.
Von der Mutter gibt es keine Telefonnummer. Weder von zu Hause noch von der Arbeit. Mir bleibt nichts anderes übrig, als abzuwarten. Ich setze Ilias und mir eine Wartefrist von einer Woche. Dann werde ich mich an die Kollegen von der Schulsozialarbeit wenden müssen, die die Schule bei massiven familiären Schülerproblemen einschalten kann.
Am vierten Fehltag steht Ilias unerwartet nach der großen Pause in meinem Klassenzimmer.
Ich wollte nur Bescheid sagen, dass ich nicht in die Schule kommen kann. Wir haben zu Hause ein ernstes Problem. Deshalb verpiss ich mich gleich wieder.
Was ist denn los? Ich habe mir schon solche Sorgen um dich gemacht. Ich dachte schon, dir ist was passiert.
Warum denn das? Ich bin nicht krank oder so. Und eigentlich habe ich ja auch nicht die Probleme. Sondern meine Familie.
Kannst du mir jetzt endlich mal sagen, was los ist?
Jetzt stress nicht. Ich kann nicht in die Schule gehen. Auch wenn ich wollte. Du glaubst mir ja doch nicht.
Versuch es doch einfach mal. Ich verstehe manchmal viel mehr, als du denkst.
Ich gehe mit Ilias auf den Flur. Abwartend setze ich mich auf die Garderobenbank. Unruhig geht er vor mir auf und ab. Und schweigt.
Also gut. Ich erzähle jetzt was. Aber du darfst es keinem sagen. Petros bringt mich um, wenn er davon erfährt.
Wieder absolute Stille. Plötzlich bleibt Ilias vor mir stehen.

Mein großer Bruder spritzt Drogen, Kiria. So richtig harte Sachen. Und die kosten viel Geld. Und das hat er meistens nie. Am Wochenende hat er unsere Haustür mit einer Axt eingeschlagen und alles herausgetragen, was er zu Geld machen kann. Fernseher, Stereoanlage und so. Wir haben das nicht mitbekommen. Wir waren bei Verwandten, als er das gemacht hat. Mama hat nur noch geweint. Und jetzt sitze ich jeden Tag vor unserer Wohnung und pass auf, dass nicht noch das Letzte verschwindet. In unserem Wohnblock gibt es so viele, die kriminell sind. Meine Mutter hat kein Geld, die Tür zu reparieren. Deshalb komme ich nicht in die Schule, Kiria.
Und wie lange soll das so gehen mit deinem Job als Türsteher? Wann lassen die dich wieder in die Schule?
Weiß ich nicht. Wenn meine Mutter ihr Geld kriegt und die Tür gemacht ist. Dann komme ich gleich wieder. Versprochen.
Aber das kann doch noch ewig dauern. Ich mache dir einen Vorschlag. Ich komme heute Nachmittag zu dir nach Hause. Ich wollte euch sowieso schon lange besuchen. Dann werde ich mit deiner Mutter reden. Wenn sie mir verspricht, die Tür sofort reparieren zu lassen, dann leihe ich euch das Geld bis dahin. Ich habe nämlich keine Lust, die ganze Zeit auf dich zu verzichten. Wie viel würde denn die Reparatur kosten?
Ungläubig starrt mich Ilias an. Auch ich bin mir nicht sicher, ob mein Vorschlag eine realistische Hilfe darstellt.
Der Hausmeister hat gesagt, dass das ungefähr fünfzig Euro kosten wird. Das willst du wirklich für uns tun?
Nein, nicht für euch. Sondern für dich. Es ist nämlich nicht fair, dass du für den Scheiß, den dein Bruder Petros macht, büßen musst.
Am Nachmittag finde ich nur mit Mühe in der Tumblingerstraße gegenüber vom Schlachthof einen Parkplatz. Der rie-

sige Wohnblock besteht äußerlich nur aus voll gestopften Balkonen. Dort türmen sich Fahrräder, Roller, Kisten oder Schrankverschläge verstellen die Fenster.
Auf der Klingeltafel stehen Hunderte von ausländischen Namen. Es dauert eine Ewigkeit, bis ich den türkischen Nachnamen von Ilias und Kostas entdecke. Und bis mir mit einem Summton die Haustür geöffnet wird.
Ich betrete einen dunklen Gang mit vielen Abzweigungen. In der Luft hängen unterschiedlichste Kochgerüche. Es riecht nach Knoblauch, asiatischen und afrikanischen Gewürzen. Nur langsam gewöhnen sich meine Augen an das schwache Licht. Einzelne Kinder sitzen vor den Wohnungstüren und spielen auf dem Linoleumboden. Die Wände sind voll geschmiert mit obszönen Zeichnungen und Sprüchen.
Ich nehme den nicht sehr vertrauenerweckenden Fahrstuhl. Zum Glück weiß ich die Apartmentnummer. Nach langem Suchen stehe ich vor der Wohnung. Kein Name, aber die entsprechenden Ziffern. Und ein weiteres wichtiges Erkennungszeichen: das kaputte Schloss und die nur angelehnte Tür. Ich klopfe leise an. Ilias öffnet.
Du bist wirklich gekommen. Das hätte ich nicht gedacht. Ich hole schnell meine Mutter. Sie ist unten bei der Nachbarin. Ich bin gleich wieder da.
Allein lässt er mich in der Wohnung zurück. Ein beißender, süßlicher Geruch steigt mir in die Nase, obwohl alles sauber und gepflegt aussieht.
Ich bin entsetzt. So klein und eng habe ich mir das Zuhause von den Brüdern nicht vorgestellt. Die Wohnungstür ist eigentlich gleichzeitig auch die Zimmertür. In einer engen Nische befinden sich eine kleine Spüle und ein Kühlschrank. Auf einem Tischchen steht eine Kochplatte mit zwei Gasquellen. Hinter dem provisorisch angebrachten Plastikvorhang scheint sich die Gasflasche zu befinden.

Ansonsten besteht das Zimmer noch aus zwei Ausziehsofas und einem dreitürigen Kleiderschrank, der bis zur Decke mit Koffern und anderen Paketen bestapelt ist. Jede Lücke zwischen den Möbeln ist mit gefüllten Plastiktüten voll gestopft. Kein Tisch und kein einziger Stuhl sind vorhanden. Wo isst die Familie? Und wo können die Brüder ihre Hausaufgaben machen?

Es gibt noch eine andere Tür. Die führt wahrscheinlich zum Bad. Oder gibt es nur eine Toilette? Die ganze Wohnung hat nicht mehr als insgesamt zwanzig Quadratmeter.

Während ich warte, muss ich an meine fünf Jahre in Griechenland denken.

Viele meiner türkischsprachigen Kinder in der Klasse stammen aus der gleichen Gegend wie die Familie von Ilias und Kostas. Und ich habe mir die Stadt Xanthi und die Umgebung genau angeschaut. Das Landleben dort ist hart und unerbittlich. Die Sommer sind sehr heiß, die Winter sehr kalt. Überall ist die Armut sichtbar. Und die offenen Gespräche mit Einheimischen haben mir das Leben dort eindringlich näher gebracht.

In diesem nordöstlichen Teil Griechenlands befinden sich Dörfer, die zum größten Teil von Griechen der türkischsprechenden, moslemischen Minderheit bewohnt werden. Dort leben die Menschen vom Ackerbau, Gemüseanbau, aber vor allem von der Arbeit mit überschaubaren Herden. Kühe, Ziegen, Schafe. Die Tiere gehören den Hirten, die als Tagelöhner bezahlt werden, meist nicht einmal selbst.

Kinder und Jugendliche sind billigere Arbeitskräfte als Erwachsene. Die meisten Dorfkinder gehen nur für einige Jahre in die Schule. Vier Jahre sind schon viel. Einige haben in ihrem Leben noch nie eine Schule von innen gesehen. Besonders die Jungs müssen ab dem sechsten Lebensjahr als Hirten ein Zubrot für die Familie verdienen. Mädchen helfen bei der Feldarbeit mit oder im Haushalt. Buchstaben

und Ziffern machen eine Familie nicht satt. Aber ein erfahrener Hirtenjunge ist Gold wert. Ein Leben in Armut ist ein Dasein von der Hand in den Mund.

Der Schulbesuch ist offiziell auch in Griechenland für alle Kinder vorgeschrieben, aber niemand achtet auf die Einhaltung der Schulpflicht. Zumindest nicht bei der moslemischen Minderheit. Wo kein Kläger, da kein Richter. Schon gar nicht bei den Mädchen, die hier meist schon sehr jung heiraten. Eheschließungen mit dreizehn Jahren sind keine Seltenheit.

Viele Ehen werden nach wie vor von den Sippen eingefädelt. Das Alter des Mannes spielt keine Rolle. Sechzehn Jahre und aufwärts. Männer ab dreißig und älter sind im besten heiratsfähigen Alter. Dann haben sie sich wenigstens die Hörner abgestoßen.

Mit der Heirat ziehen diese Kind-Ehefrauen meist in den gemeinsamen Haushalt der Schwiegermutter. Oder zumindest in deren unmittelbare Nähe. Die junge Frau hat ihrem Mann ohne Widerspruch zu gehorchen. Selbstständiges

Denken und Handeln sind untersagt. Auch die Großeltern, aber besonders die Eltern des Mannes, erhalten das Recht, über die Schwiegertochter zu bestimmen. Ohne deren Einwilligung darf sie das Haus nicht verlassen. Erhält sie diese, dann darf sie nur mit familiärer Begleitung auf die Straße.

Ihr Leben spielt sich aber zum größten Teil im Haus ab. Sie hat dem Mann und seiner Familie zu dienen. Putzen, waschen, einkaufen, kochen, Kinder kriegen, Handarbeiten anfertigen. Manchmal Kaffee trinken mit Nachbarinnen oder Freundinnen. Gespräche über Kochrezepte, Schwangerschaften, Kinder, Krankheiten und Dorftratsch werden zum Lebensinhalt.

Männern wird zugestanden, dass sie sich nach einiger Zeit von ihren Frauen trennen und eine Jüngere nehmen. Oder nehmen müssen. Bei einer Vergewaltigung regelt nicht unbedingt das Gesetz, sondern die Sippe die Wahrung der Familienehre. Dann muss sich der Mann eben von seiner aktuellen Frau trennen und sein Opfer heiraten. Dann ist für alle wieder alles in Ordnung.

Die Söhne verbleiben nach der Trennung meist beim Vater, die Töchter oft bei der Frau. Mädchen sind ja schließlich nur eine Aussteuerbelastung. Die jungen verlassenen Ehefrauen werden nicht von einem sozialen Netz aufgefangen. Es gibt keine staatliche Unterstützung für Alleinerziehende.

Meist kehrt die Frau vorübergehend zu ihrer eigenen Familie zurück, die immer schnell nach einem neuen Heiratskandidaten als Versorger sucht. Dabei darf die Frau keine Ansprüche stellen. Sie hat ihren gefestigten sozialen Status verloren. Sie ist nur noch zweite Wahl. Ausschussware. Und das in einem Alter um die fünfundzwanzig. Vielleicht auch jünger. Selten älter.

Oft sind die Verlassenen die Geliebten verheirateter und

unverheirateter Männer. Manchmal ist es ihr eigener Cousin. Zeitvertreib. Freiwild. Wird sie dabei geschwängert, heiratet der zukünftige Vater sie vielleicht. Dann hätte sie Glück gehabt, denn nur so kann sie ihren sozialen Status zurückgewinnen.
Gewöhnlich setzt sich ihr Unglück aber fort. Meistens muss sie ein uneheliches Kind zur Welt bringen. Ein Bastard in den Augen aller.

Entschuldigung, war kurz weg. Ich habe meinem Sohn nicht geglaubt, dass Sie kommen. Einen griechischen Kaffee?
Mit der Mutter kann ich nur auf Griechisch reden. Sie spricht es mit starkem türkischen Akzent.
Seit zwei Jahren müssen wir nun schon mit fünf Personen in diesem einen Zimmer leben. Seitdem wir aus Griechenland nach München gekommen sind.
Mit fünf Personen?
Ja. Meine drei Söhne und ich. Und mein neuer Mann. Der ist noch mit einer anderen verheiratet hier in München, ist aber jetzt der Stiefvater von meinen Kindern. Er ist auch ein türkischsprachiger Grieche, kann aber Griechisch viel besser als ich. Er durfte damals in die Schule gehen.
Das ist aber sehr wenig Platz für so viele Menschen.
Ja, ich weiß. Aber was soll ich machen? Wir bekommen keine Wohnung vom Amt. Unser Deutsch ist so schlecht.
Ich verspreche, dass ich mich auch darum kümmern werde. Dann überreiche ich der Mutter das Geld für die Reparatur. Ich nehme ihr das Versprechen ab, dass das bis zum Wochenende erledigt ist und dass Ilias am Montag wieder in die Schule kommen kann.
Als ich mit dem Fahrstuhl unten ankomme, reißt Ilias die Tür auf. Er lächelt mich zaghaft an. Ich streichele ihm über den Kopf.

Kannst du uns helfen? Wir brauchen schnell eine andere Wohnung. Ich halte das in diesem Haus nicht mehr lange aus.
Das schaffen wir schon. Ihr müsst aus diesem Loch da oben ausziehen. In einer größeren Wohnung wirst du mehr zur Ruhe kommen. Und vielleicht auch endlich deine Hausaufgaben machen können. Aber zunächst einmal musst du mir versprechen, am Montag wieder in die Schule zu kommen. Du bist Schüler und kein Türsteher.
Ich komme ganz sicher. Und meine Hausaufgaben werde ich so lange auf dem Teppich machen. Das geht schon.

BEI WIND UND WETTER

In meinem Klassenzimmer habe ich eine Couch stehen. Das ist kein Auswuchs einer unnötigen Kuschelpädagogik, sondern absolut notwendig. Manchen Kindern wird von der Fahrt mit dem Schulbus, die je nach Verkehr länger als eine Stunde in der Früh dauern kann, schlecht und sie übergeben sich.
Die zweisprachige griechische Abteilung am Förderzentrum München Nord ist in der Bundesrepublik eine einmalige Einrichtung, in die Kinder und Jugendliche aller Altersgruppen gehen. Sie wird von griechisch- und türkischsprachigen Griechen besucht, die meist bereits eine Schulodyssee hinter sich haben.
Die meisten der griechischen Eltern gehören der türkischsprachigen moslemischen Minderheit an. Oft sind sie Analphabeten und haben keinen Beruf erlernt. Die Erwachsenen arbeiten meist in Putzkolonnen oder anderen ungelernten Berufen.
Viele dieser Familien leben in heruntergekommenen Wohnungen mit viel zu niedriger Quadratmeterzahl, die oft völ-

lig überteuert sind. Manche der griechischen Kinder wachsen in Notunterkünften, Pensionszimmern oder vorübergehend auch in Frauenhäusern auf.
Die meisten nehmen das ohne Murren in Kauf. Sie sind von jeher gewohnt, an der Armutsgrenze zu leben. Und alles ist hier immer noch besser, als die Lebensbedingungen in ihrem Heimatland.
Die meisten Erziehungsberechtigten arbeiten von morgens bis abends und oft auch in der Nacht in mehreren Jobs. Nicht nur der Vater, sondern fast immer auch die Mutter.
Einige Eltern schicken ihr Kind auch krank in die Schule. Sie haben Angst, ihre Arbeit zu verlieren, wenn sie sich für das kranke Kind freinehmen. Auch wenn ihnen freie Tage bei Krankheit der Kinder gesetzlich zustehen, nehmen sie dieses Recht so gut wie nie in Anspruch. Die meisten kennen das gar nicht.
So landen diese Kids bei mir auf dem Sofa. Nicht selten weinen sie sich in den Schlaf. Schmerzlindernde Medikamente darf eine Lehrerin nicht verabreichen. Nur Streicheleinheiten und beruhigende Worte.
Die Eltern sind meistens nicht telefonisch zu erreichen. Weder in der Arbeit noch zu Hause. Endlosklingeln oder kein Anschluss unter dieser Nummer. Unbezahlte Telefonrechnungen, Übermüdung durch Schichtarbeit oder auch Gleichgültigkeit sind unüberwindbare Hindernisse.
So bleiben die kranken Kinder oft den ganzen Vormittag in der Schule. Manche von ihnen kommen auch freiwillig, es scheint ihnen in der Schule auch im elendsten Zustand noch besser zu gehen als zu Hause.
Und dann brauche ich die Couch für Kinder, die vor Übermüdung auf ihrem Tisch einschlafen, weil Trubel oder Streitigkeiten in der beengten Wohnung, Verwandtenbesuch bis spät in die Nacht, endlose Fernseh- oder Videosessions, Mitarbeit in den Putzkolonnen der Eltern am spä-

ten Abend oder in den frühen Morgenstunden den nächtlichen Schlaf der Kinder rauben.
Manche von diesen übermüdeten Kids sind selbst bis spät in die Nacht in der Stadt unterwegs. Die Straße als Familienersatz. Die Jugendlichen sind immer auf der Suche nach einem Ort, an dem ihre Sprache gesprochen wird. Wo sie sich verständlich machen können, aber sich auch verstanden fühlen. Familientreffpunkt Hauptbahnhof.
Auch Ilias und Kostas fliegen oft genug aus ihrer Einzimmerwohnung. Zu jeder Jahreszeit, bei jedem Wetter, unabhängig von der Tageszeit.
Wenn der Stiefvater wieder Nachtschicht hatte, blockiert er tagsüber das Zimmer. Er will schlafen und selbstverständlich dabei von nichts und niemandem gestört werden.
Ist die Bude sturmfrei, bringt der große Bruder Petros seine diversen Eroberungen mit nach Hause. Dass seine beiden Brüder dann auch bei Regen oder Schnee auf der Straße sind, scheint ihn nicht zu beunruhigen. Dass sie die ganze Nacht draußen bleiben müssen, auch nicht. Sie sind ja zu zweit unterwegs.
Los, verpisst euch. Wagt ja nicht, vor zwei Uhr früh hier wieder aufzutauchen. Habt ihr verstanden? Ich will meine Ruhe haben.
Die Mutter von Ilias und Kostas arbeitet fast immer. In den frühen Morgenstunden als Lagerarbeiterin. Am späten Abend hat sie zusätzlich verschiedene Putzjobs. Der Alkoholismus, die Kartenspielsucht und das immer kaputte Auto des Geliebten verschlingen regelmäßig ihr hart verdientes Geld.
Die Jungs bekommen ihre Mutter nur selten zu Gesicht. Die ewige Geld- und Zeitnot hinterlässt emotionale Leere. Und einen leeren Kühlschrank. Schnell kapieren sie, dass ihr Hunger nach Essen und Leben am Hauptbahnhof gestillt werden kann.

Beide sind immer gemeinsam unterwegs. Der Große fühlt sich für den Kleinen verantwortlich. Essen, Getränke und Zigaretten schnorren sie sich mit Leichtigkeit zusammen. Auch ohne deutsche Sprachkenntnisse. Als schlagkräftiges Duo verschaffen sie sich in den entsprechenden Kreisen schnell Respekt.

Zu Beginn dieses Lebens am Münchner Hauptbahnhof ist Ilias erst zehn Jahre alt. Und Kostas gerade mal zwölf. Und in diesem Alter lernt Kostas dort eine lukrative Einnahmequelle kennen.

Im Untergeschoss spricht ihn ein älterer, gepflegter Herr auf Deutsch an. Der hübsche pubertierende Junge zuckt unverständlich nur mit den Schultern. Da knöpft der Mann seinen Mantel auf und holt aus seiner linken Innentasche eine Brieftasche. Er hält dem Jungen zwei Zwanzigeuroscheine entgegen. Auffordernd nickt er Kostas zu. Der Junge schaut ihn fragend an. Und schon befinden sich die Geldscheine in Kostas rechter Hand. Er kapiert immer noch nicht, was der Alte von ihm will. Kostas weiß nur, dass er einen Haufen Geld in der Hand hält. Das erkennt er an der blauen Farbe der Scheine.

Der Mann legt scheinbar fürsorglich einen Arm um Kostas Schultern und führt den Jungen in Richtung Toiletten. Dabei lächelt er ihn freundlich und auffordernd an. Kostas dreht sich zu seinem jüngeren Bruder um, der an einer Säule lehnt. Er spricht auf Türkisch mit Ilias.

Ilia, warte hier auf mich. Rühr dich nicht von der Stelle. Mal sehen, was ich für den alten Knacker erledigen soll. Vielleicht ist es ein gutes Geschäft. Ich bin gleich wieder da.

Der Kleine nickt nur. Er hat gelernt, seinem Bruder voll und ganz zu vertrauen. Kostas wird schon das Richtige tun. Um ihn braucht er sich keine Sorgen machen. Der hat immer alles voll im Griff.

Bereits nach zehn Minuten kommt der Bruder wieder aus dem stinkenden Männerklo. Allein. Auf seinem Gesicht macht sich ein dreckiges Grinsen breit. Als ob er jemanden mit Bravour hereingelegt hätte. Er geht auf Ilias zu. Er zieht die wertvollen, blauen Scheine aus seiner Hosentasche.
Dafür muss Mama den ganzen Tag schuften. Vielleicht sogar länger. Wenn die wüsste, dass das auch viel leichter geht. Komm. Ich lade dich zu einer schönen großen Pizza ein. Und Coca-Cola. Jetzt schau mich nicht so dämlich an. Ich weiß schon, was ich tue. Vertrau mir. Aber kein Wort zu irgendjemanden. Kapiert? Diese Geldquelle darfst du uns durch dein Gequatsche nicht kaputtmachen. Und du hältst dich da raus. Ich will dich nie mit einem Typen auf der Toilette erwischen. Diese Art von Geschäfte sind nichts für kleine Jungs. Vergiss also nie, was ich dir gesagt habe.
Ilias nickt nur kurz mit dem Kopf.

Nächste Lektion: wie man etwas klaut, ohne dabei erwischt zu werden.
Los, Ilia. Beweg deinen Arsch. Siehst du die alten Knacker, die dort in den Laden reingehen? Das sind Ausländer wie wir. Türken oder Araber. Egal. Das ist unsere Chance.
Was sollen wir bei denen? Die beklauen?
Quatsch. Die werden für kurze Zeit unsere Großeltern.
Bist du jetzt total verrückt geworden? Was erzählst du da für 'ne Scheiße?
Halt deine Klappe und bleib in meiner Nähe. Dann kriegst du schon mit, was Sache ist. Und noch was.
Was denn?
Falls die unsere Sprache können, dann reden wir eben Griechisch. Das können die bestimmt nicht. Die Oma trägt ein Kopftuch. Also sind die Moslems. Ganz sicher. Sind es unsere Leute, dann blasen wir das ab. Kapiert?

Kein Wort. Zeig mir einfach, was du vorhast.
Im Supermarkt hängen sich Kostas und Ilias einfach an ausländisch aussehende Familien mit dran. So werden sie für Augenblicke zu Enkelkindern fremder Großeltern oder zu Kindern anderer Eltern. Den oft wechselnden Verkäuferinnen und Verkäufern sind die Jungs noch unbekannt. Meist klappt der Trick der kurzfristigen Familienzusammenführung.
Hast du alles, was du wolltest? Jetzt an die Kasse, Ilia.
Beide Brüder zeigen der Kassiererin ihr Diebesgut.
Wer von euch beiden zahlt?
Ilias und Kostas beantworten die Frage mit einem Schulterzucken. Gleichzeitig deuten sie auf die gerade ausgewählte Familie.
Ihr sprecht kein Deutsch? Ich verstehe. Das kommt dann auf die Gesamtrechnung. Alles klar.
Langsam und somit unauffällig schlendern die beiden aus dem Laden. Aus sicherer Entfernung beobachten sie dann den Zahlvorgang an der Kasse. Manche Wahlfamilien scheinen gar nicht zu bemerken, dass sie zu viel gezahlt haben. Ab und zu entstehen aber auch heftige Diskussionen.
Manchmal sind leider zu viele Polizeibeamte in der Nähe. Dann müssen sich Ilias und Kostas schnell unsichtbar machen.
Versuch und Irrtum lassen sie bald zu Spezialisten ihres Faches werden. Aber mit der Zeit sind ihre Gesichter am Hauptbahnhof zu bekannt, sie weiten ihre »Einkäufe« auf die umliegenden Geschäfte aus. So kommen Ilias und Kostas ohne viel Aufwand an Schokolade, Bonbons, Getränke, Äpfel und Bananen, Feuerzeuge, T-Shirts, Pullover und Mützen.
Am Hauptbahnhof sind sie nicht die Einzigen, die sich ihren Lebensunterhalt auf unübliche Art verdienen. Als türkischsprachige Griechen müssen sie den Türkengangs aus

dem Weg gehen. Die politische Feindschaft zwischen der Türkei und Griechenland hat jeder aus seinem Heimatland mitgebracht.
Die beiden Brüder suchen sich Verbündete in ihrer eigenen Volksgruppe und bei anderen Nationalitäten, die mit Griechen keine Schwierigkeiten haben. Ohne in eine direkte Abhängigkeit zu geraten, schaffen sie sich so einen Schutzraum, in dem sie sich frei bewegen können. Schlagringe und Klappmesser haben sie zur Sicherheit in ihren Hosentaschen.
Nur selten ist es notwendig, dass sie Petros zur Unterstützung holen.
Ilias und Kostas treten immer als Team auf. Bei Schlägereien verständigen sie sich durch Blickkontakt auf einen Gegner, der es dann plötzlich mit zwei aggressiven, körperlich wendigen Jungs zu tun hat. Blutende Nasen, Risse über den Augenbrauen, blaue Augenveilchen oder auch Abschürfungen machen beiden nichts aus. Wer austeilt, muss auch einstecken können.
Schnell kapieren sie, dass ihnen als Minderjährigen in Deutschland nichts passieren kann. Bis zu ihrem vierzehnten Geburtstag leben sie in einer straffreien Zone. Und die nutzen sie aus.
Und andere auch.
Nach Monaten haben sie den »Familienanschlusstrick« für Kurierdienste weiterentwickelt. Dafür fahren sie manchmal mit dem Zug bis nach Stuttgart. Sie fragen nie, was in den kleinen Päckchen ist, die sie für andere in ihren Rucksäcken verstauen. Sie vermuten Drogen und auch Waffen. Aber nie öffnen sie einen der gut verklebten und verschnürten Kartons. Sie versuchen, allem Ärger aus dem Weg zu gehen. Ohne gültige Hin- und Rückfahrkarte steigen sie nicht in den Zug. Und die Bezahlung für ihre Dienste stimmt auch. Das spart etliche Toilettengänge.

Wenn sie vormittags die Schule schwänzen, vermeiden sie den Hauptbahnhof oder das Stachus-Untergeschoss. Sie setzen sich doch nicht freiwillig auf den Präsentierteller für die Polizei, die überall auch in Zivil kontrolliert.
Ab der Mittagszeit können sie sich mit ihren Rucksäcken dort »gefahrlos« aufhalten.
Um zu den notwendigen Treffpunkten für ihre Geschäfte zu kommen, lernen sie schnell, das Münchner Verkehrsnetz für ihre Zwecke zu nutzen. Dabei werden sie immer öfter beim Schwarzfahren erwischt. Besser gesagt, Kostas. Er führt sich bei Kontrollen so auffällig aggressiv auf, dass er die ganze Aufmerksamkeit der Kontrolleure auf sich allein zieht und so für seinen Bruder einige wichtige Minuten gewinnt.
Na, wohl keinen Fahrschein gelöst?
Schulterzucken.
Spiel jetzt bloß nicht den Ahnungslosen. Sprichst du Deutsch?
Kostas kapiert meist wirklich keinen Ton von dem, was die bayerischen Kontrolleure von sich geben. Aber er weiß natürlich, was sie von ihm wollen. Er antwortet auf Türkisch.
Hab kein Geld und deshalb auch keinen Fahrschein. Das ist nicht mein Problem.
Nur selten sind türkischsprachige Fahrgäste bereit, das Gehörte ins Deutsche zu übersetzen. Das bringt nur Ärger und kostet Zeit, die man nicht hat.
Was für Probleme hast du? Ich verstehe kein Wort. Red Deutsch mit mir.
Schulterzucken.
Kannst du dich ausweisen?
Schulterzucken.
Ausweis oder Passport. Egal was.
Schulterzucken.

Willst mich wohl für blöd verkaufen. Komm mir nicht auf diese Tour.
Schulterzucken und freundliches Angrinsen. Wieder fallen türkischsprachige Sätze.
Auch noch frech werden. Auf geht's. Beim nächsten Halt ist Endstation für dich.
Ilias hat sich von Kostas langsam entfernt und auf einen Sitzplatz irgendwo in der Mitte verdrückt. Er spielt wieder Familienzusammenführung.
Der Kontrolleur packt Kostas am Arm. Das ist der Auslöser für seinen wütenden, türkischen Wortschwall.
Fass mich nicht an. Sonst schlag ich dir in die Fresse. Mich langt niemand an. Lass deine dreckigen Hände von mir. Hast du nicht gehört?
Auch wenn ich von deinem Geplapper nichts verstehe, musst du jetzt mitkommen. Wer nicht zahlt, zahlt Strafe in Deutschland. So einfach ist das. Das wirst du auch noch lernen. Jetzt reg dich nicht auf. Ich will ja nur sichergehen, dass du mir nicht wegläufst, Kleiner.
Kostas hat keine Skrupel, den älteren Herrn wegzuschubsen.
Jetzt reicht's mir aber mit dir. Kann mal jemand kommen und mir helfen, diesen Wildfang zu bändigen?
Alle drei zusätzlichen Kontrolleure lassen ihre momentane Arbeit ruhen und kommen dem Kollegen zu Hilfe.
Wieder so einer, der nicht kapiert, wie es in Deutschland zugeht.
Und schon befindet sich Kostas im festen Griff der Ziviltruppe. Er windet sich hin und her, flucht auf Türkisch und stemmt sich mit den Füßen an den Sitzbänken ab.
Ist ja gut. Wir wollen dir ja gar nichts tun. Jetzt steigen wir erst einmal beim nächsten Halt aus.
Los, Ilia. Verpiss dich. Wir treffen uns vor den Toiletten. Du weißt schon.

Jetzt wird nicht auf Toilette gegangen, sondern du wirst uns erst einmal deinen Namen und deine Adresse angeben.
Ilias bleibt meistens genug Zeit, beim nächsten Halt ganz in Ruhe zu entwischen. Kostas zieht sein Theater immer so lange durch, bis sein Bruder außer Sichtweite ist. Dann wird Kostas plötzlich zu einem Lamm.
Na, siehst du. Es geht doch auch ganz ruhig. Name? Adresse?
Durch die Angabe von falschen Namen sind die Strafzettel in dem Moment schon ungültig, in dem sie ausgefüllt werden. Das wissen aber nur die Brüder, jedoch nicht das Kontrollteam, das in den Augen der Jungs nur aus Kopfgeldjägern besteht, denen man durch gespieltes einsichtiges Verhalten wieder entwischen kann.
Ihr Straßenverhalten tragen die Brüder auch bald in die diversen Schulen, die sie nacheinander besuchen. Und sie werden immer mehr gefürchtet. Von den Mitschülerinnen und Mitschülern und auch den Lehrkräften. Jeder versucht nur, das Gespann so schnell wie möglich wieder loszuwerden.

Oft liegt Ilias auf meiner Couch und schläft tief und fest. Zuvor sind ihm schon am Tisch die Augen ständig zugefallen. Ich mache ihm keine Vorwürfe. Ich kenne die Einzimmerwohnung. Und die Familienverhältnisse. Mehr aber auch nicht.
Kostas steckt seine Müdigkeit besser weg. Leider ist er an solchen Schlafentzugstagen oft schlecht gelaunt und beim geringsten Anlass gereizt oder rastet total aus.
Schau nicht so blöd, du Arschficker.
Was hast du zu mir gesagt?
Tu doch nicht so, als ob du mich nicht verstanden hast. Seit wann sind Hurensöhne taub?
Willst du meine Mutter beleidigen?

Seit wann kann man deine Mutter beleidigen? Jeder weiß doch hier, dass die eine Hure ist.
Ach, fick dich doch ins Knie, du Kanake.
Ein falsches Wort kann bei Kostas zur Katastrophe führen und er wird unkontrollierbar. Ein Verhalten, das im Hasenbergl auf fruchtbaren Boden trifft. Wenn Baseballschläger oder andere Waffen als Drohmittel eingesetzt werden, rufen wir die für unsere Schule zuständigen Jugendbeamten an. Täter wie Opfer werden dann nach Hause begleitet. Bis zum nächsten Mal.
Es gibt aber auch Tage, da erscheint Kostas erst gar nicht in der Schule. Von Ilias erfahre ich dann, dass er es nicht geschafft hat, seinen Bruder wach zu bekommen. Manchmal bin ich eigentlich nicht traurig darüber. Ein Tag weniger, der mit einer Eskalation endet.

REISE MIT HINDERNISSEN

Ich will Ilias Ende des Schuljahres mit auf Klassenfahrt nehmen.
Im ersten Augenblick strahlen seine Augen. Aber dann schüttelt er den Kopf.
Ich fahre nicht mit. Ich will gerne, aber es geht wirklich nicht. Darüber kann ich nicht sprechen.
Ich weiß, dass deine Mutter kein Geld dafür hat. Das Problem lösen wir von der Schule aus. Ich will aber auf alle Fälle, dass du mitkommst. Du gehörst zu uns.
Wieder schüttelt Ilias abweisend den Kopf. Seine Augen schimmern feucht von seinen Tränen.
Am gleichen Tag schaue ich am Abend bei ihm zu Hause vorbei.
Ich will Ihren Jungen auf alle Fälle mitnehmen. Es kostet Sie keinen Cent. Ich brauche nur Ihr Einverständnis.

Wenn die Schule das bezahlt, darf er mitfahren. Warum auch nicht? Aber ich glaube, es geht trotzdem nicht. Sie können das nicht verstehen, weil Sie Ilias nicht kennen. Er macht nämlich wieder ins Bett, seit er in Deutschland ist. Und leider immer noch. Mit elf Jahren.
Ilias sitzt mit gesenktem, hochrotem Kopf auf der Couch. Die naive Ehrlichkeit seiner Mutter hat ihn völlig aus der Fassung gebracht.
Dann nehmen wir für dich eben Ersatzbettwäsche und Gummimatten mit, die wir unter dem Laken verstecken. Das merkt kein Mensch.
Ilias steht mit versteinertem Gesichtsausdruck auf. Er geht ans dunkle Fenster. Dabei dreht er mir den Rücken zu. Wieder schüttelt er ablehnend den Kopf. Seine Mutter zuckt mit den Schultern.
Plötzlich dreht er sich ruckartig um. Seine Mimik spiegelt pure Verzweiflung wider.
Hier stinkt's. Kannst du es nicht riechen? Das ganze Zimmer stinkt nach meiner Pisse. Jeden Morgen ist alles nass. Mir kann niemand helfen. Wer bist du? Gott? Lass mich in Ruhe.
Er schiebt sich an mir vorbei, reißt die Wohnungstür auf und knallt sie hinter sich zu.

Einige Tage später treffe ich mich vor dem Wohnblock in der Tumblingerstraße mit einer Frau vom Jugendamt. Sie ist die zuständige Betreuerin vom Allgemeinen Sozialdienst für die Chaosfamilie von Ilias und Kostas. Da die Mutter kein Deutsch spricht, muss jemand als Übersetzer bei diesem ersten Termin mitkommen.
Keine Reaktion auf unser Klingeln. Ratlos bleiben wir vor der Eingangstür stehen. Nach einer Weile beschließen wir, wieder zu gehen.
Manche Familien wollen nichts mit irgendwelchen Ämtern

zu tun haben. Aus Scham oder auch Angst. Manche lehnen Hilfe ab. Zu welcher Kategorie gehört die Mutter Ihres Schülers?

Bevor ich mir über diese Frage noch Gedanken machen kann, wird hinter uns die Haustür aufgerissen. Ilias hält uns die Tür auf.

So was Blödes. Unser Türöffner geht mal wieder nicht. Und die Sprechanlage ist auch schon lange kaputt. Die Klingel haben wir schon gehört. Als ihr nicht nach oben kamt, bin ich die Treppen runtergelaufen. Deshalb hat das so lange gedauert.

In der Wohnung werden erst einmal die ganzen Antragsformalitäten erledigt. Die Mutter setzt wieder das Analphabetenkürzel an die angekreuzten Stellen. Das ist der offizielle Startschuss für die diversen Ämtergänge, die in nächster Zeit zu erledigen sind. Sozialamt. Wohnungsamt.

Monate vergehen. Die Mutter hat die ganze Zeit kein einziges Wohnungsangebot bekommen.

Eines Tages erfahre ich, dass der zuständige Sachbearbeiter beim Wohnungsamt den Antrag der Familie noch nicht einmal bearbeitet hat.

Ich beschließe, gegen die langsamen Mühlen der Ämter anzutreten. Zusammen mit der Mutter tauche ich unangemeldet in der Zeit des »Parteiverkehrs« auf.

Mir wird mitgeteilt, dass der Sachbearbeiter zunächst die Anträge für deutsche Familien bearbeitet. Und so ist unser Antrag immer wieder liegengeblieben. Glücklicherweise hat die Mutter seine Bemerkung nicht verstehen können. Zumindest hoffe ich das.

Nach gut einer Woche hat sie ein Wohnungsangebot. Leider liegt es weit außerhalb der Münchner Innenstadt. Viel zu weit weg von ihrer Arbeitsstelle. Für eine Analphabetin ohne Deutschkenntnisse und weil sie sich in der Stadt nicht

auskennt, ist diese Wohnung wie auf einem anderen Planeten.
Die Mutter lehnt ab. Jetzt hat die Familie nur noch eine einzige weitere Chance. Nimmt sie auch dieses Angebot nicht wahr, wird sich ihr Antrag zu Recht zu unterst im Stapel wiederfinden.
Glücklicherweise lässt das zweite Angebot nicht lange auf sich warten. Eine Neubauwohnung in Moosach. Erstbezug. Vor dem entscheidenden Termin gebe ich den drei Jungs und der Mutter noch Verhaltenstipps. Sie bekommen die Wohnung.
Alle sind vor Freude völlig aus dem Häuschen. Ilias fällt mir um den Hals. Dann begleitet er mich zu meinem Auto.
Schon in ein paar Wochen können wir in unsere neue Wohnung. Und ich werde mit Kostas zusammen ein eigenes Zimmer haben. Ich hatte noch nie ein Kinderzimmer. Versprichst du mir, dass das mit der Wohnung wirklich klappt?
Das kann ich dir hundertprozentig versprechen. Deine Mutter hält doch den Mietvertrag in den Händen. Und noch etwas kann ich dir versprechen: In einer größeren Wohnung wirst du nicht mehr in die Hose machen. Vertrau mir. Ich bin ganz sicher, dass es so kommen wird.

Ilias und Kostas sind endlich in die neue Wohnung eingezogen. Den Umzug konnte die Familie mit dem alten Auto des Stiefvaters erledigen. Viel gab es ja auch nicht zu transportieren. Einen zerlegten Schrank, zwei Ausziehsofas, den kleinen Kühlschrank, die Camping-Kochplatte, einige abgewetzte Koffer und Reisetaschen und eine Unmenge von gefüllten Plastiktüten. Die bunt bedruckten Zudecken aus Wollimitat wurden in blaue Müllsäcke gestopft. Das Hab und Gut einer allein erziehenden Mutter und ihrer drei Söhne.

Der Stiefvater war weder in der Tumblingerstraße, noch ist er in der neuen Sozialwohnung offiziell gemeldet. Braucht er frische Wäsche, dann geht er zu seiner Frau, die ihm – ganz pflichtbewusste Ehefrau – immer noch seine dreckigen Klamotten wäscht. Sie hofft, dass ihr Mann eines Tages seine Geliebte aufgibt und zu ihr zurückkehrt. Obwohl alle von der »Zweitfamilie« wissen, erhält sie den Schein aufrecht. Auch weil sie mit den vier gemeinsamen Kindern von seinen geringen finanziellen Zuwendungen abhängig ist. Würde er auch diese einstellen, dann müsste sie nach Griechenland in ihr Dorf zurück. Das Ende.

Gleich am zweiten Tag nach dem Umzug überredet mich Ilias, den neuen Palast der Familie anzuschauen. Kostas ist wieder nicht zum Unterricht erschienen. Umzugsstress.

So fahren Ilias und ich nach Unterrichtsschluss nach Moosach in die neu erbaute Sozialwohnungssiedlung. Sie liegt gegenüber den seit Jahren existierenden grauen Wohnblöcken, die alle von sozial schwachen Familien bewohnt werden.

Die Neubausiedlung bedeutet im Grunde genommen die Ausweitung und Zementierung eines weiteren sozialen Brennpunkts, auch wenn das Wohnungsamt auf eine ausgewogene Aufteilung zwischen deutschen und ausländischen Bewohnern achtet.

Die meisten Familien bringen den entsprechenden Zündstoff mit. Viele leben an der Armutsgrenze, darunter Jugendliche ohne Schulabschluss oder Lehrstelle, Arbeitslose, Ungelernte, Ausländer aus teils verfeindeten Kulturkreisen, Alkohol- oder Drogensüchtige, gewaltbereite oder kriminalisierte Kinder. Sie alle müssen gezwungenermaßen zusammenleben und sich arrangieren.

Die neuen Häuserblöcke leuchten schon von weitem in strahlendem Weiß mit dunkelblau gestrichenen Balkongeländern. Die Zufahrtsstraßen und Gehwege sind noch nicht

fertig. Die Baustellenatmosphäre würde in anderen, gut situierten Wohnvierteln zu gerechtfertigter Mietkürzung führen.
Mein Auto schliddert im Schlamm und in riesigen Wasserpfützen hin und her. Es ist nicht ganz einfach, den großen Schlaglöchern auszuweichen. Am Haus angekommen, parke ich so nah wie möglich am Eingang, aber auch dort versinken wir mit unseren Schuhen im aufgeweichten Boden. Das Auto sieht aus, als hätte es gerade eine Safaritour absolviert.
Ilias klingelt Sturm. Aus der Wohnung im zweiten Stock dringt laute Musik und das Klingeln durch die offenen Fenster. Aber nichts tut sich. Die Haustür bleibt verschlossen. Ilias hat keinen Schlüssel. Sie wurden alle auf die anderen Familienmitglieder verteilt.
Jetzt sperren mich die scheiß Wichser schon wieder aus. So war das in der alten Wohnung und hier geht es genauso weiter. Verdammte Kacke. Meine Familie kotzt mich an. Ich haue gleich wieder ab.
Jetzt reg dich nicht auf. Dann warten wir eben ein bisschen im Auto und hören Musik. Wir werden ja sehen, wie lange das dauert, bis mal jemand von deinen Leuten auftaucht. Ich habe es nicht eilig. Im Auto habe ich sogar noch etwas zu essen und zu trinken, falls du was brauchst.
Die Zeit verrinnt genauso langsam wie im Wartezimmer eines Arztes. Irgendwann klopft es plötzlich an meiner Fensterscheibe. Ich höre eine gedämpfte Frauenstimme, die mich auf Griechisch anspricht.
Sie hier?
Ich kurbele das Fenster runter.
Aber warum sitzen Sie denn im Auto? Haben Sie nicht geklingelt? Petros ist doch zu Hause.
Uns hat niemand aufgemacht. Vielleicht ist er doch nicht da.

Natürlich ist der da. Kam in der Früh total besoffen nach Hause. Wahrscheinlich liegt er irgendwo in der Wohnung und schläft. Nichts als Ärger habe ich mit dem. Nicht arbeiten, aber sich amüsieren. Kaffee?
Wir gehen zusammen nach oben, ich betrete eine helle, großzügig geschnittene Wohnung. Allein der Flur ist fast so groß wie die alte Einzimmerwohnung. Rechts und links stehen Zimmertüren offen. Ich schaue in völlig nackte Räume ohne Einrichtung. In einem Zimmer entdecke ich jemanden, der zusammengekauert auf einer Decke am Boden liegt. Es scheint Petros zu sein. Ich werde in die Küche gebeten, in der beide Schlafsofas ihren Platz gefunden haben.
Leider haben wir keinen anderen Raum, in dem Möbel stehen. Dazu haben wir kein Geld. Aber ist die Wohnung nicht toll? Und sogar einen Balkon haben wir, auf dem endlich auch der Wäscheständer Platz hat.
Ihre Jungs brauchen eigene Betten, Schränke und Schreibtische. Das Sozialamt hat oft Möbel zu verschenken.
Sind die Sachen neu? Ich stelle mir keine Möbel in die Wohnung, die von anderen Leuten sind. Wir sind doch keine Asozialen.
Einige Wochen vergehen. Eines Tages stehen im Zimmer von Ilias und Kostas zwei gebrauchte, aber gut erhaltene Betten, ein neuer Kleiderschrank und zwei kleine Tische mit jeweils einem Stuhl. Die Jungs sind total aufgekratzt, als sie mir davon erzählen. Seit dem Umzug wirken beide ausgeglichener und ruhiger. Ilias erledigt sogar meistens seine Hausaufgaben.

Eines Morgens kommt Ilias ausnahmsweise mal überpünktlich in die Schule. Wir stehen uns im Klassenzimmer alleine gegenüber. Erstaunt schaue ich ihn an.
Also gut. Ich fahre mit. Aber du darfst niemandem etwas von meinem Problem erzählen. Das musst du mir verspre-

chen. Du weißt schon, was ich meine. Es passiert nicht mehr so oft, aber dann plötzlich doch wieder. Wenn du mich verrätst, dann gehe ich von der Schule weg.

MEIN ERSTES BETT

Weiß jemand von euch, was mit Ilias und Kostas los ist?
Kopfschütteln.
Aber es muss doch einen Grund geben, warum beide seit Tagen nicht in der Schule auftauchen. Habt ihr irgendwelche moslemische Feiertage, die ich übersehen habe?
Kopfschütteln.
Kein Beschneidungsfest? Keine Hochzeit? Vielleicht ist jemand von der Familie erkrankt und sie mussten nach Griechenland?
Kopfschütteln und Schulterzucken.
Es ist nichts Ungewöhnliches, wenn Kinder ohne jegliche Erklärung in der Schulzeit für längere Zeit verschwinden. Meist erfährt man den Grund sehr schnell durch die türkischsprachigen Kinder. Sie sind oft eine zuverlässige Informationsquelle. Ihre Familien sind entweder miteinander verwandt oder kommen aus der gleichen Gegend in Nordgriechenland. Aber niemand in der Klasse weiß etwas über die Verschwundenen.
Bei Ilias und Kostas geht niemand an das bereits vor Wochen neu installierte Telefon. Nach einer Woche ohne irgendeinen Entschuldigungsgrund entschließe ich mich, gegen Spätnachmittag einen Hausbesuch zu machen, um zumindest die Mutter vorzufinden. Inzwischen habe ich einen einigermaßen zuverlässigen Überblick über ihre Arbeitszeiten.
Ich treffe sie tatsächlich zu Hause an. Sie scheint über meinen Besuch sehr überrascht zu sein.

Sie? Kommen Sie rein. Ich mache Ihnen gleich Kaffee.

Beim Betreten der Wohnung kommt mir schon lautes türkisches Stimmengewirr entgegen. In der Wohnküche sitzen auf zwei Sofas und mindestens fünf Plastikstühlen ein gutes Dutzend Frauen und Männer, die sich angeregt unterhalten. Wenn ich es nicht besser wüsste, könnte man meinen, dass sie streiten. Am Boden krabbeln kleinere und größere Kinder herum.

Störe ich vielleicht bei einer Familienfeier?

Nein, nein. Wie kommen Sie denn darauf?

Die Mutter stellt mich stolz ihren Leuten vor. In Griechenland genießt eine Lehrerin hohes Ansehen. Und wenn sie zu Besuch in die Familie eines ihrer Schüler kommt, dann hebt das auch deren Ansehen. Durch die Vorstellungsrunde erfahre ich, dass alle irgendwie miteinander verwandt sind. Teils leben sie in anderen Stadtbezirken in München oder sind gerade aus Griechenland gekommen. Alle Erwachsenen sprechen mehr oder weniger gut Griechisch. Die Kinder können nur Türkisch.

Wo sind Ilias und Kostas? Sie sind seit Tagen nicht in der Schule erschienen.
Wieso? Die sind doch jeden Morgen mit ihren Rucksäcken los.
Dann schwänzen sie. Warum haben sie damit wieder angefangen?
Bestimmt sind sie sauer, weil sie wieder in der Küche schlafen müssen. Wir haben Besuch aus Griechenland. Und bis unsere Verwandten hier Arbeit und eine Wohnung gefunden haben, muss ich sie aufnehmen. Das ist doch selbstverständlich. Familie geht bei uns über alles. Die Jungs sollen sich nicht so anstellen, nur weil sie ihr Kinderzimmer aufgeben mussten. Früher hatten sie auch keins. Die Wohnung ist doch groß genug.
Sie dürfen niemanden zusätzlich aufnehmen. In dieser Sozialwohnung sind nur Sie und Ihre drei Söhne gemeldet. Und wie viele Personen leben momentan hier?
Vorübergehend zwölf Personen. Sie wissen doch, wie schwer es für Ausländer ist, eine Arbeit und Wohnung zu bekommen.
Das geht aber trotzdem nicht. Sie können nicht einfach andere Familien hier aufnehmen, auch wenn es ihre Verwandten sind. In Deutschland ist das anders als in Griechenland. Dafür können Sie aus der Wohnung fliegen.
Die vom Amt wissen das doch nicht. Das geht schon in Ordnung.
Die Naivität und Ignoranz der Mutter sind für mich wieder einmal unerträglich.
Ich schaue mir die Menschen um mich herum näher an. Die meisten Erwachsenen sind durchweg sehr jung. Und trotzdem ist klar, dass sie die Eltern der anwesenden Kinder sind.
Gut, dass Sie da sind, Kiria. Meine Nichte wollte sowieso mit Ihnen reden. Sie hat Probleme mit ihrer Tochter. Und auch mit ihrem Mann.

Mein Blick erfasst die spielenden Kinder. Ein kleines hübsches Mädchen, das völlig unterernährt wirkt, sitzt mit überkreuzten Beinen in einer Ecke der Küche und wippt mit krummem Rücken leicht vor und zurück. Als ob es sich in Trance schaukeln wollte. Ihre Augen sind von dunklen Rändern eingerahmt.
Was ist mit ihr los?
Eine junge Frau dreht sich zu mir um.
Meine Tochter ist nicht behindert, aber mein Mann will sie nicht. Wenn er schlecht gelaunt oder wütend auf die Kleine ist, dann darf ich ihr nichts zu essen und trinken geben. Nur für seine eigene kleine Tochter tut er alles. Die verwöhnt er wie eine Prinzessin.
Sie deutet auf ein dickliches, ungefähr dreijähriges Mädchen, das sich gerade an einer Tafel Schokolade bedient. Die beiden Kinder haben nicht die geringste Ähnlichkeit miteinander. Manchmal geht die Kleine zu ihrer älteren Schwester und haut ihr mit einem Kochlöffel auf den Rücken. Einige Schläge treffen auch den Hinterkopf. Das am Boden kauernde Mädchen wehrt sich nicht gegen die Attacken. Es fällt langsam immer mehr in sich zusammen.
Die junge Mutter nimmt dem Kleinkind nach einiger Zeit den Kochlöffel aus der Hand und legt ihn unter kindlichem Protest ins Spülbecken.
Mein jetziger Mann ist mein zweiter Mann. In Griechenland war ich mit einem Mann verheiratet, der mich und meine anderen Kinder immer nur geschlagen hat. Eines Tages hat er sich eine Jüngere genommen. Meinen Sohn hat er behalten. Mit ihm darf ich nur heimlich telefonieren.
Bei ihren letzten Worten fangen die Tränen, die ihr bisher in den Augen standen, zu fließen an. Lautlos suchen sie sich ihren Weg über das hübsche Gesicht der jungen Frau.
Nach der Trennung habe ich meine Töchter, sobald sie dreizehn Jahre alt wurden, in Griechenland verheiraten müs-

sen. Ich konnte nicht anders. Als ich dann von einem verheirateten Mann schwanger wurde, hat einer meiner Cousins meine Ehre gerettet. Jetzt ist die Kleine für ihn ein Bastard und dementsprechend behandelt er sie auch. Am liebsten wäre ihm, wenn sie verrecken würde.
Die hasserfüllte Offenheit der jungen Frau erschüttert mich.
Schlägt er die Kleine auch?
Immer wenn er getrunken hat. Aber nicht nur sie. Mich auch. Ich bin schließlich die Mutter eines Bastards. Schon oft wollte ich meinen Mann deshalb verlassen, aber dann hat mich meine Familie doch überredet, das nicht zu tun. Wegen der Ehre, verstehen Sie?
Alle Erwachsenen um mich herum nicken zustimmend.
Nur seine eigene Tochter lässt er in Ruhe. Sie ist wohl auch der Grund, dass er mich noch nicht ernsthaft verletzt hat. Die Große war aber seinetwegen schon mal für zwei Wochen im Schwabinger Krankenhaus. Nierenblutung oder so. Bevor die aber dort weitere dumme Fragen stellen konnten, habe ich meine Tochter geschnappt und bin abgehauen.
Wo ist Ihr Mann jetzt?
Er ist mit den beiden Jungs unterwegs. Wahrscheinlich beim Trinken und Spielen. Wenn er genug hat, wird er uns irgendwann wieder abholen.
Wie alt ist Ihre große Tochter?
Schon fast sieben. Auch wenn sie nicht so aussieht. Aber sie soll im September in eine deutsche Schule kommen.
Versteht Ihre Kleine Deutsch? Glauben Sie, dass sie das schaffen kann?
Nein, wie denn? Sie spricht im Moment überhaupt kein Wort. Auch kein Türkisch. Sie ist schon längere Zeit stumm wie ein Fisch.
Wollen Sie Ihre Tochter nicht in meiner Schule einschulen?

Glauben Sie, dass Ihnen Ihr Mann dazu das Einverständnis geben würde?
Der hat, was meine Große betrifft, überhaupt nichts zu sagen. Das Sorgerecht für sie habe ich ganz allein. Er wollte doch keinen Bastard adoptieren. Damit hätte er seine männliche Ehre beschmutzt. Von mir aus nehmen Sie sie. Sie haben den Jungs von meiner Tante auch geholfen.
Ich kann aber nur etwas für Ihre Tochter tun, wenn ich mit Ihrem Mann einiges klarstellen kann.
Bleiben Sie bis er kommt? Dann können Sie mit ihm reden. Aber ich kenne ihn. Es ist sowieso sinnlos.
Während ich auf die Jungs und den unbekannten Vater warte, lasse ich mir einige hausgemachte traditionelle Köstlichkeiten schmecken.
Plötzlich stehen Ilias, Kostas und ein anderer junger Mann in der Küche. Die junge Frau nickt verstohlen mit dem Kopf und macht eine eindeutige Augenbewegung.
Die Jungs nehmen mich im ersten Moment gar nicht wahr. Als sie mich dann doch entdecken, schauen sie mich verlegen an.
Sie sind da, weil Sie sauer auf uns sind, nicht wahr?
Wieso soll ich sauer auf euch sein? Habe ich einen Grund dazu? Das scheint doch für euch ganz okay zu sein, mich zu benutzen, wenn ihr mich braucht, und euch zu verpissen, wenn ihr auch ohne mich klarkommt.
Kostas verschlägt es die Sprache. Er verschwindet schnell wieder aus der Küche. Ilias quetscht sich neben mich aufs Sofa.
Und du bist doch wütend. Ich weiß, wie du bist, wenn du sauer bist. Aber du siehst ja, was hier abgeht. Seitdem wir die größere Wohnung haben, sind hier ständig Leute. Ich habe auch kein eigenes Bett mehr. Darauf scheiß ich sowieso. Wären wir bloß nicht von der Tumblingerstraße weggezogen.

Und schon hat er eine Ohrfeige sitzen. Petros schlägt ihn mit voller Wucht ins Gesicht.
So redest du nicht mit deiner Lehrerin. Entschuldige dich sofort bei ihr oder ich schlag dich zusammen, dass du nicht mehr kriechen kannst.
Keiner der Erwachsenen reagiert. Auch nicht die Mutter. Für sie ist es nichts Ungewöhnliches, dass ihr Ältester auf seine Art die Erziehung seines Bruders in die Hand nimmt.
Ich gehe jetzt besser.
Eine peinliche Stille erfüllt die Küche. Sogar die Kinder haben aufgehört zu spielen und schauen von einem Erwachsenen zum anderen.
Reserviert, aber freundlich verabschiede ich mich bei jedem persönlich per Handschlag. Auch bei den Kindern. Als ich zu dem in der Ecke sitzenden Mädchen komme, beuge ich mich hinunter und streichele ihm sanft über den Kopf. Es wendet mir das Gesicht zu. Ich erwidere diese erste Kontaktaufnahme mit einem Lächeln.
Beim Hinausgehen drehe ich mich noch einmal um und schaue dem mir unbekannten Mann direkt in die Augen.
Ach, noch etwas, bevor ich gehe. Ich habe gerade mit Ihrer Frau vereinbart, dass ich Ihre große Tochter ab September in meiner Klasse aufnehmen werde. Und Ihnen gebe ich den Rat, das Kind nicht mehr anzufassen und nicht mehr zu quälen. Ansonsten sorge ich dafür, dass Sie im Gefängnis landen und aus Deutschland ausgewiesen werden. Und noch eins. Legen Sie sich nicht mit mir an. Glauben Sie mir. Sie würden den Kürzeren ziehen.
Ohne eine Antwort abzuwarten, verlasse ich die Wohnung. Emotional aufgewühlt gehe ich zu meinem Auto. Gerade als ich einsteigen will, kommen Ilias und Kostas aus der Haustür gelaufen.
Mensch, das war ein Knaller. Meinem Onkel haben Sie's aber gegeben.

Hauptsache, er kapiert, was ich ihm sagen wollte, Kosta.
Du bist sehr mutig, Kiria. In unserem Dorf in Griechenland darf keine Frau so mit einem Mann reden. Auch keine Lehrerin.
Ich bin viel mutiger, als du es dir vorstellen kannst, mein lieber Ilia. Und das hat nichts damit zu tun, dass ich Lehrerin bin. Wenn ihr morgen beide nicht in der Schule erscheint, werde ich vielleicht auch dafür sorgen müssen, dass ihr mal für eine Weile in ein Heim kommt. Dort habt ihr ganz sicher ein eigenes Bett.
Die Brüder schauen mich entsetzt an.

LEERES GITTER

Lass mich in Ruhe, Kiria. Siehst du nicht, dass es mir beschissen geht? Warum bin ich überhaupt in die Schule gekommen? Ihr Wichser kotzt mich alle an.
Das Klingeln zur ersten Unterrichtsstunde liegt genau eine Viertelstunde zurück. Die ganze Klasse hat erst einmal gefrühstückt. Mit hungrigen Jugendlichen kann man keinen Unterricht halten. Frühstück ist in Griechenland unüblich. Die meisten kommen völlig ausgehungert in die Schule.
Auf dem Stundenplan steht eine Doppelstunde Deutsch als Zweitsprache in der griechischen Oberstufe, im Grunde genommen aber Deutsch als Fremdsprache. An einen gemeinsamen Unterricht ist bei den insgesamt siebzehn Jugendlichen nicht zu denken. Viele verstehen so wenig Deutsch, dass sie ständig auf die griechische oder sogar türkische Übersetzung durch Mitschüler angewiesen sind. Außerhalb der Schule haben die wenigsten Kontakt mit Deutschsprachigen. Auch Ilias und Kostas nicht, die inzwischen gemeinsam die griechische Oberstufenklasse besuchen. Ilias als Fünft- und Kostas als Siebtklässler.

Alle Mädchen gehen nach der Schule direkt nach Hause und verbringen den restlichen Tag in der Wohnung. Dort hören und sprechen sie nur noch ihre Muttersprache – Griechisch oder Türkisch. Die Türkischsprachigen schauen den ganzen Tag über nur das Fernsehprogramm der verhassten Türkei an. Ersatz für den türkischsprachigen Heimatort in Griechenland.
Die Jungs suchen auf der Straße Kontakt zu ihrer Volksgruppe. Für türkischsprachige Griechen bedeutet das, dass sie nur in Ausnahmefällen mit christlich-orthodoxen Griechen freundschaftliche Beziehungen aufbauen können. Für die Türken sind sie trotz gleicher Muttersprache nur verhasste Griechen, mit denen man nichts zu tun haben will.

Wenn du in die Schule gekommen bist, um hier zu schlafen, dann leg dich bei den Kleinen auf die Couch. Vielleicht bist du später bereit, mir zu erklären, warum du so aggressiv bist. Außerdem mag ich nicht, wenn du mich ständig duzt. Auch wenn wir Freunde sind: Ich bin deine Lehrerin.
Was soll ich bei den Kleinen? Sie wollen mich nur loswerden. Aber da gehe ich nicht hin. Das hier ist jetzt meine Klasse und hier bleibe ich auch. Versuch doch, mich rauszuschmeißen. Wenn du mich anfasst, kann ich für nichts garantieren. Ich habe keine Angst davor, mich zu wehren. Ich schlage auch zu, wenn es sein muss.
Keiner will sich hier mit dir schlägern. Und ich schon gar nicht. Das war noch nie meine Art und wird es auch nie werden.
Plötzlich steht Kostas auf, geht zielstrebig auf Ilias zu und haut ihm mit voller Wucht auf den Hinterkopf. Sein kleiner Bruder fliegt dabei vom Stuhl und landet am Boden. Mit hasserfüllten Blicken schauen sie sich an.
Halt endlich deine Fresse. Du machst alles nur noch schlimmer. Lass verdammt noch mal die Kiria in Ruhe. Und zeig

mehr Respekt. Die hat dir nichts getan. Du führst dich auf wie ein Bastard.

Plötzlich brüllen sich beide nur noch an. Auf Türkisch. Unverständlich für den größten Teil der Klasse und auch für mich.

Seid ihr denn jetzt beide total durchgeknallt? Was ist denn mit euch los?

In diesem Moment springt Ilias auf, reißt seinen Rucksack an sich und will wutentbrannt den Raum verlassen. Ich stelle mich vor die Klassenzimmertür.

Du läufst jetzt nicht weg, Ilia. Nicht in deinem Zustand. Du bist ja völlig durcheinander.

Geh weg, sonst …

Sonst was? Willst du mir drohen? Du tust mir nichts. Das weiß ich. Denn du magst mich, so, wie ich dich auch mag. Stimmt's? Und dir ist auch klar, dass das hier deine zweite Familie ist. Hast du mir nicht schon oft gesagt, dass ich manchmal wie eine Mutter für dich bin? Schlagt ihr eure Mütter? Das wäre mir neu.

Ich habe meine Mutter noch nie geschlagen. Und dich schlage ich auch nicht. Das weißt du. Aber lasst mich alle in Ruhe, sonst drehe ich total durch.

Weißt du was? Wir reden draußen weiter. Ich gebe der Klasse nur schnell eine Arbeit und dann habe ich Zeit für dich. Warte bitte draußen.

Ich lasse Ilias durch und kümmere mich um die Klasse. Der Kleine öffnet schwungvoll die Klassenzimmertür und lässt sie hörbar hinter sich ins Schloss fallen. Sein Bruder will hinter ihm her. Lautlos gebe ich ihm ein Zeichen, dass ich nicht will, dass er ihm folgt. Mit versteinertem Gesicht setzt er sich wieder an seinen Platz.

Ich gehe vor die Tür. Dort wartet Ilias mit gesenktem Kopf auf der Garderobenbank. Ich setze mich neben ihn und warte.

Langes Schweigen. Auch in der Klasse ist es mucksmäuschenstill. Nur das Krächzen der großen Raben, die sich mal wieder um Essensreste streiten, ist vom Schulhof her zu hören. Ilias Blick ist verbittert und hasserfüllt.
Weißt du, wenn mein Sohn so reagiert wie du eben in der Klasse, dann hat er meistens ein riesiges Problem. Obwohl wir uns gut verstehen, kann er genauso sein, wie du es gerade warst. Manchmal macht er mich mit seiner Verbohrtheit richtig wütend, aber ich würde ihn niemals schlagen. Und trotzdem lasse ich nicht locker, bis ich den Grund für seine Wut erfahre. Und bei dir auch nicht. Das ist dir doch klar, oder nicht?
Deinem Sohn geht es gut. Der hat doch alles. Und wir haben nichts. Nur Probleme. Da sind wir reich.
Wieder tritt eine Pause ein. Langsam verschwindet die Wut aus seinem Gesicht und wird von einer bedrückenden Traurigkeit abgelöst. Auch seine zu Fäusten verkrampften Hände lösen sich. Ich lege behutsam den Arm um ihn. Er weist mich nicht zurück.
Wenn du willst, dass ich dich verstehe, dann musst du mir dabei helfen.
Ich soll dir helfen? Wie kann ich dir helfen? Ich, der nur ein Scheißleben, eine Scheißfamilie hat, soll einer Lehrerin helfen? Du machst dich über mich lustig.
Warum glaubst du, sitze ich mit dir hier draußen und bin nicht in der Klasse, um meinen Unterricht zu halten? Um mich über die Klasse oder dich lustig zu machen? Mir ist wahrlich nicht nach Späßen zumute.
Ilias dreht mir sein Gesicht zu. Als ob er sich von der Ehrlichkeit meiner Worte so besser überzeugen könnte.
Meine Mutter kriegt jeden Monat Geld vom Sozialamt. Nicht viel, weil sie ja auch noch arbeitet. Und das hat sich am Freitag mein Stiefvater unter den Nagel gerissen. So, wie er es immer macht. Vom Geld als Lagerarbeiterin

musste meine Mutter die Stromrechnung bezahlen. So, jetzt weißt du's. Zufrieden?
Und das hat dich so wütend gemacht, dass du in der Schule am Montag total ausflippen musstest?
Ach, lassen wir's. Das hat ja doch keinen Zweck. Soll ich jetzt gehen oder bleiben? Was willst du?
Was wollen Sie?
Was? Ach ja, ich habe das wieder falsch gesagt. Also: Was wollen Sie?
Mit einer abwehrenden Bewegung streift er meinen Arm von seinem Rücken und steht auf.
Das liegt an dir. Was willst du?
Ich weiß nicht.
Ich bleibe sitzen und starre vor mich hin. Plötzlich schießt mir ein Gedanke durch den Kopf.
Du hast heute Morgen nichts gefrühstückt. Dein Bruder auch nicht. Habt ihr gar nichts dabeigehabt?
Ilias schüttelt nur den Kopf und starrt auf den Boden.
Warum hast du dir nichts beim Hausmeister gekauft? Hast du kein Geld gehabt?
Keine Reaktion.
Natürlich, das ist der Grund. Wann hast du das letzte Mal etwas gegessen?
Um vier.
Um vier Uhr heute Früh? Sicher nicht.
Er presst seine Lippen zusammen.
Das darf doch nicht wahr sein. Gestern Nachmittag um vier Uhr? Ich kann's gar nicht glauben. So kann kein Mensch lernen.
Kiria, nicht gestern. Gestern war Sonntag. Ich meinte aber Samstag. Da habe ich um vier Uhr ein Pizzastück am Hauptbahnhof gegessen.
Das ist nicht dein Ernst. Du hast zwei Tage nichts gegessen? Was denkt sich deine Mutter eigentlich dabei? Ich werde

mit ihr reden. Wenn sie für euch schon nichts Essbares zu Hause hat, dann soll sie euch wenigstens Geld mitgeben, damit ihr etwas kaufen könnt.
Sie hat aber kein Geld. Wenn sie was hat, dann gibt sie es uns. Aber sie hat keins. Kapiert? So einfach ist das. Das habe ich ja versucht zu erklären. Ich meine vorhin.
Warum hast du mir das nicht gleich erzählt, als du gekommen bist? Ist das so schwierig? Ich habe nichts zu essen dabei und auch kein Geld. Können Sie mir helfen? Ich glaube, zwischen Freunden sollte das doch möglich sein.
Ich habe auch schon daran gedacht, aber mich dann so geschämt.
Ich mache die Klassenzimmertür auf und gehe auf Kostas zu.
Los, komm mit. Wir drei gehen jetzt zum Hausmeister. Vielleicht kann ich bei ihm etwas zu essen auftreiben. Kommst du mit oder sollen wir dir was mitbringen?
Kostas zögert. Lautstark schiebt er seinen Stuhl nach hinten, steht langsam auf und begleitet mich aus der Klasse. Draußen trifft er auf seinen kleinen Bruder. Grinsend schüttelt er den Kopf. Beide fallen sich in die Arme.
Jetzt kommt schon. Ich will heute auch noch mal Unterricht machen.
Kurz vor Schulende teile ich den beiden erstaunten Brüdern mit, dass ich sie nach Hause fahren werde.
Keine Angst. Ich werde mich nicht selbst zum Essen einladen. Aber ich will sehen, was für euch da ist.
Kostas lehnt dankend ab.
Hab noch einen Termin. Keine Zeit. Hier, Ilia. Nimm meinen Hausschlüssel, damit du reinkommst. Aber verpiss dich nicht wieder. Ich habe keine Lust, später vor verschlossener Tür zu stehen.

Ilias betritt mit mir die menschenleere Wohnung. Er geht zielsicher in die Küche und reißt die Kühlschranktür auf.
Da, bitte. Nichts. Nur leere Gitter. Soll ich die vielleicht essen?
Ist ja schon gut. Reg dich ab. Natürlich habe ich dir geglaubt. Eigentlich bin ich nur mitgekommen, damit ich nachschaue, was da ist und was fehlt. Ich habe nicht damit gerechnet, dass überhaupt nichts zu essen im Kühlschrank ist. Und was ist mit Brot? Oder Nudeln oder Reis?
Der Kleine macht sämtliche Küchenschranktüren auf und lässt sie offen stehen.
Siehst du was? Ich nicht. Weil nämlich nichts da ist. Nichts. Null.
Ilia, bin gleich wieder da. Lauf bitte nicht weg. Ich fahre mal schnell wohin.
Wohin denn?
Das wirst du schon sehen. Lass dich überraschen.
Nach einer knappen Stunde betrete ich mit voll gepackten Einkaufstüten wieder die Wohnung.
Hier. Bring die Sachen in die Küche.
Warst du einkaufen?
Geklaut habe ich die Sachen nicht.
Ilias grinst mich an. Ich grinse zurück.
Meine Mutter wird bestimmt wütend. Wie soll ich das erklären?
Dann lass es einfach. Ist doch auch nicht schlecht, oder?
Die trifft der Schlag. Die kapiert bestimmt nicht, warum Sie uns immer helfen, Kiria.
Muss sie das? Wichtiger ist, dass du anscheinend etwas kapiert hast.
Was meinen Sie?
Du hast »Sie« zu mir gesagt. Und sogar zwei Mal.
Natürlich hab ich's kapiert. Wollen Sie was essen?

Normalerweise fehlt im Deutschunterricht selten jemand. Vielleicht, wenn jemand krank ist, aber geschwänzt wird in diesem Fach so gut wie nie. Alle möchten ihre neue Sprache erlernen. Zumindest mündlich. Lesen und Schreiben lernen steht nicht an erster Stelle. Aber Deutsch zu verstehen und sich auf Deutsch unterhalten zu können, ist den meisten sehr wichtig. Nur so können sie mit anderen in Kontakt treten.

Merkwürdigerweise fehlen heute etliche Jungs der griechischen Oberstufe. Ilias, Kostas und vor allem Mehmet, der sonst immer pünktlich in der Schule erscheint. Keiner der Jugendlichen wurde telefonisch bei der Sekretärin entschuldigt.

In der großen Pause habe ich Aufsicht. Dann entdecke ich Mehmet, der abgehetzt auf mich zukommt.

Verschlafen?

Er macht ein verbissenes Gesicht. Ich lächele ihn an.

Kann jedem mal passieren.

W… wo … wo sind die … zwei Ba… Bastarde? … D… die … bring ich um. … Bei … bei mir … zu Hause … wa… waren … heut' F… Fr… Früh … die … Bu… Bu… Bullen. … Mein V… V… Vater … fl… fli… flippt aus, … wenn … wenn … wenn … er das erfährt. … Die … die zw… zw… zwei … W… Wichser … mache ich … k… k… kalt. … Ich … la… lass … mir doch nicht … de… deren Sch… Sch… Scheiß … an… an… anhängen.

Mehmet stottert. Manchmal kann er schon ganz flüssig sprechen. Aber im Moment wohl nicht. Er hat einen hochroten Kopf und ist sehr erregt.

Ich verstehe kein Wort, Mehmet. Sprichst du von Ilias und Kostas? Warum willst du die beiden umbringen? Haben die wieder was angestellt?

Hektisches Kopfnicken.
Jetzt mal ganz ruhig.
Beruhigend lege ich einen Arm um Mehmets Schultern.
Warum war die Polizei bei dir zu Hause? Hast du Mist gebaut, Mehmet?
Als Antwort erhalte ich ein selbstsicheres Kopfschütteln. Ein energischer, verneinender Laut unterstreicht die Bewegung.
Gut. Da bin ich ja froh.
Angedeutetes Lächeln.
Wollen die beiden dir was anhängen?
Kopfschütteln.
D… die nicht. Aber … aber … aber … die … Bu… Bullen.
Reg dich nicht auf. Wenn du nichts gemacht hast, dann brauchst du auch keine Angst zu haben. Falls die Jugendpolizei hier auftaucht, werde ich denen schon sagen, dass ich mir das bei dir gar nicht mehr vorstellen kann. Vor einigen Jahren hätte ich noch anders ausgesagt. Aber heute bin ich mir ganz sicher.
Ein breites Grinsen überzieht Mehmets Gesicht. Dann bleibt er stehen und wendet sich mir zu. Während er mir in die Augen schaut, sagt er, dass er es gar nicht gewesen sein könne, weil er seine kleine Schwester wie immer vom Kindergarten abgeholt hätte.
Dann ist doch alles in Ordnung. Warum regst du dich so auf? Du hast ein Alibi. Dir kann doch gar nichts passieren. Und nur das zählt.
Mehmet erzählt, dass ein Zeuge ihn wiedererkannt haben will.
Dann hat sich dieser Zeuge eben getäuscht. Ihr dunkelhäutigen Griechen seht euch doch oft so ähnlich.
Mehmet führt die Verwechselung auf den gleichen Haarschnitt zurück.
Du meinst Kostas. Nicht wahr?

Kopfnicken. Inzwischen hat sich Mehmet ein bisschen beruhigt.
Was weißt du? Sag es mir bitte. Das ist kein Verrat. Aber wenn die Jugendpolizei hier auftaucht, kann ich dir und den anderen nur helfen, wenn ich auch was weiß. Leider sind Ilias und Kostas noch nicht in der Schule erschienen. Vielleicht haben sie nur verschlafen. Oder doch ein schlechtes Gewissen.
Mehmet schüttelt den Kopf und betont, dass Ilias und Kostas keine Schuld träfe. Dann erzählt er, wie beide angegriffen wurden.
Wann? Und von wem?
Ge... Gestern ... nach ... der Schule.
Haben sie es dir erzählt?
Kopfnicken.
Wann haben sie es dir erzählt?
Sie wa... waren danach ... bei mir.
Bei dir zu Hause?
Kopfnicken.
Und deine Eltern? Waren die zu Hause?
Kopfschütteln.
Stimmt ja. Die arbeiten beide zu der Zeit.
Kopfnicken.
Und die Jungs haben dir alles erzählt, wie es war?
Kopfnicken.
Hast du das der Polizei gesagt?
Heftiges Kopfschütteln.
Du wolltest sie nicht verraten. Stimmt's?
Befreites Kopfnicken.
Ist vielleicht ganz klug von dir gewesen. Sonst hättest du sicherlich brutalen Ärger mit dem Clan der Brüder bekommen. Und wahrscheinlich auch mit deinem Vater.
Bestätigendes Kopfnicken.
Da... das ... w... war Not ... Notwehr b... bei denen. ... Echt.

Ich rede mit den beiden, wenn sie hier auftauchen sollten. Und ich werde ihnen sagen, dass du der Polizei nichts gesagt hast.
Da... Danke.
Die können froh sein, so einen tollen Freund zu haben. Ich lass mir die Geschichte von den beiden erzählen. Im Moment blicke ich noch nicht so richtig durch. Aber es muss eine ziemlich ernste Geschichte sein. Das ist sicher.
Lang anhaltendes Kopfnicken mit zusammengepressten Lippen.

Nach der Pause will mich Mehmet noch einmal unter vier Augen sprechen. Während ich ihm versichere, dass er wegen der Polizei keine Angst zu haben bräuchte, nehme ich in der Klasse nebenan eine große Unruhe wahr. Als ich aufstehe, um zu schauen, was los ist, wird die Tür vom Nebenraum schwungvoll aufgemacht. Sie trifft mich an der linken Schulter.
Aua. Langsam. Willst du mich umbringen?
Ach, so 'ne Scheiße. Entschuldigung, wollt ich nicht. Konnte ja nicht ahnen, dass Sie genau an der Tür stehen, Kiria Korbmacher.
Ich starre Kostas an. Sein ganzes Gesicht ist übersät mit Abschürfungen. An der rechten Schläfe hat er eine schmale Platzwunde, sein rechtes Auge ist rundum blau und seine dick geschwollenen Lippen sind mit Schorfstreifen gezeichnet. Der rechte Arm ist notdürftig einbandagiert.
Man kann viele Dinge nicht vorhersehen. Und trotzdem sollte man Türen vorsichtiger aufmachen. Vielleicht könntest du es doch einmal mit Anklopfen versuchen? Ich habe keine Lust, so auszusehen wie du. Was ist denn passiert? Wo ist dein kleiner Bruder?
Hier. Und: Ich bin zwar sein Bruder, aber nicht klein. Stehe doch schon die ganze Zeit hinter Kostas. Sind Sie blind?

Blind bin ich nicht. Aber du bist anscheinend heute sehr empfindlich.
Der Jüngere scheint ganz ähnliche Verletzungen zu haben wie sein Bruder. Nur fehlt ihm der Verband. Aber auf seinen Handflächen sind große blutige Risse zu sehen.
Keine Angst. Sieht schlimmer aus, als es ist.
Ist ja beruhigend, das aus eurem Mund zu hören. Warum seid ihr jetzt erst gekommen?
Wegen der Bullen. Wir kennen die Zivilkarren von denen doch. Da war es besser, denen nicht vor die Füße zu laufen.
Gibt es denn einen Grund, dass ihr euch verstecken müsst?
Das kann man sagen. Obwohl wir keine Schuld haben.
Ich glaube, das bereden wir nicht vor der ganzen Klasse. Übrigens, euer Freund Mehmet hat euch nicht verraten. Die Polizei war nämlich zum Frühstück schon bei ihm zu Hause. Nur zu eurer Information, damit ihr nicht auf falsche Gedanken kommt.
Alle drei schlagen sich mit der Hand ab. Ein kurzes Kopfnicken besiegelt die Anerkennung.
Ilias setzt sich auf einen Tisch, Kostas flegelt sich auf einen Stuhl hin.
Lasst uns an den runden Tisch gehen. So kann ich nicht mit euch reden. Schon gar nicht über ein so ernstes Thema.
Woher wissen Sie, dass es ernst ist?
Das spüre ich. Und wenn ich das Wort Notwehr höre, dann kann es nur schlimmen Ärger gegeben haben. Also?
Beide Brüder schauen sich an. Ich weiß nicht, ob sie stillschweigend abmachen, wer anfangen soll zu erzählen. Oder ob sie sich überlegen, mir überhaupt etwas zu sagen.
Ilias nickt und fängt an:
Also, gestern nach der Schule sind wir zur U-Bahn. Wir wollten nach Hause. Und da ist doch die Rolltreppe. Die geht

nach oben, aber auch nach unten. Ja, und wir haben die Rolltreppe genommen. Von oben. Und unten stand so 'n deutscher Wichser und brüllte. Dem hat's gestunken, dass er warten musste.
Die Rolltreppen sind für uns Deutsche da und ihr scheiß Ausländer benutzt gefälligst die Treppe.
Ist ja eine Unverschämtheit. Und da habt ihr euch geärgert und mit ihm geschlägert. Stimmt's?
Nein, warten Sie doch mal, Kiria. Also, der scheiß Wichser brüllte immer weiter.
Und dann?
Wir haben nichts gesagt. Wirklich nicht. Wir haben nur gelacht. Der war nämlich besoffen. Das konnte man sehen. Einen ganz roten Kopf hat der gehabt. Und der war total aggressiv drauf.
Ja und dann?
Als wir unten ankamen, hat er ausgeholt und Kostas eine in die Fresse geschlagen.
Einfach so?
Ja, ausgeholt und bumm. Kostas fiel nach hinten auf das Eisen von der Rolltreppe. Da, schauen sie mal. Dreh mal deinen Kopf.
Kostas zieht mit seinen Fingern seine Haarpracht auseinander. Eine dicke Blutkruste kommt zum Vorschein.
Lass mich mal sehen. Sollte das nicht genäht werden? Warst du schon beim Arzt?
Ach, was. So was hatte ich schon oft.
Kann ich jetzt weitererzählen, Kiria?
Ja, natürlich, Ilia.
Der deutsche Wichser war nicht jung. So ungefähr fünfunddreißig. Und ein Bulle von einem Mann. Stellen Sie sich vor. Da schlägt er meinen Bruder doch tatsächlich bewusstlos. Ich habe Kostas unten gleich von der Treppe gezogen. Lange Haare werden schnell reingezogen. Und der scheiß Typ hat

nur gelacht. Gelacht hat der, als mein Bruder da so lag. Überall war Kostas Blut. Und dann bin ich ausgerastet. Ich habe ihm ins Gesicht geschlagen. Mit der Faust. So. Sehen Sie?
Ich nicke.
Das hat er von einem Dreizehnjährigen wohl nicht erwartet.
Der hat vielleicht blöd geguckt, Kiria.
Und dann hat er dich zusammengeschlagen?
Jetzt ergreift Kostas das Wort. Ein hämisches Grinsen unterstreicht seine Worte.
Von wegen. Als ich wieder die Augen aufmache, sehe ich gerade, wie er meinen Bruder ins Gesicht schlägt. Da war ich ganz schnell wieder auf den Beinen. Und dann ging's los.
Was meinst du damit?
Na, dann haben wir ihn zusammengeschlagen. Er hat uns angegriffen und wir haben uns nur gewehrt.
Und wie sah das aus?
Na, nicht nur mit den Fäusten, sondern auch mit Tritten. Nur so hatten wir eine Chance.
Spinnt ihr beide denn total? Ihr könnt doch nicht einfach jemanden zusammenschlagen.
Frau Korbmacher, das war doch Notwehr.
Notwehr? Notwehr ist was anderes. Notwehr heißt sich verteidigen. Aber nicht zu zweit einen fertigmachen. Was ist ihm denn passiert?
Der hat seine Strafe bekriegt. Und nicht zu wenig.
Ich habe gefragt, was dem passiert ist?
Die Nase haben wir dem gebrochen. Und den Kiefer auch. Und die Fresse haben wir ihm so poliert, dass er nicht mehr aus den Augen schauen konnte.
Um Gottes willen. Woher wisst ihr das alles?
Ein Freund von uns hat den vom Krankenwagen gefragt.

Und der hat euch das vom Nasen- und Kieferbruch erzählt?
Ganz genau. Der besoffene Wichser wird so schnell keine ausländischen Jungs mehr angreifen.
Der konnte ja nicht ahnen, dass er auf euch trifft. Findet ihr das nicht unfair? Der war doch wohl betrunken. Und die reden doch oft blödes Zeug daher.
Ja, aber der hat uns angegriffen, da mussten wir uns wehren. Das war Notwehr, Kiria.
Verdammt noch mal. Hättet ihr ihn nicht wegschubsen können? Und dann hättet ihr Hilfe holen können.
Sie meinen die Polizei? Wem hätten die wohl geglaubt? Dem Deutschen oder uns? Wovon träumen Sie denn?
Mensch, ihr habt brutale Schwierigkeiten. Ilias wird nicht viel passieren. Er ist noch nicht vierzehn. Aber dir. Du bist fünfzehn. Die stecken dich in den Jugendarrest, Kosta.
Wollen Sie uns verpfeifen?
Darum geht es doch jetzt gar nicht. Was soll denn diese blöde Frage? Aber sie werden wahrscheinlich herausbekommen, wer es war. Auch ohne meine Hilfe.
Bis jetzt ist bei uns in Moosach noch niemand aufgetaucht.
Ne, die Bullen tappen im Dunkeln. Nur blöd, dass die bei Mehmet waren. Der hat damit nichts zu tun.
War nicht sehr intelligent von euch, nach der ganzen Geschichte zu ihm nach Hause zu gehen.
Wo sollten wir uns denn verstecken? Ganz seelenruhig durchs Hasenbergl laufen? So, wie wir aussahen?
Auf alle Fälle habt ihr Mehmet in Schwierigkeiten gebracht.
Wenn der dicht hält, dann kann gar nichts passieren. Und was machen Sie jetzt, Frau Korbmacher? Holen Sie die Bullen von der Jugendpolizei?
Ich muss herausfinden, wie ich euch helfen kann. Und ich werde bei der Schulsozialarbeit nachfragen, ob ich eine

Straftat decke, wenn ich weiß, dass ihr den Typen krankenhausreif geschlagen habt. Ich will und kann mich nicht strafbar machen. Aber eines sage ich euch: Das, was der Typ da gesagt und gemacht hat, finde ich auch total unmöglich. Und wahrscheinlich hätte er mit seiner Einstellung schon lange mal eine Tracht Prügel verdient. Aber ihr habt ihn schwer verletzt. Notwehr: ja. Einen Denkzettel verpassen ist in Ordnung. Aber ihr habt ihn schwer verletzt.
Wissen wir. Aber jetzt können wir es nicht mehr ändern. Uns hat doch auch keiner geholfen. Oder? Dann mussten wir uns eben selbst helfen. Auch wenn es ein bisschen zu krass ausgefallen ist.
Das kann man wohl sagen. Mir ist ganz schlecht von euren Erzählungen.
Und jetzt?
Geht in die Klasse und arbeitet. Dazu seid ihr ja wohl hier. Und ich werde in der Pause mit den Kollegen von der Schulsozialarbeit sprechen.
Ilias und Kostas schauen mich unsicher an.
Soll ich euch etwas sagen? Ich bin froh, dass ich mich nicht schlägern, nicht vor der Polizei verstecken muss. Aber trotzdem bin ich in Schwierigkeiten. Manchmal ist es verdammt schwer, eure Lehrerin zu sein.
Sagen Sie ruhig die Wahrheit, wenn die Bullen kommen. Sie sind dann keine Verräterin.
Danke. Sehr großzügig. Wir werden sehen. Und sagt nicht immer Bullen. Ich hasse das.
Unerwartet legt Ilias einen Arm um meine Schultern.
Entschuldigung, dass wir so viele Probleme machen. Das nächste Mal mache ich das anders mit der Notwehr. Versprochen, Kiria.
Und was ist mit dir, Kosta? Wird es ein nächstes Mal geben?
Kann ich nicht sagen. Weiß nicht.

Dir tut es überhaupt nicht Leid. Stimmt's?
Wissen Sie, Kiria, ich musste oft viel einstecken. Aber inzwischen bin ich stark genug, um auch auszuteilen. Ich lasse mir nichts mehr gefallen. Da draußen auf der Straße gilt nur ein Gesetz: Schlag auf Schlag. Aber davon haben Sie keine Ahnung, Kiria Korbmacher.

ICH GEH NICHT INS HEIM

Kostas hat mehrere prall gefüllte Plastiktüten in den Händen.
Beweg deinen Arsch. Sonst mach ich dir Beine.
Mach's doch selber. Warum immer ich? Kann Ilias das nicht später runterbringen?
Der ist in der Schule. Und wer wie du schwänzt, ist deshalb noch lange nicht von der Arbeit befreit.
Nur widerwillig ist Kostas bereit, den Müll zum Container zu bringen. Zunächst mault er noch, aber ein kräftiger Schlag auf den Hinterkopf von seinem ältesten Bruder ist dann Überzeugung genug.
Vor der Haustür fällt Kostas ein schwarzer, nagelneuer Sportwagen mit getönten Scheiben auf. Den hat er in dieser Gegend noch nie gesehen. Würde nicht jemand drinsitzen, dann hätte er sich den Flitzer mal näher angeschaut.
Die riesigen Müllcontainer befinden sich zwischen dem ersten und zweiten Häuserblock. Hinter einem Holzverschlag.
Kostas hat immer Sorge, dass er sich dort seine weißen Turnschuhe dreckig macht. Momentan sein einziges Paar Schuhe. Außerdem hasst er den Gestank, der ihm schon von weitem entgegenschlägt. Kostas hält angewidert den Atem an.
Um die silbernen Behälter liegen auf dem Boden alle mög-

lichen Abfälle. Essensreste, verfaultes Obst und Gemüse, Dosen, Berge von Plastik- und Glasflaschen, Scherben, gebrauchte Kinderwindeln, zerfetzte Zeitungen, Zeitschriften und Werbebeilagen. Einige Mülltüten landeten erst gar nicht in den Tonnen. Manche Leute werfen sie einfach in Richtung Container. Katzen und Hunde reißen sie dann auf, um Fressbares zu finden. Das letzte Mal hat Kostas hier sogar eine dicke, fette Ratte gesehen.
Kann ich dich mal kurz sprechen?
Erschrocken dreht sich Kostas um. Direkt hinter ihm steht ein etwa vierzigjähriger Mann in einem feinen Anzug. Er hat eine hellblau getönte Sonnenbrille auf. Seine blonden Haare sind mit viel Gel nach hinten gekämmt.
Was ist? Dürfen Ausländer hier ihren Müll nicht abladen?
Du bist nicht auf die Schnauze gefallen, was? Aber Spaß beiseite. Ich wollte dich nicht erschrecken. Hab was mit dir zu besprechen.
Keine Zeit. Lassen Sie mich in Ruhe.
Kostas will sich an dem Mann vorbeidrücken. Der ist aber um einiges größer und stärker gebaut als er. Und er versperrt dem Jungen breitbeinig den Weg.
He, sei nicht gleich so empfindlich. Ich habe dir ein Angebot zu machen. Das wird dich interessieren.
Und das wäre?
Ich beobachte dich schon eine ganze Weile. In der ganzen Gegend gibt es nicht noch einmal so einen gut aussehenden Jungen. Du bist richtig hübsch.
Interessiert mich nicht, was Sie da sagen. Ich bin, wie ich bin. Was wollen Sie?
Probeaufnahmen machen. Du hast ein gutes Gesicht. Ideal für die Werbung. Da kann man gut verdienen.
Ach, was Sie nicht sagen.
Wie alt bist du eigentlich? Schon über siebzehn?

Fünfzehn geworden.
Siehst reifer aus. Gehst du noch in die Schule?
Kostas antwortet nicht. Er verzieht nur den Mund.
Eigentlich müssest du jetzt dort sein. Hab ich Recht? Ist mir aber auch egal. Hauptsache, ich hab mal geschafft, dich zu sprechen. Du bist mir schon vor Tagen aufgefallen. Seitdem hab ich immer auf eine günstige Gelegenheit gewartet, dich alleine anzutreffen. Und? Interessiert?
Von was haben Sie da vorhin gelabert? Probe was?
Portraitaufnahmen. Fotos von deinem Gesicht für Zeitschriften.
Und das wird bezahlt?
Na, klar. Und sogar gut.
Wie viel?
Für ungefähr drei Stunden bestimmt hundert Euro.
Wollen Sie mich verarschen? So viel Geld zahlt doch niemand nur für Fotos von einer dämlichen Fresse.
Für ein Gesicht wie deines aber schon. Hast du Zeit? Du kannst dir das Studio mal anschauen. Liegt in der Innenstadt. Kannst in meinem Auto mitfahren.
Gehört Ihnen die aufgemotzte Karre da vorne?
Ist dir schon aufgefallen, was? Fährt um die zweihundertfünfzig Spitze. Können wir mal auf der Autobahn ausprobieren. Lust auf eine Probefahrt?
Ist das Ihr Ernst?
Glaubst du, ich würde mich so lange mit dir abgeben, nur um ein paar Sprüche anzubringen? Dazu ist mir meine Zeit zu schade. Also, was ist?
Jetzt gleich?
Hast du was Besseres vor?
Ne, eigentlich nicht. Also, gut. Ich komme mit. Aber keine krummen Sachen. Wenn Sie mich linken wollen, dann kann ich Ihnen höllisch Ärger machen.
Mensch, sei doch nicht so misstrauisch.

Ich sag's nur vorher. Damit gleich alles klar ist.
Hast ja Recht. Es gibt so viele Dreckskerle auf dieser Welt. Aber ich gehöre nicht zu dieser Kategorie. Wirst du schon mitkriegen. Übrigens, ich heiße Detlef. Der Nachname spielt keine Rolle. Kannst mich auch duzen.
Und ich bin Kostas. Wenn Sie, ich meine, wenn du mich ansprichst, dann nur einfach Kosta. Das ist im Griechischen so.
Du bist Grieche? Siehst eigentlich nicht so aus.
Wir sind griechische Türken oder türkische Griechen. Was dir lieber ist.
Da blicke ich sowieso nicht durch mit den ganzen Nationalitäten und Sprachen. Ist auch nicht wichtig. Aber du hast ein klasse Gesicht und eine super Figur. Scheinst sehr sportlich zu sein.
Einer der Besten. Aber nur im Sport.
Beide lachen und verlassen den Müllverschlag.
Steigst du gleich ein?
Ne, mein großer Bruder soll das nicht mitbekommen. Sonst mischt der sich wieder ein und markiert den Chef.
Von unserem Deal muss ja auch niemand erfahren. Ich mag Leute, die die Klappe halten können.
Kostas fasst das als Kompliment auf. Selbstsicher schaut er seinem Gegenüber direkt in die Augen.
Wo treffen wir uns, Kosta? Hab ich deinen Namen richtig ausgesprochen?
Perfekt. Vorne an der Hauptstraße. Bin gleich da. Muss meinem Bruder nur noch schnell irgendeine Geschichte auftischen.
Hier, schon mal ein Vorschuss. Damit du weißt, dass du mir vertrauen kannst.
Detlef steckt dem Jungen den zusammengefalteten Fünfzigeuroschein ganz langsam vorne in seine linke Hosentasche.

Und wenn ich nun nicht mehr auftauche?
Das glaub ich nicht. Dazu bist du viel zu smart.
Was soll denn das heißen?
Dazu bist du zu intelligent. Du kannst doch eins und eins zusammenzählen. Mein Vorschuss und der Sportwagen sind doch wohl Garantie genug dafür, dass ich es ehrlich meine. Oder nicht?
Wollt dich nicht beleidigen. Ich beeil mich.
Nur keine Hektik. Ohne dich fahr ich nicht weg.

Es ist ein angenehmer Schultag. Keine aufreibenden Vorkommnisse stören den Unterricht. Die wärmenden Sonnenstrahlen und der blaue Himmel scheinen bei jedem gute Laune zu bewirken.
Kiria, ich glaube, der Ilias hat die Jacke geklaut. Und die neuen Turnschuhe von Nike auch.
Wie kommst du denn darauf, Maria? Weißt du es oder glaubst du es nur?
Der hat noch nie so tolle Klamotten gehabt. Und plötzlich nur die neueste Mode. Doch wirklich komisch. Finden Sie nicht?
Seit etlichen Tagen ist Kostas nicht in der Schule erschienen. Wie vom Erdboden verschluckt. Glücklicherweise kommt Ilias zur Zeit regelmäßig. Aber irgendwas stimmt nicht mit dem Jungen. Beim Pausenverkauf wirft er plötzlich mit Geld um sich und lädt alle möglichen Freunde ein.
Du, Ilia. Kann ich dich mal kurz sprechen?
Hab ich was angestellt?
Nein, nein. Alles in Ordnung. Wollt dich nur mal was fragen.
Was denn?
Wo ist dein Bruder?
Kostas? Keine Ahnung. Bin nicht sein Babysitter.

Weiß deine Mutter, dass er wieder schwänzt?
Sind Sie verrückt? Die und auch Petros denken, dass wir beide immer ganz brav in die Schule gehen.
Und warum landet er dann nicht hier?
Keine Ahnung. Am Hauptbahnhof verabschiedet er sich immer von mir. Er hat wichtige Geschäfte zu erledigen.
Was meinst du damit?
Er hat einen tollen Job mit viel Geld aufgetan.
Ach, tatsächlich? Er muss aber in die Schule gehen. Kostas darf noch gar nicht arbeiten.
Das ist ja auch nicht so eine normale Arbeit. Nur ein Job. Verstehen Sie, Kiria?
Weißt du, was er macht?
Ne, darüber spricht er nicht. Sonst hat er mir immer alles erzählt. Jetzt sagt er keinen Ton. Aber ich bin nicht sauer auf ihn. Er gibt mir ab und zu Geld. Und nicht wenig. Und die neuen Sachen hat er mir auch gekauft. Sind nicht geklaut. Stellen Sie sich das mal vor. Selbst verdient.
Hat Kostas irgendwas mit Drogen zu tun? Dealt er?
Sind Sie verrückt? Der würde nie was nehmen. Und auch nicht verkaufen. Kostas ist nicht wie Petros.
Du kannst dir das bei ihm also überhaupt nicht vorstellen?
Ne, Frau Korbmacher. Dazu liebt er doch seinen Körper zu sehr. Macht Bodybuilding und Kickboxen. Und wie der im Moment rumläuft. Immer geduscht und schick angezogen. Der und Drogen. Niemals.
Woher kommt dann das viele Geld?
Hab ich doch schon gesagt. Keine Ahnung. Ist mir aber auch egal.
Ich bin mir sicher, dass Ilias wirklich nicht weiß, was mit Kostas los ist. Und ich habe nicht die geringste Idee, wie ich mehr herausbekommen kann.

Hallo? Kiria? Sind Sie's?
Was ist Ilia? Warum rufst du mich zu Hause an? Ist was passiert?
Nein, alles im grünen Bereich. Meine Mutter will Sie sprechen. Hab nur für sie gewählt. Die kann doch die Zahlen nicht lesen.
Dann gib sie mir mal.
Entschuldigung, Kiria Korbmacher. Nur Sie können mir helfen. Sie sprechen Griechisch und verstehen mich.
Bei was soll ich helfen?
Ich hab vom Kostas die Hose gewaschen und da so 'n Zettel in der Tasche gefunden. Ich kann doch nicht lesen. Ilias kann mit der Schrift nichts anfangen. Er sagt, das ist deutsche Schreibschrift.
Und warum macht der Zettel Ihnen Probleme?
Weil da so Zahlen draufstehen. Ilias sagt, da steht was von Geld. Hoffentlich hat Kostas nicht wieder was angestellt. Vielleicht schuldet er jemandem was. Er ist in letzter Zeit so komisch.
Ja, und in der Schule ist er seit Wochen nicht erschienen.
Ich weiß. Ilias hat es mir gesagt. Aber ich kann ihn nicht zwingen. Er macht nur noch, was er will. Petros kann da auch nicht helfen. Der ist die letzte Zeit immer so durcheinander. Wie besoffen. Vor einigen Tagen habe ich sogar eine Spritze bei ihm gefunden. Jetzt trägt er das Zeug mir schon ins Haus. Können Sie kommen?
Also, gut. Ich bin in einer Viertelstunde da.
Als die Mutter mir die Wohnungstür aufmacht, bemerke ich ihre Augenränder.
Wo ist Ilias?
Ich habe ihn zu seiner Tante zum Heimeranplatz geschickt. Er kriegt hier sowieso schon zu viel mit. Ich will mit Ihnen allein sprechen.
Dann zeigen Sie mal den Zettel.

Kommen Sie mal mit, Kiria. Ich will Ihnen erst was anderes zeigen.
Die Mutter öffnet die Tür neben der Küche. Auf dem Boden liegt Petros. Er bemerkt uns nicht, obwohl seine Augen geöffnet sind. Neben ihm liegt ein Esslöffel, Alufolie und eine gebrauchte Spritze. Der linke Ärmel ist hochgekrempelt. Den Oberarm hat er sich mit einem dreckigen Tuch abgebunden.
Ihr Sohn spritzt Drogen? Seit wann wissen Sie das?
Das geht schon lange so. Deshalb kann er ja auch nicht arbeiten gehen.
Und woher hat er das Geld für das Zeug?
Weiß ich nicht. Von mir nicht. Ich verstecke alles vor ihm.
Waren Sie mit ihm schon beim Arzt? Er braucht dringend eine Therapie.
Wenn ich nur davon anfange, dann wird er immer total wütend. Er hat sogar angefangen, mich zu schlagen. Seine Braut ist auch drauf. Dabei ist sie von ihm schwanger. Die kommt auch aus unserem Dorf in Griechenland.
Und wie kann ich Ihnen helfen?
Mit Petros gar nicht. Das regeln wir als Familie selber. Jetzt muss er erst einmal für einige Monate ins Gefängnis. Wegen der Drogen. Haben ihn leider erwischt. Danach schicken wir ihn und seine Zukünftige nach Griechenland aufs Dorf. Dort kann er sich dann nichts besorgen.
Ich sage der Mutter nicht, dass ich auch in Griechenland viele Drogensüchtige gesehen habe. Und sogar in ihrem Dorf.
Die Mutter schließt wieder die Tür. Mit einem zerknüllten Taschentuch wischt sie sich die Tränen aus dem Gesicht.
Aber jetzt habe ich auch noch Sorgen mit Kostas.
Auch wegen Drogen?
Nein, nein. Das würde ich merken. Da kenne ich mich aus. Aber er ist so merkwürdig geworden. Jetzt muss ich immer

seine Klamotten waschen, wenn nur der kleinste Fleck zu sehen ist. Außerdem duscht er tagsüber mehrmals und wechselt immer die Unterwäsche. Der übertreibt das mit der Sauberkeit total.
Zeigen Sie mir mal den Zettel.
Die Mutter kramt aus ihrer Schürzentasche ein zusammengefaltetes Papier. Ich lese es mir durch.
Könnte schon sein, dass Kostas in Schwierigkeiten ist.
Ist es schlimm?
Das weiß ich noch nicht. Ein Detlef Schneider schuldet Kostas für irgendetwas Geld. Immerhin hundert Euro. Kennen Sie den?
Kostas soll Kontakt zu einem Deutschen haben? Das ist mir neu.
Hier steht: Entschuldige, Kosta. Aber ich habe das letzte Mal völlig vergessen, dich zu bezahlen.
Das nächste Mal will er den Jungen als Wiedergutmachung zum Essen einladen. Zum Griechen. Und hier steht noch etwas. Die nächsten Aufnahmen sollen bei diesem Detlef in der Wohnung gemacht werden. Dafür bietet er dem Jungen einhundertfünfzig Euro. Hier unten in der Ecke steht sogar die Privatadresse.
Ich verstehe das nicht. Jemand schuldet Kostas Geld? Wofür denn? Ach, nie erzählt er mir etwas.
Darf ich den Zettel mitnehmen? Ich werde die Jugendpolizei einschalten müssen, damit ich mir ganz sicher sein kann, dass Kostas in keine dummen Sachen verwickelt ist. Sind Sie damit einverstanden?
Ja, ja. Natürlich. Sie machen immer das Richtige.
Wir werden sehen, was bei der Sache herauskommt. Danke, dass Sie mir vertrauen. Und wenn Sie Kostas sehen, dann erzählen Sie ihm von dem Zettel. Sagen Sie ihm ruhig, dass ich ihn habe. Dann wird er sicherlich ganz schnell in der Schule erscheinen.

Zwei Tage später.
Die Kinder der Unterstufenklasse sind gerade die Treppe hinuntergelaufen. Jeder will der Erste am Schulbus sein. Ich ordne auf meinem Schreibtisch die Arbeitsblätter für den nächsten Tag.
Hallo, Frau Korbmacher. Wieso haben Sie den Zettel mitgenommen? Ich brauche den.
Schön, dass du mal wieder in der Schule erscheinst. Ich muss mit dir reden.
Wollte eigentlich gleich wieder gehen. Hab Arbeit gefunden. Einen total geilen Job mit viel Kohle.
Kosta, so geht das nicht. Die Sache ist ernster, als du denkst.
Kiria, ich brauche das Geld. Wissen Sie eigentlich, dass meine Mutter seit Monaten keine Miete mehr gezahlt hat und wir aus der Wohnung rausmüssen?
Das ist nicht dein Ernst. Ihr seid doch erst knapp zwei Jahre drin?
Aber jetzt haben wir eine Räumungsklage. Wir ziehen zum Heimeranplatz. Dort ist eine billige Einzimmerwohnung frei.
Wie konnte so etwas nur passieren? Wieder in so ein kleines Loch?
Egal. Sind wir schon gewohnt. Petros hat in letzter Zeit immer so viel Geld gebraucht. Sie wissen das ja mit den Drogen.
Deine Mutter hat gesagt, sie hat ihm nichts gegeben.
Hat sie auch nicht. Er hat's sich einfach genommen. Erst konnte sie die Miete nicht mehr bezahlen, dann nicht mehr die Stromrechnung und jetzt haben sie auch das Telefon abgestellt. Aber das ist nichts Neues. Das Sozialamt übernimmt die Schulden nicht. Haben wir gestern erfahren.
Und du? Was machst du mit deinem Geld, das du in letzter Zeit so nebenher verdienst?

Das brauche ich selber. Aber ich gebe auch meiner Mutter etwas fürs Essen und Ilias hat auch schon was gekriegt.
Davon hat sie mir gar nichts erzählt.
Die erzählt immer nur das, was ihr Vorteile bringt.
Jetzt zu dir. Mit was verdienst du das Geld?
Mit Fotoaufnahmen.
Was für Fotos?
Na, Gesicht und so.
Kostas hat sich auf einen Tisch gesetzt. Ich stehe ihm gegenüber und sage keinen Ton. Ich schaue ihn nur an.
So schlimm ist das nicht, wie Sie denken. Der steht auf Jungs und macht eben auch Fotos vom Körper.
Ich schaue Kostas direkt in die Augen.
Mensch, Kiria. Jetzt starren Sie mich nicht so an. Ich mache nichts anderes als am Hauptbahnhof auch.
Kannst du darüber reden?
Mit Ihnen schon. Ihnen kann ich mehr erzählen als meiner Mutter. Die kapiert das sowieso nicht. Wollen sie noch mehr hören?
Ich nicke nur kurz mit dem Kopf.
Also, der Typ steht auf Jungs. Deshalb macht er Aufnahmen von denen. Und manchmal will er mehr. Sie wissen schon.
Ist dir klar, dass du dir dabei Aids einfangen kannst? Das geht ganz schnell, wenn du dem einen bläst und er eine kleine Wunde irgendwo hat.
Bin ich denn verrückt, dem einen zu blasen? Dem seinen dreckigen Schwanz würde ich doch nicht in den Mund nehmen. Ne, wirklich nicht. Der bläst mir einen und das geilt den dann so ab, dass es ihm reicht. Und dafür kassiere ich dann kräftig Kohle.
Pass mal auf, Kostas. Was würdest du machen, wenn so ein Typ das mit Ilias tun würde?
Dem würde ich den Schwanz abschneiden. Ganz sicher.

Glaubst du nicht, dass solche Typen es auch mit Jüngeren machen?
Kann schon sein. Ich kenne die Vorlieben von dem nicht.
Typen wie dieser Detlef stehen nicht auf Männer, sondern auf Jungs. Egal, wie alt oder jung sie sind. Und eines Tages wird sich vielleicht so einer auch an Ilias ranmachen. Für Geld kann man sich alles besorgen. Das siehst du an dir.
An meinen kleinen Bruder kommt so einer nicht ran. Dafür sorge ich schon.
Kosta, jetzt hör mal gut zu. Ich habe die Jugendbeamten eingeschaltet und denen den Brief von diesem Detlef gezeigt. Sie meinen, dass das wahrscheinlich ein Pädophiler ist und sie wollen bei ihm eine Razzia durchführen. Machst du mit?
Wie meinen Sie das, Frau Korbmacher?
Gehst du als Zeuge mit? Der Brief reicht eigentlich als Beweis. Aber die Polizei braucht deine Aussage bei der Gegenüberstellung. Wenn du es nicht für dich selbst machen willst, dann wenigstens für deinen Bruder Ilias, den du nur so vor solchen Typen schützen kannst.
Wissen Sie eigentlich, was Sie da von mir verlangen?
Ja, das kann ich mir vorstellen. Du wirst deinen tollen Job verlieren.
Nicht nur das. Ich bin dann sozusagen ein Verräter.
Das mag in deinen Augen schon so sein. Aber darauf kann niemand Rücksicht nehmen. Nicht in einer solchen Sache.
Und was passiert mir dabei?
Nichts. Nur eines habe ich mit den Jugendbeamten besprochen. Du wirst beim Gesundheitsamt vorgeführt, um einen Aidstest zu machen. Du bist ja inzwischen ein Stricher.
Jetzt übertreiben Sie aber, Kiria. Ich soll da an meinem Schwanz rummachen und vor anderen Leuten abspritzen?

Wie kommst du denn darauf? Das wird mit einem Bluttest festgestellt. Auch nicht viel angenehmer.
Sie sind wirklich keine normale Lehrerin.
Das glaube ich auch schon bald. Ihr bringt mich dazu, über Dinge zu sprechen, bei denen ich vor einigen Jahren noch einen hochroten Kopf bekommen hätte.
Harte Schule hier, was?
Das kann man wohl sagen. Und besonders mit dir.

Kostas lässt alles über sich ergehen. Die Razzia ist zwar erfolgreich, aber es kommt nicht zur Anzeige. Der Staatsanwalt begründet es damit, dass Kostas schon über fünfzehn sei und somit eigenentscheidungsfähig. Wegen der anderen Fotos und Unterlagen kann man den Deutschen nicht belangen, da die Kids namentlich nicht bekannt sind. Und somit kann auch ihr Alter nur geschätzt werden. Aus Datenschutzgründen darf die Polizei die Identität nicht feststellen lassen.
Der Typ hat den Schreck seines Lebens bekommen, als wir bei ihm auftauchten. Aber da er in der Szene noch nie aufgefallen ist, hat der Staatsanwalt von einer Anzeige abgesehen.
Da heißt es immer, wir Lehrkräfte sollen genau hinschauen und alles melden. Und dann passiert doch nichts. Können Sie mir sagen, wie ich das den Jugendlichen erklären soll?
Tut uns Leid. Auch uns Jugendbeamten sind in einem solchen Fall die Hände gebunden.
Kostas freut sich über den Ausgang der Razzia.
Irgendwann hätte das für mich bestimmt noch Ärger gegeben, wenn Detlef im Knast gelandet wäre.
Bereust du, dass du bei der Razzia mitgemacht hast?
Überhaupt nicht. Der wird in Zukunft sehr aufpassen müssen. Und meinen kleinen Bruder wird er in Ruhe lassen.

Scheiße ist nur, dass ich jetzt wieder kein Geld habe und Ilias nicht helfen kann.

Na, Ilia, wie ist es in der neuen Wohnung?
Beschissen eng. Hab auch kein Bett mehr. Ich schlafe jetzt auf dem Fußboden. Wie ein Hund.
Willst du nicht lieber in ein Heim gehen? Soll ich dir dabei helfen? Um dich herum sind doch nur Probleme. Und deine Familie kann dich davor auch nicht schützen.
Passt schon. Nie im Leben geh ich in ein Heim. Eine schlechte Familie ist besser als keine Familie. Ich geh nicht ins Heim. Niemals. Vergessen Sie's, Kiria Korbmacher.

HOL MICH HIER RAUS

Die Mutter von Ilias und Kostas setzt ihren Plan in die Tat um: Petros und seine hochschwangere Verlobte werden in das kleine Dorf ihrer Heimat verfrachtet. Es gibt für beide keine andere Alternative: entweder in Deutschland an ihrer Drogensucht zugrunde gehen, oder unter den wachsamen Augen des Familienclans einen Neuanfang finden.
Petros Weggehen wirkt sich auf beide Brüder positiv aus. Kostas und Ilias werden ruhiger, erscheinen regelmäßiger in der Schule, machen im Unterricht mit, erledigen öfter ihre Hausaufgaben, knüpfen Freundschaften in der Schule, engagieren sich in der Chor- und Theatergruppe, sind kaum noch in Schlägereien verwickelt und streunen nicht mehr am Hauptbahnhof herum. Nur einmal verschwindet Kostas wieder unentschuldigt für eine Woche.
Wo warst du? Fängst du wieder mit der Schwänzerei an?
Nein, Frau Korbmacher. Ich konnte wirklich nicht kommen. War eine Woche in Neudeck.
Wo warst du? Im Jugendgefängnis? Wieso denn das?

Nicht was Sie denken. Ich habe nichts angestellt. Sie wissen doch, dass ich ganz brav geworden bin.
Wir grinsen uns beide an.
Habe ich eigentlich auch gedacht.
Die haben mich wegen Schwarzfahrerei eingebuchtet. Sechzig Fälle konnten die mir nachweisen. Das war wohl zu viel.
Und? Hat es dir dort gefallen? Ein sechzehnjähriger Schönling wie du hat es im Knast sicher nicht leicht.
Es war schrecklich. Ständig musste ich irgendwelche Wichser abwehren. Die sieben Tage kamen mir vor wie sieben Jahre. Da bekommt mich niemand mehr rein.
Dann verhalt dich auch so. Und gib deine Erfahrungen an Ilias weiter, damit er eines Tages nicht auch dort landet.
Kostas verlässt nach der achten Klasse die Schule. Seine Schulpflicht ist erfüllt. Er hat keine Lust mehr auf's Lernen. Er macht keine Berufsausbildung. Discobesuche, Alkohol und Schlägereien bestimmen seinen Alltag.

Zwei Jahre sind inzwischen vergangen.
Der kommt vor den Ferien nicht mehr, Kiria. Ganz sicher. Der sitzt im Knast.
Wie bitte? Wo ist Ilias?
In Stadelheim.
Da musst du dich irren, Sebaidin. Wieso soll Ilias denn im Gefängnis sitzen? Und dann noch in Stadelheim? Der ist gerade erst siebzehn geworden. Wenn überhaupt, dann kommen Jugendliche nach Neudeck ins Jugendgefängnis.
Ich werd doch wohl wissen, wo mein Cousin ist. Vor zwei Tagen haben ihn die Bullen abgeholt. Osman, ich meine Kostas, ist total ausgerastet. Den hätten die beinahe auch gleich mitgenommen. Mensch, meine Tante hat vielleicht geflennt, als sie das erfahren hat.
Was hat Ilias denn angestellt?

Die Bullen sagen, er hat so ’n Ausländer ausgeraubt. Mit anderen zusammen. Einer von denen hat sogar ’ne Knarre dabeigehabt.
Unsere griechischen Klassen haben sich kurz vor den Sommerferien ziemlich gelichtet. Die Kinder liegen in Griechenland wahrscheinlich schon am Strand. Viele Familien nutzen die günstigen Flugpreise kurz vor dem Urlaubsansturm aus, um möglichst billig in ihre Heimat zu kommen. Es ist nichts Ungewöhnliches, dass Kinder plötzlich verschwinden und dann genauso unerwartet wieder auftauchen. Eine offizielle Unterrichtsbefreiung wird selten beantragt. Schon gar nicht kurz vor den Ferien. Insgeheim hoffe ich, dass Ilias seine verfrühten Ferien in Griechenland verbringt und sich nicht im Gefängnis befindet.

Die Sommerferien haben angefangen. Anstatt sie genießen zu können, habe ich tagtäglich mit dem türkischen Jugendgerichtspfleger, der zugeteilten Rechtsanwältin oder dem ständig wechselnden zuständigen Richter telefoniert. An die Staatsanwältin bin ich nicht herangekommen.
Ihren Ausweis, bitte. Und wenn Sie ein Handy haben, dann müssen Sie das auch hier abgeben. Ihre Tasche wird im Sicherheitsbereich überprüft.
Ich stehe im Eingangsbereich von Stadelheim. Hinter einer dicken Glasfront gehen mehrere Beamte ihrer Arbeit nach. Telefonieren, Namen von Wartenden in Listen eintragen, Ausweise in einen hölzernen Karteikasten alphabetisch einordnen, ausgeschaltete Handys mit einer entsprechenden Nummer versehen und auf einem Tisch deponieren, das Haupttor nach einem Blick auf den an der Wand angebrachten Monitor öffnen.
Sind Sie Rechtsanwältin?
Nein, Lehrerin. Ich habe eine Besuchserlaubnis vom zuständigen Richter.

Geht in Ordnung. Sie brauchen sich nicht hinten anzustellen. Gehen Sie einfach vor bis zur nächsten Glastür. Die Beamten werden Ihnen dann gleich aufmachen.
Nach zwei Wochen habe ich es endlich geschafft, die notwendige Unterschrift vom Richter zu erhalten, um Ilias besuchen zu können. Seine Mutter konnte mir auch nichts Genaues sagen. Sie weint und jammert nur noch, wenn sie am Telefon ist. Inzwischen ist sie krankgeschrieben. Herzprobleme.
Können Sie mich nicht mitnehmen, Kiria? Ich durfte Ilias bisher noch nicht sehen.
Tut mir Leid, aber die Genehmigung gilt nur für mich. Der Richter hat Familienbesuch abgelehnt. Wegen möglicher Beeinflussung durch Angehörige.
Dann mache ich ein Päckchen mit Zigaretten, Kuchen und anderen Sachen fertig, die Ilias so mag. Geld werde ich auch reinlegen.
Nein, das darf ich nicht mitnehmen. Das ist nicht erlaubt.
Warum straft uns Allah so? Das wird mein Junge nicht überleben. Das hält er nicht aus.
Es ist anscheinend Besuchszeit. Vor dem Sicherheitsbereich stehen etliche, die auf Einlass warten. Ich gehe an ihnen vorbei. Per Summer wird mir die dicke Glastür sofort geöffnet. Ein Beamter lässt sich meinen Passierschein zeigen.
Die Treppe hoch, dann rechts. Melden Sie sich oben beim Glashäuschen an.
Ich stelle meine Handtasche auf den bereitgestellten Tisch und öffne den Reißverschluss.
Nicht nötig. Gehen Sie nur kurz unter dem Detektor durch. Sicherheitsmaßnahme. Sie verstehen.
Wieder ein Summton und ich befinde mich in einem kahlen, breiten Treppenbereich. Die Wände sind grau angestrichen. Kein Bild, kein Plakat. Einige Hinweisschilder sind die einzigen Farbtupfer auf den nackten Flächen.

Kommen Sie bitte in den hinteren kleinen Warteraum, Frau Rechtsanwältin.
Ich lasse den Beamten in seinem Glauben. Meine richtige Berufsbezeichnung scheint hier uninteressant zu sein. Völlig verunsichert betrete ich den Raum, in dem es nach Kaffee und Zigarettenrauch riecht.
Etwas zu trinken?
Nein, danke.
Hier, der Schlüssel zum Besprechungsraum. Waren Sie schon mal hier in Stadelheim?
Nein, noch nie.
Gehen Sie den Gang entlang, nach der Schwingtür links und melden Sie sich dann bei dem zuständigen Beamten. Wie ich sehe, haben Sie keine zeitliche Begrenzung für das Gespräch mit dem Häftling. Wenn Sie fertig sind, geben Sie den Schlüssel wieder hier ab. Ist alles ganz einfach hier.
Danke.
Ach, noch etwas. Schließen Sie den Besprechungsraum gleich wieder hinter sich ab. Und wenn Sie den Angeklagten bei der gegenüberliegenden Tür reinlassen, dann versichern Sie sich, dass es auch wirklich er ist. Durch das kleine Sichtfenster können Sie das überprüfen. Warten Sie mit dem Öffnen, bis ihr Gesprächspartner allein auf dem Flur ist. Nur zu Ihrer Sicherheit. Viele sitzen hier schon lange ein und haben seit Jahren keine Frau mehr gehabt. Sie verstehen, was ich damit andeuten will.
Ich verstehe. Danke für Ihren Hinweis.
Der Besprechungsraum erweist sich als Kammer mit nicht mehr als vier Quadratmetern. An der Wand steht ein hölzernes, an den Kanten bereits abgewetztes Tischchen. Zwei Metallstühle mit Holzlehne stehen sich gegenüber. Auf dem Tisch sehe ich einen Aschenbecher, aber eigentlich ist es der Deckel einer ehemaligen Bonbondose. Er ist bis an den Rand voll mit Kippen. Auch hier riecht alles nach kal-

tem, abgestandenem Rauch. Da sich das Besprechungszimmer im Mittelgang befindet, besitzt es keine Belüftungsmöglichkeit.

Mit einem beklemmenden Gefühl von Platzangst setze ich mich auf einen der Stühle. Ich starre auf das kleine, mit Sicherheitsdraht durchzogene Sichtfenster. Es ist so winzig, dass nur ein Kindergesicht in voller Größe dahinter zu identifizieren wäre.

Ich warte. Ab und zu höre ich schwere Schritte, die auf dem nackten Linoleumboden ein hallendes Geräusch hinterlassen. Dann sehe ich irgendwelche Gestalten in Anstaltskleidung vorbeigehen. Zum Glück beachtet mich niemand.

Es vergeht eine Ewigkeit. Manchmal vernehme ich Stimmen, die ich noch nicht einmal orten kann.

Meine Nervosität nimmt zu. Ich versuche sie durch das Anzünden einer Zigarette in den Griff zu bekommen.

Ich stehe auf und drücke die Klinken beider Türen herunter. Abgeschlossen. Ich setze mich beruhigt wieder hin. Ich krame sinnlos in meiner Tasche herum. Wieder höre ich entfernte Schritte auf der Seite des Ganges für Gefangene. Ich stehe auf, schaue durch das kleine Fenster, kann aber nichts entdecken. Ich drehe mich weg. Enttäuscht will ich mich wieder hinsetzen.

In diesem Moment höre ich ein Klopfen an der Fensterscheibe hinter mir. Vor Schreck zucke ich zusammen. Langsam drehe ich mich um und blicke in das Gesicht von Ilias. Wir schauen uns direkt in die Augen. Mir wird bewusst, dass er inzwischen fast so groß ist wie ich. Er schaut mich erstaunt an. Ich versuche zu lächeln.

Nachdem ich mich vergewissert habe, dass keiner hinter ihm steht, drehe ich den Schlüssel herum, den ich im Schloss habe stecken lassen.

Mit Ihnen habe ich überhaupt nicht gerechnet. Die sagten

mir nur, es sei Besuch da. Und haben mich eine Ewigkeit in meiner Zelle warten lassen.
Mich auch.
Das ist ja wohl nicht das Gleiche. Sie können jederzeit wieder raus. Ich aber nicht.
Jetzt komm endlich rein. Ich muss wieder abschließen.
Wieder schauen wir uns nur an. Ich merke, dass meine Augen feucht werden. Und seine auch. Dann nehme ich ihn in meine Arme. Er fängt an zu weinen.
Ich dreh hier durch, Kiria. Das halt ich nicht mehr lange aus. Wirklich nicht. Hier werd ich wahnsinnig.
Ich sage keinen Ton. Ich streichele ihm über den Rücken. Dann schiebe ich ihn langsam von mir weg. Ich schaue in sein verstörtes Gesicht – dann gebe ich ihm eine Ohrfeige.
Wieso denn das?
Er schaut mich entsetzt an. Dann macht sich über seinem Gesicht ein Grinsen breit.
Ach, jetzt verstehe ich. Stimmt ja. Ich habe Ihnen mal gesagt, wenn ich jemals im Knast landen sollte, dann haben Sie tausend Ohrfeigen gut. Das war also die erste.
Dann habe ich ja noch neunhundertneunundneunzig zur freien Verfügung. Willst du die gleich oder später?
Ein befreites Lachen löst die angespannte Atmosphäre.
Setz dich. Willst du eine Zigarette?
Na, klar. Ich darf doch in der Zelle nicht rauchen. Nur im Fernsehraum. Aber da lassen die mich erst seit ein paar Tagen rein. Freigang im Hof habe ich noch nicht.
Ich schaue Ilias an. Er scheint meinen fragenden Blick zu spüren.
Wo soll ich anfangen?
Egal. Aber ich will die Wahrheit und keine Märchen hören.
Tut mir wirklich Leid. Aber ich kann nichts dafür.

Tatsächlich?
Das ist die Wahrheit, Kiria Korbmacher.
Ein bisschen genauer, bitte.
Also. Ich war mit so Kumpels am Abend in der Stadt unterwegs. Einige kennen Sie. Aber ich will jetzt keine Namen nennen. Und bei der Rolltreppe zum Stachus hält der eine von denen einem blonden Ausländer plötzlich 'ne Knarre an die Schläfe. So.
Los, Geld her. Sonst knallt's.
Mensch, der hat vielleicht gezittert. Der hat sofort seinen Geldbeutel hingehalten. Waren aber nur zwanzig Euro drin. Das war natürlich nicht viel.
Willst du uns verarschen oder was? Hast du nicht mehr dabei? Damit kommst du in München nicht weit.
Der Blondy hat nur mit dem Kopf geschüttelt. Der war stumm wie ein Fisch. Dann sind die anderen weggelaufen. Ich bin noch mal zu dem hin. Hab mich entschuldigt für das, was passiert ist. Aber der hat mich nicht verstanden. Dann habe ich ihm gesagt, er soll mitkommen. Warum ich das gemacht habe, weiß ich nicht. Vielleicht, weil der wie ein Hund mit eingekniffenem Schwanz hinter mir hergetrottet ist.
Hat er nicht um Hilfe geschrien?
Da noch nicht. Erst später.
Wohin bist du mit ihm gegangen?
Auf's Männerklo. Da hab ich dann das Portemonnaie noch mal genommen und genauer untersucht. Aber da war nur ein Schein drin, den ich nicht kannte. Kronen stand drauf. Damit kann man hier nichts anfangen. Ich hab das Geld wieder zurückgesteckt und ihm seine Reisetasche und den Geldbeutel in die Hand gedrückt. Dann habe ich ihn angeschrien. Wollte ihn ein bisschen einschüchtern.
Los, verpiss dich endlich. Hast du noch nicht genug?
Der ist richtig aus der Tür herausgefallen. Ich konnte mir

das Lachen nicht verkneifen. Das war so ein Schisser. Und dann hörte ich ihn draußen rumschreien. Bevor ich verduften konnte, kamen auch schon Bullen in Zivil aufs Klo.
Und dann bist du direkt nach Stadelheim gebracht worden?
Erst zum Verhör zur Bahnpolizei. Da habe ich denen Namen genannt und gesagt, wie es wirklich war. Dann konnte ich nach Hause gehen.
In der Nacht klingelte es bei uns plötzlich Sturm. Als mein Stiefvater aufmachte, standen ganz viele von den Bullen vor unserer Wohnungstür. Meine Mutter war arbeiten.
Wir haben die Aussagen von den anderen, die Ihr Sohn Emir angegeben hat.
Ich heiße Ilias und nicht Emir. Und das ist nicht mein richtiger Vater.
Das ist egal. Aber in Deutschland heißt man so, wie es im Ausweis steht. Für die Polizei bist du Emir.
Die Mittäter behaupten, die Tatwaffe von dem Überfall sei hier in der Wohnung.
Ich bin natürlich ausgerastet und habe denen gesagt, sie könnten ruhig alles durchsuchen. Und das haben sie dann auch getan. Und wissen Sie, Kiria, was die dann oben in unserem Schrank in einer Plastiktüte gefunden haben?
Ich zucke mit den Schultern.
Die Waffe von dem Bastard. Der war nämlich nach dem Überfall bei mir zu Hause und hatte meiner Mutter die zugebundene Tüte in die Hand gedrückt. Und meine Mutter hat sich nichts dabei gedacht und das Ding einfach in den Schrank gelegt.
Die Bullen haben behauptet, dass sie mich noch mal kurz mitnehmen müssten. Vernehmung oder so. In die Ettstraße. Sie würden mich dann wieder nach Hause fahren. Gelinkt haben die mich. Und wie. Ich musste mich dort bis auf die Unterhose ausziehen. Dann haben die mich erst ein-

mal untersucht auf Drogen und so. Sie wissen schon, Kiria. Die fassen einem sogar mit Plastikhandschuhen ins Arschloch rein, die Drecksäue. Meine eigenen Sachen haben die in einen Müllsack gepackt. Nicht einmal meine Zigaretten haben die mir gelassen. Und in diesen schönen Klamotten haben die mich dann gleich um die Ecke nach Stadelheim gebracht. In Handschellen und mit Blaulicht. Solche Wichtigtuer.

Ich schaue mir Ilias Anstaltskleidung an. Sie sieht wie ein Arbeitsanzug aus dünnem Baumwollstoff aus. Die graue Farbe ist vom vielen Waschen schon ganz verblichen. Ich schaue an den Hosenbeinen hinunter. Es ist für mich ungewohnt, Ilias nicht in seinen geliebten Sportschuhen zu sehen.

Und warum bist du nicht in Neudeck? Was hast du als Jugendlicher in Stadelheim zu suchen?

Die sagten was von Abschreckung. Wegen bewaffnetem Raubüberfall haben die mich hier in Untersuchungshaft gesteckt. Und die ist härter als das normale Gefängnis. Das weiß jeder hier. Aber das ist noch nicht alles. Die haben mich dann mit einem Irren in eine enge Zelle gesperrt. Der ist auf kaltem Entzug. Hängt ständig an dem schmalen vergitterten Fenster und muht nachts wie eine Kuh. Der ist total durchgedreht. Und mit so einem Typen sitze ich nun schon seit über zwei Wochen in der gleichen Zelle. Jeden Tag darf ich nur eine Stunde in den Gemeinschaftsraum. Aber das Schlimmste ist, dass man in der Zelle sogar essen muss, wenn der andere gerade auf dem Klo scheißt. Ganz offen. Dabei vergeht einem der Appetit. Nur die Zeit vergeht nicht. Ich habe sogar mit dem Lesen angefangen. Können Sie sich das vorstellen, Kiria? Ich lese freiwillig Bücher. Nur, damit ich nicht durchknalle.

Auch wenn du die Waffe beim Raubüberfall nicht in der Hand hattest, dann warst du doch mit dabei. Und viel-

leicht ist das gar nicht so schlecht, dass du das hier mal erlebst.
Vielleicht haben Sie ja Recht. Aber ich lasse mir die Waffe nicht unterschieben. Das nicht. Und wegen diesem Arschloch sitze ich jetzt hier drin und der ist auf freiem Fuß.
Bist du sicher?
Ganz sicher. Das hat mir mein Betreuer gesagt. Kiria, Sie müssen mir helfen. Hol mich hier raus, sonst werde ich noch wirklich kriminell. Die haben vor, mich bis zur Hauptverhandlung hier drin schmoren zu lassen. Wer weiß, wann das ist. Bis dahin drehe ich durch.
Ich kann für dich hier drin sicherlich nichts tun. Wer bin ich denn?
Versuchen Sie's, bitte. Ich werde mich bis dahin auch super hier verhalten. Gestern habe ich sogar im Fernsehraum Streit geschlichtet. Da sind zwei Kriminelle mit Stühlen aufeinander los. Der Beamte hat mich dann gelobt.
Okay. Ich werde Kontakt zu dem zuständigen Richter aufnehmen. Versprechen kann ich dir aber nichts. Und soll ich dir mal was sagen? Du bist selbst schuld, dass du im Knast gelandet bist. Jetzt musst du das auch durchstehen. Versuch dich zu beschäftigen. So vergeht die Zeit schneller. Dann hältst du das vielleicht auch besser hier aus. Ich muss jetzt gehen. Hier, kannst meine Zigaretten haben.
Danke, das ist nicht erlaubt. Aber eine Kippe stecke ich mir sichtbar hinters Ohr. Wenn sie mir die abnehmen, dann hab ich eben Pech gehabt.

Innerhalb von zwei Wochen habe ich für Ilias einen der begehrten Plätze in einer Gruppe für »Betreutes Wohnen« gefunden. Der neue zuständige Richter gewährt mir nach endlosen Telefonaten, Ilias für fünf Stunden aus Stadelheim herauszuholen, damit er sich bei den Betreuern vorstellen kann. Von dem Eindruck, den er hinterlässt, wird es

abhängen, ob er das Gefängnis frühzeitig verlassen kann. Und falls bei der Haftprüfungsverhandlung alles gut verläuft.
Los, komm. Wir haben nicht viel Zeit.
Wie haben Sie denn das geschafft?
Habe was über dich und unsere jahrelange gute Beziehung geschrieben.
Haben wir wirklich fünf Stunden Zeit? Fünf Stunden in Freiheit?
Ja, aber leider ist das Wetter nicht gut. Es regnet.
Als sich das eiserne Eingangstor öffnet, bleibt Ilias mit erhobenen Armen davor stehen. Sein Gesicht hält er mit geschlossenen Augen dem Regen entgegen.
Es ist so schön, das Wasser von oben zu spüren. Regen ist so etwas Wundervolles. Und schauen Sie mal, wie grün die Bäume sind. Ist das schön hier draußen. Von meinem Zellenfenster aus kann ich nichts sehen. Es ist so weit oben, dass man nur den Himmel oder die Wolken sehen kann. Ab und zu vielleicht mal einen Vogel. Aber das ist schon alles.
Wenn du hier rauskommst, kannst du das alles wieder haben. Das liegt an dir. Und verlier dieses Gefühl nie wieder. Denk immer daran, was du durch den Knast verloren hast.
Das werde ich nie vergessen. Nie mehr in meinem Leben.
Hoffentlich. Aber jetzt, komm.
Ilias wird in der Wohngruppe aufgenommen. Jetzt hängt alles nur noch von der bevorstehenden Verhandlung ab.

Es sind weitere zwei Wochen vergangen.
Seit dem Freigang habe ich Ilias nicht mehr gesehen. Seine ganze Familie steht mit Anhang auf dem Flur vom Justizgebäude in der Nymphenburger Straße.
Plötzlich öffnet sich eine Fahrstuhltür. Ilias wird in Hand-

schellen von zwei Beamten an uns vorbeigeführt. Seine Mutter bricht gleich in Tränen aus. Ich nicke Ilias aufmunternd zu.
Der Haftverschonungstermin läuft gut. Zumindest für Ilias. Er wird gleich auf freien Fuß gesetzt. Die Staatsanwältin hatte vehement versucht, das zu verhindern.
Bei der Schwere der Tat dürften keine mildernden Umstände geltend gemacht werden. Und außerdem hat der Jugendliche ja auch schon ein ziemliches Strafregister. Ein entsprechender Denkzettel wäre wirklich angebracht, um ihn zu einem rechtsstaatlichen Verhalten zu erziehen.
Frau Kollegin. Sie haben ja Recht. Aber sechs Wochen Untersuchungshaft in Stadelheim scheinen mir ein ausreichender Denkzettel zu sein. Außerdem wollen wir doch nicht, dass der Junge seinen Therapieplatz verliert. Damit wäre niemandem geholfen. Am wenigsten dem Jungen. Meine Entscheidung steht fest. Und nun zu dir. Die Hauptverhandlung steht ja noch aus. Wenn du dich bis dahin gut führst, kommst du vielleicht sogar mit Bewährung davon. Passiert wieder was und muss ich mit dir noch einmal eine Verhandlung durchziehen, dann wird die Strafe knallhart ausfallen. Das garantiere ich dir. Merk dir das.

Vor dem Gerichtsgebäude verabschiedet sich Ilias von seiner Familie.
Du kommst nicht mit?
Nein, ich gehe mit meiner Kiria. Ich hab noch was mit der zu besprechen.
Wir gehen in ein Café gleich um die Ecke.
Was wolltest du noch mit mir besprechen?
Erst einmal danke. Danke für alles. Ohne Sie würde ich nicht mehr leben.
Erzähl doch keinen Blödsinn.
An dem Tag, an dem Sie mich das erste Mal im Knast

besucht haben, hatte ich daran gedacht, mich umzubringen.
Gut, dass du es nicht getan hast. Erstens wärst du mir in meinem Leben abgegangen und zweitens hättest du mich um meinen Triumph gebracht, dich gegen den Willen der Staatsanwältin rauszubekommen. Jetzt hatte ich schon so viel investiert, dann wollte ich auch gewinnen.

SCHLAGZEILENLIFE

Text: S. Korbmacher

Die Straße bestimmte mein Leben / sollte mir das wiedergeben / was mir genommen / all die Zeit / übrig blieb nur die Hoffnungslosigkeit / streunte herum wie ein verlassenes Kind / ein beschriebenes Blatt im stürmischen Wind / für Schlagzeilen gut / mit verletztem Mut / das Ghetto macht einsam / bringt Hunger nach Wut.

Als Kind wenig kapiert / doch gespürt / dass ich anders bin / macht keinen Sinn / danach zu fragen / was sollen Erwachsene dir schon sagen / dass Armut nichts zu tun hat / mit Erbanlagen / nur mit dem roten Faden / der sich durch dein Leben zieht / immer siegt / mit dir macht was er will / halt doch still / du kannst nichts tun dagegen / von wegen / ich halt's nicht mehr aus / muss raus / das Spinnennetz der Armut klebt / es lebt.

Mit Acht unsre Heimat verlassen / nichts und alles hinter uns gelassen / lernten früh die Armut zu hassen / trugen sie von Land zu Land / sie war nichts Neues / den Vater gab es lange schon nicht mehr / drei Brüder reisten so der Mutter immer wieder hinterher / ganz leer / das Zimmer für Fünf / 'ne Spülecke dazu / ich fand keine Ruh' / war noch so jung / konnt's nicht ertragen / das Bett wurde nass / Lebenshass / oder besser / Bettnässer.

Mit Neun war ich ein Nichts / im fremden Land / Sprache und Sitten mir unbekannt / war begierig / zu zeigen wer ich bin / Angst und Respekt / waren längst dahin / ich spürte die Macht / ich wollte sie haben / einfach zu machen / ohne zu fragen / so ging es weiter / was soll ich dazu sagen / für meine Ehre musste ich mich schlagen.

Mit Zehn durchgeknallt / nur Gewalt in meinem Leben / abgestorben war das Wie und Was / nur der Hass / bestimmte meine Wut / brennende Glut gegen alles und jeden / als Spinne überleben / im täglichen Kampf / ein einziger Krampf / der Schmerzen produziert / Tränen ignoriert / dir suggeriert / nicht Opfer zu sein / wer kann schon verstehen / was es heißt / im Bühnenbild zu leben / ohne Gottes-Allahs-Segen.

Mit Elf viel Mist gebaut / die Zukunft verbaut / gelogen / geschlagen / geklaut / mir erlaubt / zu tun was ich wollte / nie das was ich sollte / die Schule besuchen / versuchen zu lernen / ein Schüler zu werden / sinnloses Bestreben / der fremden Welt / wenn das Ghetto dich gefangen hält / die Seele wund / für meine Wut nur ein weiterer Grund.

Mit Zwölf ging's abwärts / wie im Lift / die Armut ist ein Lebensgift / Bett und Essen kamen kaum noch vor / verzweifelt suchend / ein offenes Ohr / ich hörte / den Chor von Menschen mir sagen / musst deine Gewalt jetzt begraben / und wagen / auf Ämter zu gehen / dort konnt ich dann sehen / Armutswehen / plötzlich doch besser verstehen / dies ist ein Ort / wie komm' ich da ran / an das was ich brauch' / als Embryo im Ghettobauch.

Mit Dreizehn wie Zwanzig / stark und gemein / ein brutales Schwein / führte mich auf / Ghettoleben im Dauerlauf / die Gewalt eskalierte / explodierte / mit voller Wucht / wie 'ne Sucht / zu verletzen / andere zu hetzen / keiner wagte zu petzen / mir Einhalt zu bieten / alles Nieten / wer sollte mir was verbieten / negative Energie überbieten / ich sollte ins Heim / ging aber nicht rein / mein Straßensein ging voll daneben.

Mit Vierzehn nur Chaos und nicht endende Wut / goss selber noch Öl in die eigene Glut / floss dann auch mal Blut / genoss ich die Macht / Gewalt hält Gewalt ganz gut in Schach / bis es dann mal ernsthaft kracht / eine nie endende Last / zu umgehen den Knast / es kochte in mir / ein unheimlicher Hass / eigentlich schlimmer / endloses Beben / Straßen-Segen / von wegen.

Juristisch beginnt ein Paragraphen-Leben / kannst selbst am Ast der Kindheit sägen / abwägen / ob die Strafmündigkeit doch noch reift / man begreift / dass Sicherheit durch Kampf verfliegt / die andere Seite nun noch öfter siegt / du vorher / nachher / der Verlierer bist / deine Vergangenheit vergisst / geht dein Weg Richtung Gitter / das ist sicher / bitter.

> Die Straße bestimmte mein Leben / sollte mir das wiedergeben / was mir genommen / all die Zeit / übrig blieb nur die Hoffnungslosigkeit / streunte herum wie ein verlassenes Kind / ein beschriebenes Blatt im stürmischen Wind / für Schlagzeilen gut / mit verletztem Mut / das Ghetto macht einsam / bringt Hunger nach Wut.

Ich arbeite seit 20 Jahren als Sonderschullehrerin am Sonderpädagogischen Förderzentrum München Nord, das von vielen als »Endstation« angesehen wird. Diese Schule liegt im Norden des Münchner sozialen Brennpunkts »Hasenbergl«, einem Stadtteil mit schlechtem Ruf.
So, wie ich es in meiner eigenen Familie über Jahre erfahren hatte, erlebe ich als Lehrerin immer wieder traurige Kindheitsrealitäten. Kinder werden leider nicht immer als zarte Wesen wahrgenommen, die kontinuierlich Liebe, Zuwendung, Verständnis, Fairness, Geduld, Anerkennung, Vertrauen, Unterstützung, Gewaltfreiheit und Bildung beim Heranwachsen brauchen. Viele Väter und Mütter beschränken ihre Elternpflicht auf die Versorgung: Nahrung und Schlafplatz. Mehr ist auf Grund ihrer eigenen Biografie oft nicht drin.
Alles ist Gewohnheitssache. Kinder und Jugendliche haben eine besondere Gabe, sich mit gegebenen Umständen zu arrangieren. Sie gewöhnen sich an die Wohnsituation und den Alltag, der ihr Familienleben bestimmt. Und meist akzeptieren sie die ihnen vom Schicksal zugedachten Bezugspersonen, so, wie sie sind.
All das nehmen Kinder und Jugendliche als ihr Leben an, auch wenn sie vieles nicht verstehen können. Und manchmal nur schwer ertragen können.

Die Verarbeitung und der Einfluss des Erlebten wirken sich bei jedem Kind anders aus. Die Reaktionsmuster auf das Erlebte sind so vielfältig wie die Kinder selbst.
Einige Kinder rebellieren bereits in frühester Kindheit gegen Ungerechtigkeit, fehlende Zuwendung, Liebesentzug, Gewalteinwirkung, ambivalente Erziehungsstile (»Zuckerbrot und Peitsche«), katastrophale Lebensverhält-

nisse jeglicher Art. Aber das sind die wenigsten. Ein Großteil von ihnen ergibt sich in ihr Schicksal.
Der Mut zum kindlichen Widerstand äußert sich zunächst in immer wieder auftretenden, spontanen Abwehrreaktionen innerhalb des Familienlebens.
Bei manchen Kindern zeigt sich das in einem latent vorhandenen Verweigerungsverhalten, äußert sich in Wutanfällen mit Schreien, Weinen, Schlagen und Zerstörungstendenzen gegen alles und jeden.
Introvertierte Kinder richten ihre abwehrenden Reaktionen eher gegen sich selbst: Zurückgezogenheit bis hin zur völligen Isolation.
Übersteigen der äußere und innere Druck mit der Zeit doch das, was ein Kind aushalten kann, dann fallen solche Kinder früher oder später auf – im Kindergarten, in der Schule, im Hort oder auf der Straße. Die Liste von möglichen Entwicklungsstörungen ist lang: Einnässen oder sogar Einkoten, Sprach- oder Verhaltensauffälligkeiten, fehlende emotionale oder soziale Kompetenz, Leistungsversagen in der

Schule, Schulangst, psychische Fehlentwicklungen, psychosomatisch bedingte Erkrankungen, Schwänzen, Verhaltensstörungen, vorkriminalisiertes oder sogar kriminelles Verhalten.

HASENBERGL NORD – EINER VON VIELEN SOZIALEN BRENNPUNKTEN IN MÜNCHEN

Sozial benachteiligte Kinder, die auf Grund ihrer erschwerten Lebensbedingungen zu frustrierten »No-Future-Kids« heranwachsen, stellen für die gesellschaftliche Eingliederung meist ein ernst zu nehmendes Problem dar. Nach dem Motto: »Die Gesellschaft braucht mich nicht, dann brauche ich sie auch nicht!«

Innovative Formen gesellschaftlicher Angebote für diese Zielgruppe sind dringend erforderlich. Effektive Hilfestellungen für Kinder und Jugendliche haben nicht nur einen individuellen Wertzuwachs für die Kids selbst, sondern auch eine positive Auswirkung auf das gemeinschaftliche Zusammenleben.

Ein wesentliches Merkmal des Menschen ist sein Bedürfnis nach gesellschaftlicher Anerkennung. Dies gilt auch für Kinder und Jugendliche. Vielen Kids bleibt eine positive Anerkennung durch Familie, Gleichaltrige, Schule usw. versagt.

Ein negatives Selbstbild entsteht durch die Betonung von Schwächen bzw. Defiziten, eigene Stärken finden keine Beachtung. Die in ihrem Lebensumfeld gemachten negativen Erfahrungen lassen die Kids einen positiven Ausgleich in ihrem Freundeskreis oder Freizeitgruppen suchen. Zudem haben Kinder und Jugendliche Wünsche und Träume, die sie sich auf Grund ihrer sozialen Lebensbedingungen nicht erfüllen, nicht leisten können.

Ich habe innerhalb meiner Arbeit als Lehrerin seit jeher versucht, durch mein bürgerschaftliches Engagement für Kinder und Jugendliche, durch die Entwicklung von sozialen Projekten für sozial benachteiligte Kids und zusammen mit »Gleichgesinnten« neue innovative Angebote zu schaffen, um aktiv etwas gegen den drohenden oder bereits existierenden emotionalen und sozialen Absturz der jungen Generation zu tun.

GHETTOKIDS – SOZIALE PROJEKTE E.V. (GEGRÜNDET 2000)

Im Folgenden finden Sie Informationen über den gemeinnützigen Verein und seine vier Projekte:

Thealimuta – Intensivpädagogisches Kreativitätsprojekt
Lichttaler – Selbsthilfeprojekt für Kinder und Jugendliche
ghetto dance company »rap yourself« – Tanzprojekte
ghetto drum company – Afrikanische Trommelprojekte

Das Motto des Vereins ist: »So oft wie möglich weg von der Straße« und seine satzungsgemäße Aufgabe »die Förderung von Kindern und Jugendlichen – im Besonderen in sozialen Brennpunkten – im kreativen, musischen, sprachlichen, sportlichen, schulischen, sozialen und interkulturellen Bereich und die Förderung von bürgerschaftlichem Engagement.«
Alle Projekte des Vereins orientieren sich an folgenden übergeordneten Zielsetzungen: Gewaltfreiheit, demokratische Werteorientierung, interkulturelle Verständigung (z. B. Akzeptanz) und bürgerschaftliches Engagement.

Seit dem Schuljahr 1995/96 besteht zwischen dem Sonderpädagogischen Förderzentrum München Nord und dem Kinder- und Jugendzentrum »Der CLUB« – beides Einrichtungen im Münchner Hasenbergl Nord – eine fruchtbare Zusammenarbeit. Das seit dem Schuljahr 1995/96 bis 2004/05 erfolgreich durchgeführte Kooperationsprojekt »Thealimuta«, das von der Sonderschullehrerin Susanne Korbmacher entwickelt wurde und bis zum heutigen Tag – seit 2005/06 am Förderzentrum München Nord – geleitet wird, hätte ohne die Hilfe des Diplom-Sozialpädagogen (FH) Achim Seipt, dem Leiter des Kinder- und Jugendzentrums »Der CLUB« (eine Einrichtung des Kreisjugendrings München Stadt) aus organisatorischen, räumlichen Hindernissen niemals in der Wirklichkeit umgesetzt werden können. In unserem Förderzentrum gibt es weder eine Aula noch einen Theaterraum oder ein Musikzimmer.

Die Abkürzung *Thealimuta* steht für die Begriffe Theater, Lieder, Musik und Tanz, die die Schwerpunkte der Theater-Chor-Tanz-Arbeit darstellen und dient als Gruppenname bei Aufführungen. An diesem Projekt nehmen Kinder und Jugendliche des Förderzentrums München-Nord teil, die bunt gemischt aus Schülern und Schülerinnen deutscher und nichtdeutscher Erstsprache bestehen.

Intensiv ist das Projekt, da es sich über ein ganzes Schuljahr läuft und den Schülerinnen und Schülern mehrmals pro Woche die Möglichkeit gibt, an einer kreativen »Arbeitsgemeinschaft« teilzunehmen.

Pädagogisch ist das Projekt, da es sich um eine klassenübergreifende Aktion handelt, die Förderschüler (Sonderschüler) unterschiedlichen Alters, mit verschiedenen Persönlichkeitsbildern, mit voneinander abweichendem Förderbedarf und stark differierenden Deutschkenntnissen zu

einer Gruppe bindet und versucht, eine Gemeinschaft zu formen, die von Akzeptanz, Toleranz, Humanität und Lebensfreude geprägt ist.
Kreativ ist das Projekt, da es durch die musischen Merkmale Theater, Lieder, Musik und Tanz versucht, die bei den Kindern und Jugendlichen vorhandenen kreativen Potenziale zu aktivieren und jeden Einzelnen entsprechend zu fördern.

LICHTTALER

Das Projekt »Lichttaler« ist ein besonders für soziale Brennpunkte geeignetes Selbsthilfeprojekt für Kinder und Jugendliche, die damit neue oder andere Lebenserfahrungen machen: »Ich helfe mir selbst, wenn ich anderen helfe. Meine Hilfe wird gebraucht, ich werde gebraucht. Und für meine Hilfe bekomme ich Lichttaler, die ich ausgebe, um mir zu helfen. So helfe ich mir selbst.«
Der Grundgedanke des Projektes basiert auf einem Tauschsystem des Gebens und Nehmens, der Lichttaler fungiert als imaginäre Währung dieses Systems.
Für eine festgelegte Zeiteinheit einer Gebe-Aktion im kreativen, musischen, sprachlichen, sportlichen, schulischen, sozialen Bereich bekommen die Kinder und Jugendlichen eine vereinbarte Anzahl von Lichttalern. Für die verdienten Lichttaler »kaufen« sich die Kinder und Jugendlichen verschiedene Nehme-Aktionen bei einem »Könner«, die sie sich aus einem vielfältigen Angebot aussuchen können.
Im Projekt »Lichttaler« sind die Kinder die Kompetenzträger. Es stehen zunächst ihre Stärken und nicht mehr die Schwächen und Defizite im Mittelpunkt. Das Hauptziel ist die Aktivierung und Selbstbewusstwerdung des in jedem Kind oder Jugendlichen vorhandenen Potenzials an positi-

ven Fähigkeiten und Fertigkeiten. Durch Hilfe zur Selbsthilfe, durch »Selbstverwirklichung durch eigenes Tun« sollen sie aus dem Kreislauf von Armut, Bildungsdefiziten, Gewalt und Kriminalität ausbrechen können.

Das Lichttaler-Projekt entspricht den Lebensvorstellungen der Kinder: Befriedigung des Bedürfnisses, etwas Bedeutendes durch eigene Aktivität zu leisten, Kontakt zu einer positiv gesteuerten Peergroup, die Umsetzungsmöglichkeit von Wünschen und Träumen, das Erleben der eigenen positiven Stärken und das straffreie Zugeben und Angehen von vorhandenen Schwächen bzw. Defiziten.
Die Kinder und Jugendlichen lernen, ihre eigene Leistungsfähigkeit (Konzentration, Geduld, Ausdauer, Durchhaltevermögen) einzuschätzen und mit Faktoren wie Unter- und Überforderung umzugehen. Dadurch wird das Selbstwertgefühl gestärkt.
Sie erfahren, dass das Einhalten von Abmachungen – »Verträgen« – sinnvoll und befriedigend ist. Ihr Gerechtigkeitssinn wird geschärft und sie entwickeln eine differenziertere Kritikfähigkeit. Erbrachte bzw. nicht erbrachte Leistungen werden fokussiert betrachtet (Feedback).
Durch Eigenleistung und Engagement erfahren die Kids, dass sie ihr vorhandenes Potenzial trotz sozial benachteiligter Lebensverhältnisse fördern, ihr Leben zukunftsorientiert mitgestalten können. Sie sind hier keine Almosen- oder Sozialhilfeempfänger, keine »Randfiguren« mehr.
Die Kids entwickeln Eigeninitiative und soziale Mitverantwortung. All dies ist Voraussetzung für eine friedliche, moderne Bürgergesellschaft.

GHETTO DANCE COMPANY »RAP YOURSELF« UND GHETTO DRUM COMPANY

Die Kinder und Jugendlichen finden sich in ihrer Freizeit in verschiedenen Tanz- und Trommelgruppen zusammen, um sich verschiedenen Musikrichtungen, Rhythmen und Bewegungsabläufen hingeben zu können.
Die Gruppen sind in das Lichttaler-Projekt eingebunden. Jugendliche können sich als »Lehrkräfte« (Breakdance, HipHop, Bauchtanz, Trommeln) wertvolle Lichttaler verdienen (bei Gruppenunterricht pro Woche 4 LT), als Helfer (z. B. Aufräumen, Aufsicht, Kochen) verdient man 2 Lichttaler, die wieder investiert werden können, um an anderen Kursen teilnehmen zu können. Dies gilt auch für die Kurse, die von Profis abgehalten werden.
Die Tanz- und Trommelgruppen unterstützen mit ihren öffentlichen Auftritten den gemeinnützigen Verein »ghettokids – Soziale Projekte e.V.« sowohl ideell wie auch finanziell.

MEINE VISION – DIE GHETTOKIDS-UNIVERSITY

Mein großes Ziel ist die Schaffung einer stabilen organisatorischen, räumlichen, personellen und finanziellen Basis, um eine noch größere Anzahl von Kindern und Jugendlichen auch über das Hasenbergl hinaus aktivieren zu können. Langfristig wünsche ich mir ein eigenes Lichttaler-Kurshaus, das dem Namen »ghettokids-university« alle Ehre machen würde. Vielfältige Angebote und Arbeitsgebiete sollten sich speziell an den Bedürfnissen sozial benachteiligter Kinder und Jugendlicher orientieren. Alle Kurse sollten in einem Kursverzeichnis erfasst werden und so attraktiv sein, dass sie eine »Magnetwirkung« auf die Kids ausüben. Gäste (z. B. Jugendliche aus anderen Großstädten oder Ländern) könnten aufgenommen werden und Fortbildungsseminare für Pädagogen und aktive Lichttaler-Jugendliche, die zu Mentoren ausgebildet werden, könnten stattfinden.

VIELFÄLTIGE ANGEBOTE UND AKTIONEN

Thealimuta-Kursreihen (1.–4. und 5.–9. Kl.), Trommelkurse, Breakdance-Gruppen, Bauchtanzkurse, Hip-Hop-Kurse, Chor (Lieder auf Deutsch, Englisch, Romes), Rap-Kurse, Beatboxing, Kunst-Projekte »Kunst löscht Gewalt aus«, ghettokids-Künstlerwerkstatt mit vier Gruppen, Freies Ferienatelier der Künstlerwerkstatt, Englisch-Gruppen zur Vorbereitung des Schulübertritts, Kurs »Englisch lernen mit Rap-Texten«, Nachhilfe in Mathematik, Deutsch und Sachfächern, Föderkurse »Ich kann Deutsch« für Vorschulkinder und Schulanfänger, Lichttaler-Projekt »Viele Wege führen zum Lesen«, Lichttaler-Security-Projekt in den Schulpausen (Streitschlichter, Türsteher, Pausenverkauf, »Meister Propper«), Projekt der ghettokids-Bibliothek »Bücher einbinden«, Katalogisierung der Medien der ghettokids-Mediathek, Renovierungsprojekt »Turnhalle«, Kunstprojekt »Graffiti«, Kurs »Schmuckherstellung«, Lichttaler-Projekt »Ägypten«, Projekt »Glasbläserei«, Lichttaler-Projekt »Wir putzen gründlich unsere Schule«, Rap-Schreibwerkstatt, Instrumentalunterricht, LT-Unterrichtshilfen in Freistunden, Lichttaler-Klassenfahrten, Inliner-Kurse, Theaterprojekt »Ein Junge, der nicht Mehmet heißt« innerhalb des Koperationsprojektes »bunnyhill«, Beteiligung an den Filmprojekten »ghettokids«, »Planet Hasenbergl« und »Vincent«, CD- und Clip-Projekt »SchlagZeilenLife«, Projekt »Salon für sozial benachteiligte Kinder und Jugendliche«, internationales ghettokids-Kooperationsprojekt »Unterschicht begegnet und unterrichtet Oberschicht«.

In München sind seit 1988 jedes Schuljahr über 400 Kinder und Jugendliche in ghettokids-Angebote aktiv eingebunden.

Alle Kurse werden entweder von Jugendlichen auf Lichttaler-Basis abgehalten, von Profis auf Honorarbasis oder von Sonderschullehrkräften durchgeführt. Die Kursleiter werden teils von Ehrenamtlichen unterstützt. Honorare werden ausschließlich durch private Spenden finanziert.
Das Kinder- und Jugendzentrum »Der CLUB« stellt dem Verein »ghettokids – Soziale Projekte e.V.« innerhalb der bestehenden Kooperation weiterhin kostenfrei Räumlichkeiten zur Verfügung (Künstlerwerkstatt, Büro, Kleiderkammer).

DANKE

Als 1. Vorsitzende von »ghettokids – Soziale Projekte e.V.« danke ich folgenden Institutionen und Unternehmen, die die Thealimuta-Lichttaler-Aktivitäten bzw. den gemeinnützigen Verein bisher unterstützten:

- Sonderpädagogisches Förderzentrum München-Nord
- Kinder- und Jugendzentrum »Der CLUB« (Kreisjugendring München Stadt)
- BMW Group München
- Stadtsparkasse München
- Allianz Group München
- ZDF »Das große Los« (1999)
- Random House (Verlagsgruppe Bertelsmann)
- Projekt des Schul- und Kultusreferats »Gewalt- und Suchtprävention«
- CHILDREN for a better World e.V.
- Adventskalender für gute Werke der Süddeutschen Zeitung e.V.
- ZONTA Club München II
- Münchner Bank
- Rotary Club München International
- Aktion Mensch
- St.-Ludgercollege (Doetinchem in Holland)

Danke auch an alle privaten Spender, Mitglieder und Ehrenamtliche des Vereins.

FILMPROJEKTE

Fernsehfilm »ghettokids«

Drehbuch: Dr. Gabriela Sperl, Regie: Christian Wagner, Produktion TV 60, Erstausstrahlung: Arte/ARD Nov. 2002, mehrfach preisgekrönt (Grimme-Preis-Nominierung, Goldener Gong, Buchrucker-Preis, Giffoni-Filmpreis).

Dokumentarfilm »Planet Hasenbergl – Lichtblicke in der Münchner Bronx«

Drehbuch/Regie: Claus Strigel (2002), Produktion: BR, ausgezeichnet mit dem europäischen ARD-Medienpreis »CIVIS« für interkulturelle Vielfalt und Integration 2003.

Musik-Clip »SchlagZeilenLife«

Drehbuch/Regie: Heike Ulrich, Produktion: Jens Oberwetter Filmproduktion, Finanzierung: BMW Group, Text: Susanne Korbmacher, Musik: Konrad Bücklers, Sänger/Rapper: Gruppe »Leonalto« (Lenci Berger, Onur Balta, Alexander Adler, Arjeton Osmani), Filmbewertungsstelle Wiesbaden 2003: Prädikat »besonders wertvoll«.

DVD »ghettokids plus«

Alle drei Filme (Spielfilm, Dokumentarfilm und Clip) sind inzwischen auf der gemeinsamen DVD »ghettokids plus« in acht Sprachen erschienen. Ausgezeichnet mit dem europäischen »Comenius-Preis für Bildungsmedien 2004«.

Info: www.filmgalerie451.de
www.matthias-film.de

Bezug der Filme auch über den BR-Shop.

Kurzfilm »Vincent«

Hauptrolle: Konstantinos Batsaras, Regie: Giulio Ricciarelli, Produktion: friends-production, Filmbewertungsstelle Wiesbaden 2004: Prädikat »besonders wertvoll«, Nominierung für den Europäischen Kurzfilmpreis 2006.

Reportagen

»aspekte« und Bravo-TV (ZDF 2004)
Mona Lisa »Gewalttätige Mädchen« (ZDF 2005)
Süddeutsche-TV »Die Kinder vom Hasenbergl – Leben am Rand der Stadt«, Drehbuch/Regie: Andreas Vogginger, Produktion: MO.TIVI-Film (2006), Erstausstrahlung: VOX, 20.2.2006.

THEATERPROJEKT UND »BUNNYHILL«

Premiere »Ein Junge, der nicht Mehmet heißt« am 22. Oktober 2004 im Neuen Haus mit 9 Jugendlichen aus den ghettokids-Projekten und 5 Schauspielern der Kammerspiele, Regie: Peter Kastenmüller, Dramaturgie: Björn Bicker, gleichzeitig Staatsgründung von »bunnyhill«, Projektdauer: 22. 10. 04 – 19. 12. 04 (u. a. wurden Lichttaler-Projekte in den Kammerspielen durchgeführt). www.bunnyhill.info

INTERNATIONALES PROJEKT

Seit 2004 finden an unserer holländischen Partnerschule »St.-Ludgercollege« in Doetinchem innerhalb des Gymnasialunterrichts für das Fach »Deutsch« ghettokids-Projekte statt (Schwerpunkte: Filme, Buch, Vereinsaktivitäten, Medienveröffentlichungen).
Leitung: Gerrie Hermsen (Holland), Susanne Korbmacher (Deutschland). Gegenseitige Besuche, Workshops in Holland, Materialaustausch, Teilnahme an dem europäischen »eTwinning-Projekt« der EU-Kommission und das Projekt »Unterschicht begegnet und unterrichtet Oberschicht« hat inzwischen mehr als 500 Jugendliche der holländischen Gesamtschule erreicht.
info: www.ludgercollege.nl

AUSZEICHNUNG

Nach der Bundesprämierung des Lichttaler-Selbsthilfeprojektes für Kinder und Jugendliche bei dem bundesweiten Wettbewerb »startsocial« 2001 erhielt der Verein »ghettokids – Soziale Projekte e.V.« im Dezember 2005 den Bürgerkulturpreis des Bayerischen Landtages »für vorbildliches bürgerschaftliches Engagement«.

KONTAKT »GHETTOKIDS – SOZIALE PROJEKTE E. V.«

Susanne Korbmacher
1. Vorsitzende
E-Mail: skorbmacher@web.de
info@ghettokids.org / www.ghettokids.org

SPENDEN AN »GHETTOKIDS – SOZIALE PROJEKTE E.V.«

Stadtsparkasse München
BLZ: 701 500 00 / Konto-Nr.: 1 5 8 9 6 4
Münchner Bank
BLZ: 701 900 00 / Konto-Nr.: 1 0 0 0 2
Spendenbescheinigungen können ausgestellt werden.

ABSCHLUSSBEMERKUNG

»Ein Platz im geschlossenen Heim kostet *am Tag* 230 bis 260 Euro.«
(Süddeutsche Zeitung, 13. Februar 2004)

Die heilpädagogische Intensivbetreuung eines Jugendlichen (Wohngruppe, Personal- und Therapiekosten) kostet *monatlich* bis zu 6000 Euro.

Oft muss viel investiert werden, um etwas zu erreichen, aber manchmal reicht schon wenig, um etwas zu bewegen.